LIVRE-ARBÍTRIO, PRESCIÊNCIA, GRAÇA E PREDESTINAÇÃO EM SANTO AGOSTINHO

Um estudo em diálogo com a modernidade

MARCOS ROBERTO NUNES COSTA

Edições Loyola

Dados Internacionais de Catalogação na Publicação (CIP)
(Câmara Brasileira do Livro, SP, Brasil)

Costa, Marcos Roberto Nunes
  Livre-arbítrio, presciência, graça e predestinação em Santo Agostinho : um estudo em diálogo com a modernidade / Marcos Roberto Nunes Costa. -- 1. ed. -- São Paulo : Edições Loyola, 2023.
  -- (Coleção humanística ; 42)

  Bibliografia.
  ISBN 978-65-5504-325-9

  1. Agostinho, Santo, Bispo de Hipona, 354-430 2. Cristianismo e filosofia 3. Graça (Teologia) - Ensino bíblico 4. Livre-arbítrio 5. Predestinação I. Título II. Série.

23-182191   CDD-233.7

Índices para catálogo sistemático:
1. Livre-arbítrio : Ensino bíblico : Doutrina cristã   233.7
Aline Graziele Benitez - Bibliotecária - CRB-1/3129

Preparação: Paulo Fonseca
Capa: Ronaldo Hideo Inoue
  (execução a partir do projeto gráfico
  original de Manu Santos)
Diagramação: Telma Custódio

Edições Loyola Jesuítas
Rua 1822 nº 341 – Ipiranga
04216-000 São Paulo, SP
T 55 11 3385 8500/8501, 2063 4275
editorial@loyola.com.br
vendas@loyola.com.br
www.loyola.com.br

Todos os direitos reservados. Nenhuma parte desta obra pode ser reproduzida ou transmitida por qualquer forma e/ou quaisquer meios (eletrônico ou mecânico, incluindo fotocópia e gravação) ou arquivada em qualquer sistema ou banco de dados sem permissão escrita da Editora.

ISBN 978-65-5504-325-9

© EDIÇÕES LOYOLA, São Paulo, Brasil, 2023

humanística

42

Agradecimentos

À Faculdade de Letras da Universidade do Porto, na pessoa do Prof. Dr. José Francisco Preto Meirinhos, que possibilitou meu estágio de Pós-doutoramento em Filosofia, do qual resultou o presente trabalho.

Deus ou quer impedir os males e não pode, ou pode e não quer, ou não quer nem pode, ou quer e pode. Se quer e não pode, é impotente: o que é impossível em Deus. Se pode e não quer, é perverso: o que, do mesmo modo, é contrário a Deus. Se nem quer nem pode, é perverso e impotente: portanto, nem sequer é Deus. Se pode e quer, o que é a única coisa compatível com Deus, donde provém então a existência dos males? Por que razão é que não os impede?

Epicuro

Sumário

Lista de abreviaturas 11
Abreviaturas das obras de Santo Agostinho 11
Abreviaturas das obras de Santo Anselmo 12

Nota do Autor 13

Prefácio 15

Introdução 19
Relevância do tema 19
Levantamento do problema 21

1. Fundamentação ontológica do livre-arbítrio da vontade humana segundo Santo Agostinho 27
   1.1 Natureza/finalidade do livre-arbítrio da vontade humana em Santo Agostinho 27
   1.2 Igualdade/diferença entre o livre-arbítrio humano, a liberdade humana e a "verdadeira liberdade" em Deus segundo Santo Agostinho 52

2. Da relação entre o livre-arbítrio da vontade humana e a presciência divina segundo Santo Agostinho 73
   2.1 Levantamento do problema 73
   2.2 Da suposta incompatibilidade entre o livre-arbítrio da vontade humana e a presciência divina no tratado *Sobre a cidade de Deus* de Santo Agostinho 77

2.3 Da suposta incompatibilidade entre o livre-arbítrio da vontade humana e a presciência divina no diálogo *Sobre o livre-arbítrio* de Santo Agostinho.. 93

3. Da concordância entre o livre-arbítrio da vontade humana e a graça divina segundo Santo Agostinho.. 105

4. Do suposto conflito entre o livre-arbítrio humano e a predestinação divina segundo Santo Agostinho.. 153
   4.1 Levantamento histórico-doutrinal do problema: a teoria da graça/predestinação de Santo Agostinho no contexto dos embates com seus contemporâneos.. 153
   4.2 A concepção agostiniana de graça/predestinação em diálogo com a modernidade/contemporaneidade.. 165
   4.3 Santo Agostinho frente as predestinações "incondicionadas" e "condicionadas" dos modernos.. 183

5. Considerações finais: possibilidades de salvação/reprovação em Santo Agostinho 193

Referências 217

Lista de abreviaturas

Abreviaturas das obras de Santo Agostinho

Conf.	*Confissões*
Contra duas ep. pel.	*Contra as duas epístolas dos pelagianos*
Contra Fort. man.	*Contra Fortunato, maniqueu*
Contra Jul. op. incomp.	*Contra Juliano, obra incompleta*
Contra Jul. pel.	*Contra Juliano, pelagiano*
De civ. Dei	*Sobre a cidade de Deus*
De corrept. et grat.	*Sobre a correção e a graça*
De diver. quaest. ad Simplicianum	*Sobre diversas questões, a Simpliciano*
De doc. christ.	*Sobre a doutrina cristã*
De dono persev.	*Sobre o dom da perseverança*
De duab. an.	*Sobre as duas almas*
De Gen. ad litt.	*Sobre o Gênesis ao pé da letra*
De Gen. contra man.	*Sobre o Gênesis, contra os maniqueus*
De grat. Christi et pecc. orig.	*Sobre a graça de Cristo e o pecado original*
De grat. et lib. arb.	*Sobre a graça e o livre-arbítrio*
De lib. arb.	*Sobre o livre-arbítrio*
De mor. Eccl. cath. et mor. man.	*Sobre os costumes da Igreja Católica e os costumes dos maniqueus*
De nat. boni	*Sobre a natureza do bem*
De nat. et grat.	*Sobre a natureza e a graça*
De ord.	*Sobre a ordem*

De pecc. mer. et rem. pecc.	Sobre os méritos e a remissão dos pecados
De praed. sanct.	Sobre a predestinação dos santos
De spirit. et litt.	Sobre o espírito e a letra
De Trin.	Sobre a trindade
De utilit. cred.	Sobre a utilidade do crer
De vera rel.	Sobre a verdadeira religião
Enchir. ad Laurentium	Manual sobre a fé, a esperança e a caridade, a Laurêncio
Ep.	Epístolas
Enarr. in Ps.	Comentário aos salmos
Enarr. in 1a ep. Joan.	Comentário a 1 João
In evan. Joan.	Comentário ao Evangelho de São João
Retract.	Retratações
Serm.	Sermões

Abreviaturas das obras de Santo Anselmo

Cur Deus hom.	Por que Deus se fez homem?
De casu diab.	Sobre a queda do diabo
De concord.	Sobre a concordância da presciência, da predestinação e da graça divina com o livre-arbítrio
De libert. arb.	Sobre a liberdade do arbítrio
De verit.	Sobre a verdade

Nota do Autor

Diante de um tema tão complexo quanto o que trataremos neste trabalho, como não temos a presunção de que a interpretação aqui apresentada seja a única possível, ou a melhor, fazemos nossas as palavras de Santo Agostinho, o qual, numa de suas últimas obras escritas sobre a temática em questão, o tratado *Sobre o dom da perseverança*, disse:

> Eu não quero que ninguém aceite minhas opiniões de tal modo que ele ou ela me sigam cegamente, exceto naqueles pontos em que o leitor tenha chegado à convicção de que não tenha me equivocado. Aconselho que tragam em mãos agora meus livros escritos em que reviso minhas obras (cf. *Retractationes*), para que vejam que nem eu mesmo me sigo sempre. Eu creio, por misericórdia de Deus, haver feito alguns progressos rumo à verdade desde que comecei a escrever, já que não comecei sendo perfeito; e se agora mesmo, com minha idade avançada, dissesse que escrevo com perfeição seria mais arrogante que veraz (*De dono persev.*, 21, 55).

Prefácio

Quase dezessete séculos nos unem a Santo Agostinho através de debates em torno da sua vasta, complexa e rica produção literária, grande parte fruto dos embates contra o maniqueísmo e o pelagianismo, segundo um espírito de luta em defesa do credo cristão católico contra as heresias.

Os escritos contra os maniqueus contribuem para uma maior complexidade da antiga relação indivíduo-*cosmos*, porque se torna uma relação Deus (Bem)-ser humano-natureza criada (*natura creata*), segundo níveis ou graus ontológicos distintos. Trata-se de uma relação física e metafísica cuja ordem não é apenas necessária, sendo também voluntária, pois o ser humano criado à imagem de Deus (*imago Dei*) pode escolher colaborar ou não com a ordem cósmica com a sua *praxis*. Nesse contexto se insere o problema moral, ou dos costumes (*mores*), que diz respeito às ações voluntárias do ser humano, responsável por elas. E aqui intervém o aspecto volitivo da trindade humana – "Pois, estas três, a memória, a inteligência e vontade, assim como não são três vidas, mas uma vida, nem três mentes, mas uma só mente, tampouco são três substâncias, mas uma só substância" (*De Trin.*, X, 11, 18) – pelo qual o ser humano racional (espiritual) pode se mover para Deus, o sumo bem, ou para os bens inferiores. Daí vem uma noção de "queda" adâmica, quando o ser humano nem ignorava o bem nem sofria de uma inclinação para o mal. Então, do ponto de vista moral, de onde vem o mal?

Quanto ao pelagianismo, o foco do debate entre o bispo de Hipona e o monge Pelágio volta-se para a natureza humana, as condições prévias da livre vontade humana, o pecado original adâmico e seus desdobramentos. Agora, a polêmica não é contra os que negavam as Escrituras, afirmando que a matéria corporal é má, e sim contra os que, pelas Escrituras, afirmam que a natureza humana é a mesma antes e depois do "pecado original". Para Pelágio, o ser humano não é prisioneiro de uma inclinação mórbida para o mal, e, portanto, é livre para agir bem; para Agostinho, a natureza humana merece elogios enquanto criação divina, mas, na condição atual, encontra-se enferma devido ao mecanismo do pecado, necessitada da graça divina que sana, glorifica e aperfeiçoa o ser humano. "Se o homem fosse bom, agiria de outra forma. Agora, porém, porque está nesse estado, ele não é bom nem possui o poder de tornar-se bom" (*De lib. arb.*, III, 18, 51). E o "estado" ao qual se refere é aquele após o pecado adâmico, que se origina na vontade: "o pecado não nasce com o ser humano, mas é praticado depois; o delito não está entranhado na natureza, mas na vontade" (*De grat. Christi et pecc. orig.*, II, 6, 6), o que motiva o hiponense a escrever sobre a relação entre o plano da natureza e o da graça. Mas, em que sentido o livre-arbítrio, próprio da natureza humana, sofre mutação? O ser humano é capaz de querer o bem sem a graça de Deus? E se for, é capaz de realizá-lo? A graça divina e a liberdade humana são incompatíveis?

É certo que Santo Agostinho, o Doutor da graça, considera o ser humano "caído" ao voltar-se para os bens inferiores, mas não nega a permanência da sua função moral e, portanto, não admite que a vontade humana seja determinada por qualquer tipo de fatalismo, seja maniqueísta, que via a necessidade do mal inerente à matéria, seja astrológico ou filosófico. Nesse sentido, concorda com a conclusão de Cícero: "para a nossa vontade não há causas externas e antecedentes" (*De fat.*, III, 5), opondo-se à fatalidade e ao acaso e rejeitando qualquer mérito dado à adivinhação. Entretanto, ao negar a credibilidade da adivinhação, Cícero afirma que não há conhecimento do futuro nem presciência divina, por entender que são incompatíveis com a livre vontade (cf. *De civ. Dei*, V, 9). E, nesse ponto, Agostinho discorda de Cícero, pois embora não haja acontecimentos fortuitos ou causados pelo destino, tudo é conhecido pela presciência divina e mantém-se sob a providência, tanto a vida natural quanto a vida social. Sendo assim, qual a solução proposta para a incompatibilidade ciceroniana entre o livre-arbítrio da vontade humana e a presciência divina? E no que tange à providência divina, afirma o Doutor da Igreja Agostinho: "E não tememos, por isso, fazer sem vontade o que voluntariamente fazemos, porque de antemão sabe Ele, cuja presciência não pode enganar-se, o que temos de fazer" (Ibid.), entendendo que a vontade e o conhecimento de Deus são a mesma coisa. Como consequência surgiu uma forte doutrina da predestinação, segundo a qual Deus age e escolhe sem considerar o mérito humano pressuposto, que, ao mesmo tempo, inicia a pessoa no caminho da salvação e a capacita para perseverar nele. Em outras palavras, Deus não pode olhar para algo como se não estivesse sendo conduzido pelo seu poder de ser, isto é, pela sua vontade, querendo sempre o que conhece. Desse modo, a graça é dada a todos que se tornam cristãos, considerados "eleitos". Então, alguns são predestinados à salvação e outros à perdição?

Essa e as demais questões levantadas nesta apresentação, que tenho a honra de fazer, são tratadas pelo Prof. Dr. Marcos Roberto Nunes Costa com a perícia de um especialista em filosofia medieval, a maturidade sistemática de um experiente pesquisador e a didática de um professor por vocação, expondo de modo muito feliz as formulações doutrinais de Santo Agostinho. De leitura agradável, o livro articula com rigor lógico um vasto número de citações: 1) destacando a evolução do pensamento agostiniano em torno do suposto conflito entre livre vontade humana e graça divina; 2) contribuindo para preencher lacunas interpretativas resultantes de leituras resumidas ou superficiais da obra do hiponense; 3) chamando a atenção para aqueles pontos sobre os quais o pensamento moderno tem se debruçado, de forma seletiva e crítica, na obra de Agostinho, tais como o problema moral e a relação entre liberdade e graça.

De fato, as teses agostinianas sobre liberdade humana e graça divina estão no centro das disputas que dão trabalho à teologia moderna. Que o diga o agostinianismo heterodoxo calvinista predestinacionista, pelo qual a graça transforma-se em força invasora e invencível e da qual poucos eleitos podem beneficiar-se, *vis-à-vis* o caráter arminiano de gratuidade radical da graça, com aspectos mais pelagianos que agostinianos. E aqui reside uma preocupação do autor: que as filiações ao modelo agostiniano ou as apropriações do mesmo não resultem numa diáspora em relação à inspiração original dos escritos, afirmando-se ser da autoria de Agostinho algo que ele nunca afirmou.

Se Agostinho tem algo a dizer ao ser humano contemporâneo, é porque sua filosofia oferece uma possibilidade de renovação de um mundo em decadência de valores. Nesse sentido, o Prof. Marcos Costa é um fiel tradutor.

Dr. Marlesson Castelo Branco do Rêgo (IFPE)

Introdução

Relevância do tema

Aparentemente, o problema ou o suposto conflito entre a livre vontade humana e a soberania divina ou é uma questão de cunho estritamente teológico, ou de fé – e o é por excelência –, ou é um tema que perpassa toda a história da teologia, tendo sido abordado pelos grandes teólogos ao longo dos séculos até os dias atuais. Entretanto, mesmo sendo o objeto de estudo um dado de fé, uma explicação teológica de tal objeto, para ser convincente, precisa ser racional[1], e é aí que a questão se converte também em uma problemática filosófica, principalmente quando a ela são aplicados os princípios da lógica clássica, nomeadamente aquele da "bivalência", segundo a qual não se pode aplicar ao mesmo tempo a veracidade e a falsidade sobre um mesmo enunciado. A partir deste momento o objeto em questão deixa de ser estritamente teológico e passa a ser também filosófico, ou teológico-filosófico, ganhando, pela sua complexidade, o *status* de um dos maiores e mais intrigantes problemas da história da teologia/filosofia.

---

1. No tratado *Sobre a verdadeira religião*, Santo Agostinho diz que "a autoridade [a fé] jamais caminha totalmente desprovida da razão, ao considerar Aquele em quem deve crer. Pelo contrário, a Suma autoridade será verdade conhecida com evidência" (*De vera rel.*, 24, 45).

E dentre as muitas respostas ao problema dadas por um sem número de pensadores medievais, não podemos negar que um deles merece destaque especial: Santo Agostinho, ou Agostinho de Hipona (352-430)[2]. Não que tenha resolvido ou explicado definitivamente o problema, pois, se assim fosse, não continuaríamos procurando uma resposta para tal. Mas pela amplitude e profundidade com que tratou do tema, exerceu grande influência sobre o pensamento ocidental, especialmente durante a Idade Média, que se estende até os dias atuais. Agostinho ainda hoje é peça central na roda do discurso em torno do referido debate, seja em sentido positivo, quando nele se apoia as ideias, seja em sentido negativo, quando contra ele direcionam-se as críticas[3].

Assim sendo, embora não tenhamos a pretensão de fazermos atualização do tema ou do autor aqui trabalhado, acreditamos que, a partir

---

2. Sobre a importância de Santo Agostinho para o tema em pauta, diz Eugène Portalié: "A participação de Deus e do homem na conciliação da graça e da liberdade é indiscutivelmente a parte principal da doutrina do bispo de Hipona; é precisamente nela que encontramos o que há de mais original, mais poderoso e mais controverso no autor:
- *mais original*, posto que Agostinho foi o primeiro a sintetizar em grandes teorias as doutrinas da queda, da graça e da liberdade; e, ademais, para sua conciliação, deu uma explicação profunda, tão original, que dela não se encontra nem rastro em seus predecessores, de sorte que o termo "agostinismo" tem sido reservado ordinariamente para designar não qualquer doutrina sua, mas seu sistema da graça;
- *mais poderoso*, porque, para todos os autores, tem sido sobretudo ele quem assegurou o triunfo da liberdade contra os maniqueus e da graça contra os pelagianos; sua doutrina foi em grande parte solenemente adotada pela Igreja, e é sabido que os cânones do Concílio de Orange foram literalmente retirados de seus escritos;
- *mais controverso* também, como São Paulo, cujo ensinamento tem sido com frequência criticado, e com frequência incompreendido: amigos e inimigos têm explorado sua doutrina segundo os mais diversos sentidos" (PORTALIÉ, E., Saint Augustin, in: VACANT, A. (org.), *Dictionnaire de théologie catholique*, Paris, Letouzey et Ané Éditeurs, 1906, 2268-2561, aqui 2367).
Daí José Galindo Rodrigo dizer que "não é de se estranhar, contudo, o fato aparentemente banal de que em todos os livros sobre a graça seja Agostinho o teólogo mais citado" (GALINDO RODRIGO, J., La gracia de Cristo, in: OROZ RETA, J.; GALINDO RODRIGO, J. (org.), *El pensamiento de San Agustín para el hombre de hoy.* v. II. Teologia dogmática, Valencia, EDICEP, 2005, 558-690, aqui 559), e concluir dizendo que "é ele o fundador da antropología sobrenatural cristã".

3. Dentre os pensadores posteriores influenciados por Agostinho ou que a ele se reportam, positiva ou negativamente, destacamos, além de Santo Anselmo, Boécio, Tomás de Aquino, Duns Scoto, Lutero e Calvino, aos quais nos reportaremos oportunamente ao longo deste livro.

de nosso trabalho, se possam fazer inferências, deduções e relações com outros pensadores que trataram do problema ao longo dos séculos até os nossos dias. Com isso contribuímos, ao menos indiretamente, com o debate atual.

Levantamento do problema

No que se refere à origem do mal, problema central que levou Agostinho a escrever o diálogo *Sobre o livre-arbítrio*[4], ainda no final do livro I desta obra, ao retomar ou relembrar as duas questões que iniciaram a referida obra – a saber: "Unde male faciamus"?, de onde vem o praticarmos o mal? (I, 2, 4)[5] e "Quid sit malum"?, o que é o mal? (I, 3, 6) –, depois de

---

4. Segundo Goulven Madec, "esta [a origem do mal] é justamente a problemática do livro: *De libero arbitrio*, título este que só veio a ser dado mais tarde, quando Agostinho, já em Hipona, veio a terminar o terceiro e último livro, pois, quando da primeira publicação, com apenas os dois primeiros livros, em 388, ainda em Roma, o título teria sido, provavelmente, *De malo*, ou coisa similar" (MADEC, G., Unde malum? Le Livre I du De libero arbitrio, in: MADEC, G. et al., *(Commenti) De libero arbitrio di Santo Agostinho*, Palermo, Edizioni "Augustinus" (Atti della Settimana Agostiniana Pavese), 1990, 13-34, aqui 18). Igualmente diz Franco de Capitani: "O *De libero arbitrio* é uma obra mais complexa do que o título deixa supor. De fato, o tema da liberdade do homem não é só e nem o mais importante do livro. A este se junta aquele da natureza e origem do mal, mas, sobretudo, aos temas da bondade e da justiça divina no julgar e no ordenar cada coisa, no recompensar e no punir; temas por sua vez suscitados pela preocupação, subentendida em todo diálogo, de defender Deus de toda responsabilidade ou culpa pela existência do mal físico ou moral" (DE CAPITANI, F., *Il De libero arbitrio di S. Agostino. Studio introdutivo, texto, traduzione e commento*, Milano, Vita e Pensiero, 1987, 17). Finalmente, diz Paula Oliveira e Silva na introdução à sua tradução portuguesa do *De libero arbitrio*: "Não obstante a interrogação inicial sobre a responsabilidade de Deus na existência do mal, quando Santo Agostinho, ao rever a sua produção intelectual, se refere ao *Diálogo sobre o livre-arbítrio*, afirma que nele se discute a origem do mal. Obviamente, a primeira questão, radical, orienta o *Diálogo* na resposta, mais global, a esta outra: qual a origem do mal" (OLIVEIRA E SILVA, P., Introdução, in: AGOSTINHO, Santo, *Diálogo sobre o livre-arbítrio*, Lisboa, Imprensa Nacional–Casa da Moeda, 2001, 13-76, aqui 43). Este será também no início da modernidade o problema de Leibniz (1646-1716), ao escrever seu tratado *Sobre a bondade de Deus, a liberdade do homem e a origem do mal*, comumente *Teodiceia*, diante da impossibilidade de pensarmos um Deus criador, indiscutivelmente bom, conciliável com uma criação na qual o mal se faz presente. Para resolver esses problemas, Leibniz recorre grandemente a Santo Agostinho.

5. Questão que aparece de forma ampliada, acompanhada de outras dela decorrentes, também nas *Confissões*: "Quem me fez? Por ventura não foi o meu Deus, que é não

analisar e refutar, por exclusão, várias alternativas, Agostinho conclui sua resposta de forma inversa[6], começando pela segunda questão, dizendo:

Ag. Tínhamo-nos proposto procurar a definição do que seja cometer o mal. Foi nesse intento que dissemos tudo o que antecede aqui. Em consequência, agora é o momento de examinarmos com cuidado se cometer o mal é outra coisa além do menosprezo aos bens eternos... (*De lib. arb.*, I, 16, 34).

Já quanto à primeira questão, diz:

Ag. O outro problema, que tínhamos proposto, parece-me já o termos resolvido com clareza, a saber: de onde vem praticarmos o mal? Pois, se não me engano, tal como a nossa argumentação mostrou, o mal moral tem sua origem no livre-arbítrio de nossa vontade (Ibid., I, 16, 35)[7].

Mas, tendo chegado à conclusão de que o mal não tem consistência ontológica, ou seja, que não existe enquanto ser, ou não forma uma subs-

---

apenas bom, mas o próprio bem? Donde me vem então o querer o mal e o não querer o bem? Será para haver um motivo para que eu seja castigado justamente? Quem colocou isto em mim, e plantou em mim este viveiro de amargura, embora todo eu tenha sido feito por um Deus tão doce? Se o autor é o diabo, donde veio o mesmo diabo? Mas se também ele, por uma vontade perversa, de anjo bom se tornou diabo, donde lhe veio, também a ele, a má vontade pela qual se tornaria diabo, quando o anjo, na sua totalidade, tinha sido criado por um criador sumamente bom?" (*Conf.*, VII, 3,5). Questões essas que vão sendo enfrentadas ao longo do *De Libero Arbítrio*.
6. A resposta é inversa porque assim o fez no início do diálogo, quando antes de responder à questão inicial levantada por Evódio, "Unde male faciamus"?, ou seja, de onde vem o praticarmos o mal? (cf. *De lib. arb.*, I, 2, 4), Agostinho propõe que se examine primeiro outra questão: "Quid sit malum?", o que é o mal? (cf. Ibid., I, 3, 6), para depois procurar saber de onde ele procede.
7. Aliás, esta não é apenas a conclusão de toda a obra, conforme diz o próprio Agostinho nas *Retratações*, ao justificar o que o levou a escrevê-la: "Uma vez que ainda nos demorávamos em Roma, resolvemos investigar, em forma de diálogo, qual a origem do mal [...]. Depois de discutido atentamente entre nós, e pesados os argumentos, concluímos que o mal não tem outra origem a não ser o livre-arbítrio da vontade. Os três livros a que esta discussão deu origem intitula-se *De libero arbitrio*" (*Retract.*, I, 9, 1). De qualquer forma, ressaltamos, não só nesta obra, mas até os últimos anos de sua vida, Agostinho sustentará o princípio do livre-arbítrio da vontade humana como única fonte do mal ou origem do pecado, como, por exemplo, no tratado *Sobre as duas almas*, outra obra antimaniqueia escrita especialmente para refutar a ideia de que o mal tinha uma origem ontológica necessitária, inerente à matéria, o corpo. Agostinho insiste na opinião de que "não se peca senão voluntariamente" (*De duab. an.*, 10, 14).

tância ou natureza, como defendiam os maniqueus, mas que se manifesta como não-ser, enquanto falta, ausência, defecção ou distanciamento do bem, fruto da perversão de valores por parte única e exclusivamente no livre-arbítrio da vontade humana, atribuindo-lhe uma conotação moral de pecado ou culpa.

Contudo, ainda no final do livro I, Evódio – único interlocutor de Agostinho no referido diálogo –, não se dando por satisfeito, faria aquela que seria a mais natural das interrogações:

Ev. Mas quanto a esse mesmo livre-arbítrio, o qual estamos convencidos de ter o poder de nos levar a pecar, pergunto-me se aquele que nos criou fez bem de no-lo ter dado. Pois me parece que não pecaríamos se estivéssemos privados dele [...] (Ibid., I, 16, 35)[8].

Ou seja, Evódio colocaria em pauta dois dos principais problemas em torno dos quais giram todos os debates acerca do livre-arbítrio da vontade humana, ambos decorrentes das respostas até então construídas ao longo do livro I[9].

O primeiro, a saber, aborda a natureza/finalidade ontológica do livre-arbítrio, cuja preocupação é saber se ele é em si mesmo um bem ou um mal, ou pelo menos um bem perigoso, e se o mal faz parte da natureza ou definição do livre-arbítrio, ou se é algo externo ao mesmo, daí a desconfiança de Evódio sobre a necessidade ou não de nos ter sido dado. Logo, com que finalidade nos foi dado tão perigoso instrumento?

---

8. Moacyr Novaes Filho observa que aqui Agostinho se vê diante de um paradoxo: "Se, por um lado, a alma humana ocupa um lugar privilegiado na cosmologia agostiniana, quando justamente por sua capacidade de livre-arbítrio torna-o superior aos demais animais, e mais do que isto vem a ser considerado 'imagem e semelhança de Deus', por outro lado, é também pelo mesmo livre-arbítrio que ela pode pecar, denegrindo a condição de 'imagem e semelhança de Deus'. É por isso que Evódio questiona se não seria o livre-arbítrio da vontade humana um mal, ou pelo menos um bem perigoso" (NOVAES FILHO, M. A., *O livre-arbítrio da vontade e a presciência divina segundo Santo Agostinho*, Tese de Doutorado em Filosofia, São Paulo, USP, 1997, 25).
9. A esse respeito diz Paula Oliveira e Silva, na introdução a sua tradução portuguesa do *De libero arbitrio*: "Depois de ter seguido a ordem da argumentação que se propusera para resolver as dificuldades sobre o modo de articular a existência de Deus e a presença do mal no mundo, Santo Agostinho enfrenta um conjunto de obstáculos às teses que ele próprio edificou" (OLIVEIRA E SILVA, P., Introdução, 69).

O segundo, parte da discussão de que mesmo que o livre-arbítrio não seja um mal em si, ou não tenha sido dado ao homem expressamente para que com ele venha a pecar, sendo unicamente por ele que pecamos, e uma vez tendo sido dado por Deus, não seria Deus o responsável, ou pelo menos corresponsável, ou causa remota dos males cometidos pelo homem? Isto é o que indaga o próprio Agostinho no início da referida obra:

> Ag. Ora, cremos que há um só e único Deus e que dele procede tudo quanto existe e que, não obstante, não é Deus o autor do pecado. Todavia, perturba-nos o espírito uma consideração: se o pecado procede das almas criadas por Deus, como não atribuir a Deus os pecados, sendo tão estreita a relação entre Deus e as almas pecadoras? (*De lib. arb.*, I, 2, 4).

A estas duas primeiras questões, dedicaremos o primeiro capítulo deste trabalho, no qual demonstraremos, com argumentos extraídos das obras de Agostinho, que o livre-arbítrio da vontade humana é um bem, e não só um bem, mas um bem necessário, pois é unicamente por ele que o homem pode ou viver retamente ou lhe fazer recair o prêmio da justiça divina.

Entretanto, mesmo considerando de antemão que o livre-arbítrio é um bem, e que Deus fez bem em nos tê-lo dado, o próprio Agostinho, no início do livro III da referida obra, admite que aqui há um problema que antepõe e perpassa todos os demais: se este não estaria em conflito com a soberania divina (providência/presciência/onisciência); se Deus, na sua divina bondade e perfeição, sabia antecipadamente que o homem haveria de pecar, fazendo mesmo assim com livre-arbítrio, de forma que o problema vai além do suposto conflito entre o livre-arbítrio da vontade humana e a soberania divina, mas questiona a própria natureza de Deus que, se é presciente, ou seja, se sabia de antemão que o homem haveria de pecar, e nada fez para evitar, então não é providente e bom, e se não sabia, por isso não fez nada, então não é presciente e perfeito, havendo, portanto, uma contradição interna no conceito de soberania/perfeição divina: o que é, para Agostinho, uma blasfêmia, conforme veremos ao longo de nossa obra.

À esta terceira questão, dedicaremos o segundo capítulo, procurando mostrar como Agostinho resolve o problema. Para tal, estenderemos a pesquisa para além do diálogo *Sobre o livre-arbítrio*, trazendo para o debate uma longa passagem do livro V do tratado *Sobre a cidade de Deus*, em que Agostinho refuta ao mesmo tempo o determinismo/fatalismo dos estoicos e, contrários a estes, o libertarismo de Cícero[10]. Finalmente, dando continuidade ao supracitado diálogo *Sobre o livre-arbítrio*, no início do livro III, buscando fechar resposta à pergunta inicial "Unde male faciamus"?, de onde vem o praticarmos o mal? (*De lib. arb.*, I, 2, 4), Agostinho deparava-se com mais um intrigante problema, a saber: se o livre-arbítrio é um bem, visto ser unicamente por ele que o homem pode viver retamente, e, portanto, ser justo merecedor da bem-aventurança (questão resolvida no primeiro capítulo), e não havendo nele determinação alguma por parte de Deus (questão resolvida no segundo capítulo), donde lhe vem então haver nele certa inclinação para o contrário, o mal, ou, então como entender as palavras do apóstolo Paulo de que "não faço o bem que quero, mas o mal que não quero" (Rm 7,19)? Ou seja, voltava à tona a suspeita de que o mal faz parte da natureza/definição do livre-arbítrio.

Para resolver esta questão, Agostinho introduz na discussão do livro III do diálogo *Sobre o livre-arbítrio* o conceito de pecado original, como elemento danificador da liberdade dada ao primeiro homem, passando a fazer uma distinção entre os conceitos de livre-arbítrio humano e liberdade humana, até então usados como sinônimos. Com o pecado original o homem perdeu a liberdade humana, que é a capacidade de querer e poder fazer o bem, ficando apenas com o querer (livre-arbítrio), o que explica as supracitadas palavras do apóstolo Paulo. E é aqui que Agostinho introduz mais um conceito teológico axiomático: a graça divina

---

10. Vale adiantar aqui que o determinismo/fatalismo dos estoicos, por um lado, e o libertarismo de Cícero, por outro, são exemplos antigos do que mais tarde, na modernidade, se chamará de "incompatibilismo", em que, diante da impossibilidade de conciliar a livre vontade humana e os decretos da vontade divina, busca-se resolver o problema eliminando um dos polos da questão. O estoicismo, por um lado, nega a livre vontade humana em nome de um determinismo/fatalismo cósmico, enquanto que Cícero, contrariando seus colegas estoicos, defende a autonomia absoluta da livre vontade humana em detrimento de toda e qualquer forma de determinismo/fatalismo cósmico e ou divino. Lá na frente, no último capítulo, apresentaremos as formas "incompatibilistas" modernas em torno da questão da predestinação divina, defendidas por alguns movimentos Reformadores.

como antídoto ou remédio auxiliar capaz de restaurar a liberdade perdida. Essa questão leva a mais outro, que é, aliás, para muitos comentadores o maior problema enfrentado pelo bispo de Hipona: a suspeita de haver uma incompatibilidade entre o livre-arbítrio da vontade humana e a graça divina. A esta última questão dedicaremos o terceiro capítulo de nosso livro.

Finalmente, a radicalização de Agostinho em defesa da graça divina como único caminho para se alcançar a salvação o levaria a aumentar ainda mais o problema, que teria seu auge na sua "teoria da predestinação", apresentada aqui no quarto capítulo.

Além disso, num último capítulo, faremos algumas pontes ou relações entre Agostinho e alguns pensadores posteriores a ele, notadamente com alguns dos principais participantes dos movimentos de Reforma e Contrarreforma na modernidade/contemporaneidade[11] que também se debruçaram sobre as mesmas questões e, de certa forma, com ele debateram, por isso, na medida do possível, procuraremos demonstrar os pontos convergentes e divergentes entre as interpretações por eles dadas e o genuíno pensamento agostiniano acerca do tema em pauta.

---

11. Tamanha foi a importância de Agostinho entre Reformadores e Contrarreformadores que o comentador italiano Gaetano Lettieri chega a classificar o século XVII como "o século de Santo Agostinho", quando, principalmente em relação à polêmica relação entre a graça/predestinação e a liberdade humana, nele se apoiaram grandes pensadores, como Lutero, Calvino, Baio, Jansênio, Descartes, Arnauld, Pascal, Malebranche, Bayle, Leibniz etc. (cf. LETTIERI, G., Il método della grazia. Pascal e l'ermeneutica giansenista di Agostino, Roma, Dehoniani, 1999, 7-8).

1
Fundamentação ontológica do livre-arbítrio da vontade humana segundo Santo Agostinho

1.1 Natureza/finalidade do livre-arbítrio da vontade humana em Santo Agostinho

Em resposta a indagação levantada por Evódio no final do livro I do diálogo *Sobre o livre-arbítrio*, a saber: "Mas quanto a esse mesmo livre-arbítrio, o qual estamos convencidos de ter o poder de nos levar a pecar, pergunto-te se aquele que nos criou fez bem de no-lo ter dado. Pois me parece que não pecaríamos se estivéssemos privados dele, e é para se temer que, nesse caso, Deus mesmo venha a ser considerado o autor de nossas más ações" (*De lib. arb.*, I, 16, 35)[1], no início do livro II, Agostinho começa por investigar a natureza/finalidade do livre-arbítrio humano[2], cuja preocupação é saber se é em si um bem ou um mal, ou

---

1. Vale salientar que toda argumentação desenvolvida ao longo do livro I busca demonstrar que a única causa do mal é o livre-arbítrio humano. Daí o presente questionamento por parte de Evódio.
2. Entender a natureza/finalidade do livre-arbítrio é, também, a questão levantada pelo interlocutor António Glarea, no primeiro parágrafo do *Diálogo sobre o livre-arbítrio*, de Lorenzo Valla (1407-1457), no alvorecer do Renascimento: "ANT.: A questão acerca do livre-arbítrio, da qual depende tudo o que se refere às ações humanas, toda a justiça e

pelo menos um bem perigoso, daí a desconfiança de Evódio sobre a necessidade ou não de nos ter sido dado. E, caso o mal faça parte de sua natureza, e sendo Deus o seu doador, então seria ele o responsável pelos males cometidos pelo homem, ou pelo menos corresponsável. Para tal, Agostinho inicia o livro II da referida obra relembrando o que havia sido demonstrado ao longo do livro anterior: de que o livre-arbítrio fora dado ao homem para que este viva retamente[3] e feliz neste mundo e, consequentemente, alcance a "verdadeira felicidade" em Deus, que é o objetivo de todo homem vindo a este mundo, havendo, portanto, uma íntima relação entre o livre-arbítrio humano (ou vontade boa), vida reta e felicidade. Elementos que Agostinho vai buscar no Salmo 1,1-6, em que o salmista, opondo "os dois caminhos" (retidão x soberba), celebra a Lei, dada aos homens para a sua felicidade[4].

injustiça, todo o prêmio e castigo, e não só nesta vida como também na futura, parece-me extremamente difícil e particularmente árdua, e não direi facilmente se existe alguma outra cujo conhecimento seja mais necessário ou acerca da qual menos se saiba. Com efeito, costumo frequentemente investigar acerca dela, a sós comigo mesmo, outras vezes com outros. E até agora não fui capaz de encontrar uma saída para esta incerteza, a tal ponto por causa dela me perturbo e me confundo às vezes em meu íntimo. Todavia, nunca ei de cansar de a indagar, nem desesperarei de a poder entender, embora saiba que muitos frustraram a mesma esperança. Por isso, queria escutar também o teu parecer nesta questão, não só porque, indagando e esclarecendo todas as coisas, chegarei talvez ao que procuro, mas também porque conheço até que ponto o teu raciocínio é agudo e exato" (VALLA, L., *Diálogo sobre o livre-arbítrio*, Lisboa, Colibri, 2010, 36).

3. Essa será, igualmente, a base de toda argumentação de Santo Anselmo, na Escolástica, para justificar a necessidade de Deus nos ter dado o livre-arbítrio da vontade, conforme vemos no opúsculo *Sobre a concordância da presciência, da predestinação e da graça divina com o livre-arbítrio,* uma obra síntese da "trilogia moral", redigida cerca de 20 anos depois desta, em que afirma: "Ainda que creiamos e compreendamos pelo coração – como queremos pelo coração – o Espírito Santo, no entanto, não julga que seja reto o coração que só crê e compreende com retidão mas que, todavia, que queira retamente, pelo fato de se servir da retidão da fé e da inteligência para ser reto em sua vontade, quando foi dado à criatura racional o crer e o compreender com retidão precisamente com essa finalidade" (*De concord.*, III, 2, 2006, 74-75).

4. No diálogo *Sobre o livre-arbítrio*, são inúmeras as passagens que em Agostinho estabelece uma íntima relação entre a tríade boa vontade (vida reta), justiça (prêmio) e vida feliz. Por exemplo,
"Ag. Portanto, se por nossa boa vontade amamos e abraçamos essa mesma boa vontade, preferindo-a a todas as outras coisas, cuja conservação não depende de nosso querer, a consequência será, como nos indica a razão, que nossa alma esteja dotada

A argumentação de que o livre-arbítrio fora dado ao homem para que vivesse retamente repousa, por sua vez, noutro princípio axiomático: o da justiça divina. Se, pois, o livre-arbítrio tivesse sido dado igualmente com o objetivo de levar o homem a pecar[5], Deus não poderia castigá-lo, e consequentemente, seria coautor do mal, uma vez que o deu à sua criatura. Logo, é necessário que o livre-arbítrio tenha sido dado ao homem unicamente com o objetivo de torná-lo reto, e que o prêmio ou o castigo recaiam sobre o homem com justiça, conforme diz Agostinho no diálogo *Sobre o livre-arbítrio*:

> de todas aquelas virtudes cuja posse constitui precisamente a vida conforme a retidão e a honestidade. De onde se segue esta conclusão: todo aquele que quiser viver conforme a retidão e honestidade, se quiser pôr esse bem acima de todos os bens passageiros da vida, realiza conquista tão grande, com tanta facilidade que, para ele, o querer e o possuir serão um só e mesmo ato [...].
> Ag. Pois bem, essa mesma alegria gerada pela aquisição de tão grande bem, ao elevar a alma na tranquilidade, na calma e constância, constitui a vida que é dita feliz" (*De lib. arb.*, I, 13, 29).
> E mais adiante:
> "Ag. Aquele que ama viver retamente tem certamente prazer nisso, de tal modo que encontra não apenas o bem verdadeiro, mas ainda real doçura e alegria. Essa pessoa não há de apreciar também sobre todas as coisas, com dileção especial, essa lei em virtude da qual a vida feliz é atribuída à boa vontade e a vida infeliz, à má vontade?
> Ev. Sem dúvida, ama-a, e com veemência, porque é observando-a que ele vive como o faz" (Ibid., I, 15, 31).

5. Se assim fosse, teríamos de admitir que o mal faz parte da natureza ou da definição de livre-arbítrio, coisa que será veementemente refutada tanto por Agostinho como por Anselmo, que afirmam exatamente o contrário: o mal se caracteriza pelo mau uso do livre-arbítrio, quando se usa-o aquilo para o qual não foi criado, conforme veremos mais adiante. A esse respeito comenta Régis Jolivet: "Apesar de o homem ser livre, e precisamente por ser livre é que pode pecar. No entanto, é preciso ter bem presente que a pecabilidade não é a essência do livre-arbítrio. Deus é livre e, contudo, não peca" (JOLIVET, R., *San Agustín y el neoplationismo cristiano*, Buenos Aires, C.E.P.A, 1932, 155). De qualquer maneira, embora o pecado não seja condição para a existência do livre-arbítrio no homem, a existência do pecado é prova da existência do livre-arbítrio, conforme diz Agostinho no tratado *Sobre a verdadeira religião*: "É, pois, o pecado um mal voluntário. Pelo fato de que não haveria pecado se não fosse voluntário, [...] se o mal não fosse obra da vontade, absolutamente ninguém poderia ser repreendido ou admoestado [...]. Logo, à vontade deve ser atribuído o fato de que se pode cometer pecado. E como não há dúvida sobre a existência do pecado, tão pouco se pode duvidar do que se segue: que a alma é dotada de livre-arbítrio da vontade" (*De vera rel.*, 14, 27).

Ag. Pois, se é verdade que o homem em si seja certo bem e que não poderia agir bem, a não ser querendo; seria preciso que gozasse de vontade livre, sem a qual não poderia proceder dessa maneira [...]. Há, pois, uma razão suficiente para ter sido dada, já que sem ela o homem não poderia viver retamente. Ora, que ela tenha sido dada para esse fim pode-se compreender logo, pela única consideração de que, se alguém se servir dela para pecar, recairão sobre ele os castigos da parte de Deus. Ora, seria isso uma injustiça, se a vontade livre fosse dada, não somente para se viver retamente, mas igualmente para se pecar. Na verdade, como poderia ser castigado, com justiça, aquele que se servisse de sua vontade para o fim mesmo para o qual ela lhe fora dada? Assim, quando Deus castiga o pecador, o que te parece que ele diz senão estas palavras: "Eu te castigo porque não usaste de tua vontade livre para aquilo a que eu a concedi a ti". Isto é, para agires com retidão. Por outro lado, se o homem carecesse do livre-arbítrio da vontade, como poderia existir esse bem, que consiste em manifestar a justiça, condenando os pecados e premiando as boas ações? Visto que a conduta desse homem não seria pecado, nem boa ação, caso não fosse voluntária. Igualmente o castigo, como a recompensa, seria injusto, se o homem não fosse dotado de vontade livre. Ora, era preciso que a justiça estivesse presente no castigo e na recompensa, porque aí está um dos bens cuja fonte é Deus. Conclusão: era necessário que Deus desse ao homem a vontade livre (*De lib. arb.*, II, 1, 3)[6].

Esta será também, por exemplo, no início da Escolástica, a base de toda argumentação de Santo Anselmo (1033-1109) para justificar a necessidade existência do livre-arbítrio no homem, que reaparece em diversos momentos de suas obras, especialmente naquelas que formam a famosa "trilogia moral"[7], a saber: os *Três tratados sobre a Sagrada Escri-*

---
6. A esse respeito diz Étienne Gilson: "Talvez sejamos tentados a resistir a essa conclusão como puramente dialética e abstrata. Ademais, dar-nos uma vontade capaz de fazer o mal não seria nos dar um dom tão perigoso que ele somente constituiria um verdadeiro mal? É verdade que toda liberdade encerra um perigo, mas a nossa é também a condição necessária para o maior dos bens que pode nos acontecer: a Beatitude" (GILSON, É., *Introdução ao estudo de Santo Agostinho*, São Paulo, Discurso-Paulus, 2006, 276).
7. Nomenclatura usada por Eustáquio de Souza Pena, que assim diz em seu comentário a obra de Anselmo *Por que Deus se fez Homem?*: "Entre os anos de 1080 e 1090 o arcebispo de Cantuária estava se dedicando ao estudo sistemático das Escrituras e neste período redigiu três tratados com o escopo justamente de auxiliar o estudo e a compreensão das Sagradas Letras. Dispostos cronologicamente estes tratados foram escritos depois do

tura, formada pelos diálogos filosóficos *Sobre a verdade, Sobre a liberdade do arbítrio* e *Sobre a queda do diabo*[8], escritas entre 1080 e 1086.

A partir do capítulo XII do diálogo *Sobre a verdade*, por exemplo, ao estabelecer uma íntima relação entre *a verdade*, a *retidão*[9] e a *justiça*, Anselmo coloca a vontade de escolha como condição *sine qua non* para que a tríade aconteça, ao dizer, em diálogo com o discípulo inominado:

D. De facto, quando o justo quer o que deve, conserva com retidão da vontade unicamente pela própria retidão, enquanto se deve chamar justo. Mas quem quer o que deve só porque é coagido ou movido por uma recompensa externa, se se deve dizer que conserva a retidão, não a conserva por si própria, mas por outra coisa.
M. Portanto, é justa aquela vontade que conserva a sua retidão pela própria retidão.
D. Ou é justa esta vontade ou nenhuma outra é.
M. Portanto, a justiça é a retidão da vontade conservada por si mesma (*De libert. arb.*, XII, 2012, 103)[10].

Monológio e do *Proslógio*, são eles na sequência em que foram escritos: *De veritate* (*Sobre a verdade*); *De libertate arbitrii* (*Sobre a liberdade do arbítrio*) e *De casu diaboli* (*Sobre a queda do diabo*). Estas obras são também conhecidas como a trilogia moral de Anselmo, por tratarem de temas como: verdade, retidão, dever, vontade, justiça e liberdade" (PENA, E., S. Anselmo, *honra divina e moralidade no Cur Deus Homo*, Pelotas, NEPFIL, 2014, 113).
8. Para estas três obras usaremos aqui a tradução portuguesa. Cf. ANSELMO, Santo, A verdade. A liberdade de escolha. A queda do diabo, in: ID., *Diálogos filosóficos*, Porto, Afrontamento, 2012, doravante abreviadas, respectivamente, por: *De verit.*; *De libert. arb.*; e *De casu diab.*
9. Sobre a retidão, um dos dois conceitos chave da "trilogia moral" de Anselmo, diz o Eclesiastes: "Eis a única conclusão a que cheguei: Deus fez o homem reto, este, porém, procura complicações sem conta" (Ecl 7,30).
10. Igualmente, no opúsculo *Sobre a concordância da presciência, da predestinação e da graça divina com o livre-arbítrio*, diz que "qualquer que seja a justiça, grande ou pequena, o que se dá na verdade é a retidão da vontade observada por si mesma. Porém, a liberdade aqui é o poder de observar a retidão da vontade pela retidão em si (*De concord.*, I, 6, 2006, 46). E mais adiante: "Para que ninguém pense que a autoridade divina declara justo ou reto aquele que guarda a retidão da vontade, por um motivo distinto, dizemos que a justiça é a retidão da vontade observada por si mesma; porque aquele que não observa senão por um motivo distinto dela mesma não a ama, mas ama, antes, este motivo pelo qual a observa, e não pode ser qualificado de justo, como, tampouco, essa retidão pode ser qualificada de justiça" (Ibid., III, 2, 2006, 75). Paula Oliveira e Silva, na introdução à sua tradução da referida obra, comentado a supracitada passagem de Anselmo, diz que, "para o Doutor Magnífico, o ser humano é justo e reto antes de mais nada para consigo próprio. Isso significa que ele deve, livre e espontaneamente, querer ser aquilo que é. O

Tese que reaparecerá, depois, no livro II do mesmo diálogo, ao mostrar que a livre vontade humana não fora dada igualmente para pecar, mas tão somente para retidão:

D. Vou então avançar e responderei ao que falta do que perguntaste. Não é verdade, contudo, que eles tivessem liberdade para abandonar a própria retidão, porque abandonar a retidão da vontade é pecar, e o poder de pecar nem é liberdade, nem parte da liberdade, como antes mostraste. Mas também não receberam a liberdade para recuperar por si próprios a liberdade abandonada[11], uma vez que essa retidão lhes tinha sido dada precisamente para que nunca ser abandonada [...]. Por conseguinte, resta que a liberdade de escolha tenha sido dada à natureza racional para conservar a retidão da vontade recebida.

M. Respondestes bem às questões. Mas ainda é preciso que consideremos a razão pela qual a natureza racional deveria conservar esta retidão, se era em virtude da própria retidão, ou em função de outra coisa.

D. Se esta liberdade não tivesse sido dada àquela natureza para que conservasse a retidão da vontade por si própria, não serviria para a justiça, visto que é evidente que a justiça é a retidão da vontade conservada por ela mesma. Mas acreditamos que a liberdade da vontade exista em função da justiça. Por isso, deve-se afirmar indubitavelmente que a natureza racional não recebeu a liberdade de escolha a não ser para conservar a retidão da vontade pela própria retidão.

M. Portanto, visto que toda liberdade é poder, esta liberdade de escolha é o poder de conservar a retidão da vontade pela própria retidão.

D. Não pode ser de outro modo (Ibid., III, 2012, 127-129)[12].

---

seu primado sobre as demais formas de ser radica nesta condição maximamente imanente e livre de sua vontade, quando quer aquilo que conhece que deve querer, isto é, quando quer ser de acordo consigo próprio. Quando o faz querer a retidão. E, mesmo neste caso, Anselmo exige da vontade humana que ela se exerça na máxima radicalidade: ela deve querer a retidão não por outro motivo senão por ela própria, a saber, pela verdade do seu ser, pelo acordo de si consigo mesmo. É neste nível que reside a grandeza da criatura racional, a realização última do seu ser e do seu dever, em plena conformidade" (OLIVEIRA E SILVA, P., Introdução, in: ANSELMO, Santo, *Diálogos filosóficos*, 25).

11. Tese igualmente defendida por Agostinho. Segundo ela, depois da queda de Adão o livre-arbítrio não tem por si só forças para se recuperar, logo, depende da ajuda da graça divina. Essa discussão veremos no capítulo terceiro, quando trataremos da relação entre o livre-arbítrio e a graça divina em Agostinho e Anselmo.

12. Este princípio fundante levaria Fernando Montes d'Oca a defender, em seu trabalho doutoral, à tese de ser de natureza deontológica a ética anselmiana, em contrapartida

Igualmente, dirá Anselmo mais tarde no diálogo *Por que Deus se fez homem?*[13], escrita um pouco mais tarde, entre 1095 e 1098:

> Não se deve duvidar de que a natureza humana foi criada santa por Deus para que fosse feliz usufruindo sua presença e que ela é racional para que distinga entre o justo e o injusto, entre o bem e o mal, entre o maior bem e o menor; do contrário, ela teria sido criada racional inutilmente, o que não é hábito de Deus; pelo que é evidente que ele a criou com aquele fim, assim como para que, com o poder de distinguir as coisas, ela odeie e evite o mal, ame o bem e escolha o mais perfeito (*Cur Deus hom.*, II, 1, 2003, 95).

Portanto, voltando a Agostinho, para que a justiça divina recaia sobre o homem é necessário que o homem seja livre[14]. Pois, como diz no tratado *Contra Fausto*, "se Deus não tivesse outorgado o livre-arbítrio ao homem, não poderia existir nenhum juízo justo que o castigasse, nem mérito ao bem obrar [...]. Com efeito, quem não peca livremente, não peca" (*Contra Faust.*, 20).

Por isso, antes, no capítulo 18 do livro II do diálogo *Sobre o livre-arbítrio*, Agostinho já havia tomado também essas verdades como evidentes, quando disse:

> Ag. Tu te lembraste com exatidão dos assuntos propostos. Notaste perfeitamente que a segunda questão: que todo bem procede de Deus, está explicada. Mas deverias ter notado que também esta, a terceira, está resolvida. Pois pareceria a ti, como dizias, que o livre-arbítrio da vontade não deveria ter sido dado, visto que as pessoas se servem dele para pecar. Eu opunha à tua opinião que não podemos agir com retidão, a

---

às éticas eudaimonistas tradicionais, uma vez que Anselmo ancora sua ética no conceito de retidão, que é a finalidade para a qual foi dada a livre vontade ao homem (cf. D'Oca, F. R. M., *O pensamento ético de Santo Anselmo de Cantuária. Uma defesa do deontologismo mitigado*, Tese de Doutorado em Filosofia, Porto Alegre, PUCRS, 2014, 307).

13. Para esta obra usaremos a tradução brasileira, cf. Anselmo, Santo, *Por que Deus se fez homem?*, São Paulo, Novo Século, 2003, doravante abreviada por *Cur Deus hom.*

14. Esta será também a posição de Anselmo diante da questão colocada pelo discípulo inominado logo no início da obra *Sobre a liberdade do arbítrio*, assim resumida por Paulo Martines: "Ou o homem tem a capacidade de decidir a alternativa [...] ou o homem está privado de fazer o bem e a imputabilidade do pecado não tem cabimento" (Martines, P. R., A noção de liberdade em Anselmo de Cantuária, in: De Boni, L. A. (Org.), *Idade Média. Ética e política*, Porto Alegre, Edipucrs, ²1996, 105-116, 107).

não ser pelo livre-arbítrio da vontade. E afirmava que Deus no-lo deu, sobretudo em vista desse bem (*De lib. arb.*, II, 18, 47).

Agostinho parte da premissa de que Deus deu livre-arbítrio ao homem para que este viva retamente, logo, o homem não pode ser considerado reto (ou não) a não ser sendo livre. Mas o livre-arbítrio é apenas um bem médio, que pode ser usado tanto para o bem como para o mal[15], embora não tenha sido dado para tal[16], daí recair a culpa sobre aquele que usa mau deste bem.

Evódio ainda não se dá por satisfeito e pergunta se não seria melhor que o livre-arbítrio tivesse sido dado ao homem para levá-lo unicamente ao bem[17], assim como foi dada a justiça[18], da qual ninguém pode se servir

---

15. Ressaltamos aqui, ou antecipamos o que veremos a partir do próximo tópico, que até o presente momento, ou até o final do livro II do diálogo *Sobre o livre-arbítrio*, Agostinho ainda não fazia distinção entre livre-arbítrio da vontade humana e liberdade humana, dando ao livre-arbítrio o poder de fazer o bem quando queira. A partir do momento que faz esta distinção, este poder pertence unicamente à liberdade, ficando o livre-arbítrio, depois da queda de Adão, apenas com o poder de fazer o mal, daí a necessidade da graça divina para devolver-lhe o poder de fazer também o bem.

16. Ou seja, o livre-arbítrio é condição necessária para que o homem possa fazer o mal, mas o pecado não é condição nem a finalidade para o qual foi dado o livre-arbítrio ao homem, pois Adão podia, se quisesse, não pecar, a exemplo dos anjos bons, que têm livre-arbítrio e nem por isso pecam, daí dizer-se que o mal não faz parte da essência ou natureza do livre-arbítrio (Obs: considerem aqui que Agostinho usa o termo livre-arbítrio como sinônimo de liberdade, que era o poder que Adão tinha de não pecar, caso quisesse, conforme vimos em notas anteriores).

17. Isto sem contar que, até o presente momento, Evódio ainda não conhecia a supramencionada distinção entre livre-arbítrio e liberdade, ou seja, quando ainda trabalhava com a hipótese de que o livre-arbítrio poderia praticar tanto o mal como o bem. Imagine se ele tivesse em mente que com a queda de Adão o livre-arbítrio tornou-se escravo do pecado de forma que traz em si "certa necessidade do mal", de forma que "não pode não fazer o mal [necessidade do mal] e não pode fazer o bem, a não ser ajudado pela graça divina", aí assim que ele iria questionar a existência no homem deste perigoso bem. Concluindo, Evódio queria que no livre-arbítrio estivesse o preceito de "não poder pecar [necessidade do bem]", o que pertence unicamente à "verdadeira liberdade", em Deus, que é outro conceito distinto de "liberdade humana", que veremos no terceiro capítulo.

18. Não só a justiça, mas as demais virtudes cardeais gregas, que Agostinho transforma em virtudes morais cristãs quando coroadas pela "verdadeira caridade" (*vera caritas*), que consiste em amar a Deus sobre todas as coisas e ao próximo como a ti mesmo (Mt 22,37-40), pois, dirá mais tarde no tratado *Sobre a cidade de Deus*, "sem verdadeira piedade, ou seja, sincero culto ao verdadeiro Deus, em nada pode haver verdadeira vir-

a não ser com retidão; ou, de forma mais radical, não seria melhor que Deus não no-lo tivesse dado, mas que o homem fosse deterministicamente programado a fazer unicamente o bem? (cf. *De lib. arb.*, II, 2, 4)[19]. Evódio colocava em xeque um elemento sublime para Santo Agostinho, e não só para ele, mas para a grande maioria dos filósofos na história da filosofia, a saber, a questão da liberdade humana, em defesa da qual lutará com unhas e dentes contra toda e qualquer forma de fatalismo/determinismo, e em função disso terá que pagar caro por ter que conciliá-la com os conceitos axiomáticos próprios da soberania divina, nomeadamente com a presciência, a graça e a predestinação, os quais, por questões de fé, também não podia abrir mão, tal como alguns pensadores incompatibilistas radicais, que para resolver o impasse aderiram ao caminho mais fácil, ou mais curto, da anulação de um dos polos da questão, dos quais falaremos no último capítulo.

Agostinho, como filósofo, educado na tradição racionalista greco-romana, não abre mão da liberdade humana, ou não abre mão do princípio

---

tude" (*De civ. Dei*, V, 19), Daí se conclui na *Epístola 155* que, "quem, de fato, escolhe isto com sóbria discrição, é *prudente;* quem daí não se afasta por nenhuma aflição, é *forte;* se por nenhum outro deleite, então é *temperante;* ou por nenhuma soberba, então é *justo* [...]. Com tais virtudes [...] somos reconciliados no Espírito da caridade, não só poderemos transcorrer agora uma vida boa (*bona vita*), mas depois ser-nos-á dada em prêmio a vida bem-aventurada (*beata vita*), que não pode ser senão a eterna. São as mesmas virtudes, que aqui são exercitadas e lá (no céu) terão o seu efeito; aqui, são os momentos das obras, lá, serão os seus prêmios; aqui, cumprem a sua obrigação, lá, terão o seu coroamento" (*Ep. 155*, 3, 12; 4, 13; 4, 16). Já na *Epístola 118*, substituindo a expressão "caridade cristã" por "humildade cristã", diz: "O primeiro passo para a busca da verdade é a humildade. O segundo é a humildade. O terceiro é a humildade. E o último, a humildade. Naturalmente, isto não significa que a humildade seja a única virtude necessária para o encontro e o gozo da verdade; mas se as demais virtudes não estiverem precedidas, acompanhadas e seguidas da humildade, a soberba abrirá caminho e destruirá suas boas intenções" (*Ep. 118*, 3, 22). A esse respeito ver também o tratado *Sobre as oitenta e três questões diversas*, 31, 1-2. Por isso, anteriormente, Agostinho havia colocado o exercício das quatro virtudes cardeais como condição para que nossa boa vontade seja reta (cf. *De lib. arb.,* I, 13, 27; II, 19, 50).

19. Mais do que questionar a presença do livre-arbítrio no homem, a pergunta de Evódio colocava em risco a onipotência e a bondade de Deus, pois, se Deus é suma bondade e onipotente, por que fez o homem com a possibilidade de pecar e vir a ser infeliz? Por isso, mais adiante, no livro III, Agostinho, respondendo essa questão, diz: "Não seria difícil nem laborioso para a onipotência de Deus ordenar todas as coisas que fez de maneira que nenhuma viesse a ser infeliz. Pois isso não se opõe à sua onipotência nem à sua bondade" (*De lib. arb.*, III, 9, 24).

35

de que a razão humana, lugar da liberdade, é o que há de mais elevado no homem, que o torna superior aos demais seres do universo[20]. Mas, também, como teólogo cristão, não abre mão da fé, na qual fora exposto principalmente por parte de sua mãe Mônica, aquela fé "que bebera no leito materno", como dirá mais tarde nas *Confissões*. Motivo pelo qual nunca aderiu integralmente a uma filosofia unicamente racionalista, ou "nunca aderiu a uma filosofia ou a uma doutrina que não tivesse nela o nome de Cristo", como dirá mais tarde acerca dele Federico Sciacca (1955, 59), e só sossegou seu coração irrequieto, ou sedento da verdade, quando encontrou uma maneira de unir estes dois *corpus* teóricos de forma que um não se opusesse ao outro, mas, antes, colaborassem na resposta aos grandes problemas da humanidade, dentre eles o problema da liberdade humana[21].

---

20. No diálogo *Sobre o livre-arbítrio*, livro II, que traz como subtítulo *Demonstração da existência de Deus*, tentando refutar as supostas palavras do cético: "não há Deus" (Sl 53,1), começa por procurar uma verdade racional segura (evidente) para daí chegar à uma certeza maior, Deus mesmo. Esta primeira verdade é que o homem existe, vive e pensa. E dentre estas três verdades chega-se à conclusão que a mais importante é o pensar (razão), que torna o homem superior aos demais seres do universo. Vejamos:

"Ag. Assim, pois, e para partirmos de verdades evidentes, pergunto-te, antes de mais, se tu existes. Ou receias porventura enganar-te a respeito desta pergunta, quando, se não existisses, de modo nenhum poderias te enganar?
Ev. Passa já a outras considerações.
Ag. Por conseguinte, sendo evidente que existes, e que isso não seria para ti evidente de outra maneira, se não vivesses, também é evidente isto: que vives. Compreendes que estas duas realidades são evidentíssimas?
Ev. Compreendo perfeitamente.
Ag. Logo, é também evidente esta terceira realidade, a saber: que compreendes.
Ev. É evidente.
Ag. Qual dentre essas três realidades se te afigura prevalecer?
Ev. A inteligência.
Ag. Por que te parece assim?
Ev. Porque, sendo três realidades distintas, o existir, o viver e o inteleccionar, é verdade que a pedra existe e que o animal vive, contudo, ao que me parece, a pedra não vive, nem o animal intelecciona. Não obstante, estou certíssimo de que o ser que intelecciona possui também a existência e a vida. Por isso não hesito em dizer que seja mais excelente o ser que possui estas três perfeições, do que aqueles nos quais faltam uma ou duas delas" (*De lib. arb.*, II, 3,7).

21. Aqui, a título de exemplo, citamos três casos que confirmam o afastamento de Agostinho de qualquer tipo de filosofia/doutrina que não tivesse em si os elementos bási-

É a liberdade humana o princípio que até hoje, e mais ainda hoje, na contemporaneidade, defendemos como o que há de mais sublime na condição humana, pelo qual nos julgamos superiores aos demais seres do universo. Por tudo isso, afirmamos que Agostinho é um filósofo da liberdade – no sentido de ser um ferrenho defensor da liberdade humana, de modo que, apesar de sua firme convicção religiosa, para não ter que negar a liberdade humana, em alguns momentos, chega até a sacrificar a fé ou a colocar em risco a bondade de Deus para salvar a liberdade humana: ao ser questionado acerca do fato de Deus ter dado o livre-arbítrio ao homem, mesmo sabendo previamente que com este haveria de pecar, responde no tratado *Sobre a correção e a graça*:

---

cos de sua formação: a fé em Cristo e a razão. O primeiro, pela decepção com a leitura do *Hortensius*, de Cícero, que, apesar de ter despertado nele o interesse pela verdade enquanto sabedoria racional, nas *Confissões* lamenta não ter encontrado na obra o nome de Cristo: "Uma só coisa me magoava no meio de tão grande orador: não encontrar aí o nome de Cristo. [...] Porque tudo aquilo de que estivesse ausente este nome, ainda que fosse uma obra literária burilada e verídica, nunca me arrebatava totalmente" (*Conf.*, III, 4, 8). Fato que o levou a ler as Sagradas Escrituras, quando, por razões opostas ao primeiro caso, ficou novamente decepcionado, por não encontrar nelas a racionalidade de Cícero, conforme continua nas *Confissões*: "Ao fixar a atenção naquelas Escrituras, não pensei então o que agora digo, senão simplesmente me pareceram indignas de comparar-se com a majestade dos escritos tulianos [ciceronianos]" (Ibid., III, 5, 9). Foi aí que, na angústia e ânsia de encontrar a verdade, entrou para a seita dos maniqueus, em que pensou ter encontrado os dois elementos que tanto desejava: razão e fé. O maniqueísmo apresentava-se como uma gnose ou ciência, ou uma religião-ciência, em que a verdade se impõe à inteligência, não pela fé mas pela razão, conforme diz Agostinho no tratado *Sobre a utilidade do crer*: "Tu sabes, Honorato, que entramos no círculo daqueles (dos maniqueus) e caímos em suas redes por isto: porque prometiam, deixando de lado o testemunho odioso da autoridade, levar até Deus, livrando-nos de todo erro, e por um exercício estritamente racional [...]. Quem não seria atraído por promessas desta espécie, especialmente a mente de um adolescente que queria descobrir a Verdade?" (*De utilit. cred.*, 1, 2). E, ao mesmo tempo, o maniqueísmo trazia em seu bojo o nome de Cristo, ou apresentava-se como uma religião cristã, ou melhor, como o verdadeiro cristianismo, de forma que, para Agostino Trapè, este foi o principal motivo que levou Agostinho a abraçar o maniqueísmo: "A leitura do *Hortensius* mudou radicalmente sua atitude interior; no entanto não o conquistou completamente: 'não estava naquelas páginas o nome de Jesus' [...]. Abraçou o maniqueísmo: mas a razão principal foi que os maniqueus se proclamavam sucessores de Cristo, mais ainda afirmavam viver, à diferença dos católicos, um cristianismo espiritual e puro [...]. Esta razão, como veremos, não foi a única; mas foi decisiva: sem ela as outras não teriam nenhuma eficácia" (Trapè. A., *Agostinho. O homem, o pastor, o místico*, São Paulo, Cultor de Livros, 2017, 42). Ainda outros exemplos poderiam ser dados, como em relação ao ceticismo, ao neoplatonismo etc., mas isso tornaria esta nota muito extensa.

Por este motivo sinceramente confessamos o que cremos, ou seja, que Deus é Senhor de tudo, que criou todas as coisas sem defeito e previu o mal que se originaria do bem e sabia que era mais próprio de sua bondade onipotente transformar o mal em um bem do que não permitir o mal, *Deus e Senhor de tudo, repito, dispôs a vida dos homens e dos anjos de tal modo que revelasse primeiramente a liberdade, e, depois, o benefício de sua graça e o rigor da justiça* (*De corrept. et grat.*, 10, 26. Itálico nosso).

Essa proposta levou José Roberto Mattos a concluir que "o entendimento agostiniano leva a crer que se não tivéssemos livre-arbítrio seríamos como 'máquinas programadas', não havendo sentido para a ética e a moral, já que não seríamos responsáveis por nossos atos. Tudo seria consequência da vontade divina e não de nossas escolhas" (MATTOS, 2013, 122)[22], de forma que ficaria sem sentido a premissa agostiniana colocada no início deste trabalho: de que o livre-arbítrio fora dado ao homem unicamente para que este viva, por livre escolha, retamente, e assim possa recair sobre a justiça divina.

Assim sendo, embora seja um bem perigoso, para Agostinho, retirar do homem sua liberdade seria o mesmo que retirar o que de mais íntimo lhe pertence, que lhe garante ter uma personalidade própria, o seu eu, conforme vemos nas palavras conclusivas de Evódio, no tratado *Sobre o livre-arbítrio*:

Ev. Vejo, e por assim dizer, toco e percebo a verdade do que tu dizes. Pois não sinto nada de mais firme e mais íntimo do que o sentimento de possuir uma vontade própria e de ser por ela levado a gozar de alguma coisa. Ora, não encontro, realmente, o que chamaríamos de meu, a não ser a vontade pela qual quero e não quero. E já que por seu intermédio eu cometo o mal, a quem atribuir a não ser a mim mesmo? (*De lib. arb.*, III, 1, 3)

---

22. Matheus Jeske Vahl, por sua vez, conclui que "podemos afirmar com Agostinho que se Deus tivesse impedido o homem de exercer sua livre vontade no ato mesmo do pecado, ou ainda criado este sob outra condição pela qual não poderia cometer pecado algum, teria Deus comprometido a condição do homem que deixaria de ser 'humano', acabando por ser definitivamente rebaixado na ordem dos seres na criação" (VAHL, M. J., O paradoxo da liberdade em Santo Agostinho e o estatuto ontológico da vontade frente à presciência divina, *Revista Intuitio*, v. 8, n. 1 (2015) 32-45, aqui 39).

Voltando ao assunto, contra as objeções de Evódio, Agostinho argumenta que, primeiro, embora o homem possa fazer mau uso da livre vontade, essa deve ser considerada como um bem. Para tanto, usando de analogia, diz no diálogo *Sobre o livre-arbítrio* que

> entre os bens corpóreos, encontram-se no homem alguns de que pode abusar, sem que por isso digamos que esses bens não lhe deveriam ter sido dados, pois reconhecemos serem bens, que há de espantoso que existam no espírito também abusos de alguns bens, mas que, por serem bens, não pudessem ter sido dados por aquele de quem procede todo bem? (Ibid., II, 18, 48).

E, na mesma obra, cita, como exemplo, o caso das mãos, dos pés e dos olhos, com os quais o homem pode cometer ações cruéis ou vergonhosas, mas nem por isso defendemos que o homem carecesse de tais órgãos corporais:

> Por conseguinte, do mesmo modo como aprovas a presença desses bens no corpo e que, sem considerar os que deles abusam, louvas o doador, de igual modo deve ser quanto à vontade livre, sem a qual ninguém pode viver com retidão. E conclui: Deves reconhecer que ela é um bem e um dom de Deus, e que é preciso condenar aqueles que abusam desse bem, em vez de dizer que o doador não deveria tê-lo dado a nós (Ibid.).

Portanto, para Agostinho, a livre vontade no homem é um bem, mas não só, também é algo necessário, pois mesmo os que vivem vida perversa, possuindo o livre-arbítrio, podem voltar a ter vida reta. Ao contrário, se não o tivessem, não poderiam vir a ter vida reta. E consequentemente não haveria méritos ou deméritos em suas ações[23]. Por isso, a livre vontade é um bem necessário, sem o qual ninguém pode viver retamente. E voltando a fazer analogia com os órgãos do corpo, mostra que, diferentemente dos bens corporais (os olhos, por exemplo), os quais o homem pode vir a perder e mesmo assim ter a vida reta, a livre

---

23. Eis o final de um dos argumentos que, mais tarde, nas discussões acerca da graça/predestinação, levariam Agostinho a não aceitar a chamada "predestinação incondicionada", dos "predestinacionistas incompatibilistas" da modernidade/contemporaneidade, conforme veremos nos dois últimos capítulos.

vontade é o único bem sem o qual não se pode ter vida reta. Por isso, em diálogo com Evódio, diz:

Ag. Agora, me responde, eu te peço: o que te parece melhor em nós: aquilo (os olhos, por exemplo) sem o qual se pode viver retamente ou aquilo (a vontade livre) sem a qual não se pode viver retamente?
Ev. Perdoe-me, eu te rogo. Sinto vergonha de minha cegueira. Quem hesitaria de achar muito melhor um bem sem o qual não há vida honesta?
Ag. Assim sendo, negarás, agora, que um cego possa viver honestamente?
Ev. Longe de mim uma demência tão grande.
Ag. Se, pois, concedes que os olhos são, no corpo, um bem cuja carência, contudo, não impede de viver honestamente, quanto mais a vontade livre, sem a qual ninguém pode viver honestamente (*De lib. arb.*, II, 18, 49).

Entretanto, apesar de o livre-arbítrio ser contado entre os bens advindos de Deus, mas por ser um dom que pode ser usado tanto para o bem como para o mal, Agostinho é levado a reconhecer que a livre vontade do homem não é um bem absoluto, mas um bem relativo ou médio[24]. Para tanto, fazendo uma hierarquia de valores entre os bens concedidos por Deus ao homem, os quais, segundo ele, estão divididos em três grupos. Em primeiro lugar, temos

as virtudes[25], pelas quais as pessoas vivem honestamente, pertencem à categoria de grandes bens. As diversas espécies de corpos, sem os quais se pode viver com honestidade, contam-se entre os bens mínimos. E, por sua vez, as potências da alma, sem as quais não se pode viver retamente, são bens médios. Das virtudes, ninguém usa mal; todavia, dos outros bens, isto é, dos médios e inferiores, pode-se fazer, seja bom, seja mau uso (*De lib. arb.*, II, 19, 50).

O livre-arbítrio é, portanto, um bem médio, posto estar entre o bem supremo, imutável e eterno – Deus –, e os bens mínimos ou inferiores,

---

24. Motivo pelo qual nas obras da maturidade, na disputa com os pelagianos, Agostinho é levado a fazer uma distinção hierárquica entre o livre-arbítrio, a liberdade humana e a "verdadeira liberdade", conforme veremos adiante.
25. As virtudes às quais Agostinho se refere são, certamente, as quatro virtudes cardeais de que falamos anteriormente, a saber: a justiça, a prudência, a fortaleza e a temperança.

mutáveis e corruptíveis deste mundo. E como bem médio, ele pode tender tanto para o bem, tornando-se um bem, como para o mal, tornando-se um mal. Quando a vontade adere ou tende ao bem supremo, então o homem possui vida feliz:

> A vontade obtém, no aderir ao bem imutável e universal, os primeiros e maiores bens do homem, embora ela mesma não seja senão um bem médio[26]. Em contrapartida, peca ao se afastar do bem imutável e comum, ao se voltar para o seu próprio bem particular, seja exterior, seja inferior. Ela se volta para seu bem particular, quando quer ser senhora de si mesma; para um bem exterior, quando se aplica a apropriar-se de coisas alheias, ou de tudo o que não lhe diz respeito; e volta-se para um bem inferior, quando ama os prazeres do corpo. Desse modo, o homem orgulhoso, curioso e lascivo entra noutra vida, que compara com a vida superior, há mais que se chamar morte do que vida (Ibid., II, 19, 53).

Entretanto, Agostinho adverte mais uma vez:

> Aqueles bens desejados erroneamente pelos pecadores, e que os levam à vida infeliz, embora inferiores, não são maus em si. Tampouco é a má vontade livre do homem, a qual, como averiguamos, é preciso ser contada entre os bens médios. Mas o mal consiste na aversão da vontade ao bem imutável para converter-se aos bens transitórios (Ibid.)[27].

E para que nossa escolha seja considerada boa ou má, Agostinho insiste no princípio axiomático de que toda natureza (inclua-se aí os bens materiais e o próprio livre-arbítrio) é boa, visto que todas as coisas

---

26. Igualmente nas *Retratações*, Agostinho fala do livre-arbítrio como um bem médio nos seguintes termos: "Todos os bens procedem de Deus: os grandes, os medianos e os pequenos; entre os medianos, pelo menos se encontra o livre-arbítrio da vontade, porque podemos também usar mal dele" (*Retract.*, I, 9, 6).
27. Igualmente diz noutra passagem da mesma obra: "Assim, pois, as mesmas coisas podem ser usadas diferentemente: de modo bom ou mau. E quem se serve mau é aquele que se apega a tais bens de maneira a se embriagar com elas, amando-as demasiadamente. Com efeito, submete-se àqueles mesmos bens que lhe deveriam estar submissos" (*De lib. arb.*, I, 15, 33). E no tratado *Sobre a trindade*: "E a vontade está lá para nos fazer gozar ou usar dessas coisas. Gozamos do que conhecemos, quando a vontade repousa com complacência nessas coisas. Fazemos uso quando referimos esses conhecimentos para outro fim, o que será o verdadeiro gozo. E a única coisa que torna má e culpável a vida humana é o mau uso e o mau gozo" (*De Trin.*, X, 10, 13).

foram criadas por Deus: "Nenhuma natureza, absolutamente falando, é um mal" (*De civ. Dei*, XI, 22)[28]. O problema é quanto ao valor ou à intensidade do amor que a vontade humana atribui às coisas criadas, o que levaria Manfredo Ramos a dizer que "o problema dos bens temporais é um problema de amor. Cabe à caridade, que nos vem do Espírito, referi-los e subordiná-los, sob a 'disciplina da pia humildade', ao fim último da beatitude celeste" (RAMOS, 1966, 51).

E para sabermos qual valor ou intensidade de amor devemos atribuir às coisas, Agostinho desenvolve os conceitos de *uti-frui* como princípios da moralidade, através do qual, pela vontade livre, conhecendo a "reta ordem" dos valores, aplica o princípio da justiça de "dar a cada um o que é seu" (*De lib. arb.*, I, 13, 27)[29].

Para Agostinho, a vida moral se traduz, forçosamente, numa sequência de atos da vontade. Cada um deles implica uma tomada de posição em face às coisas; ou fruímos ou nos utilizamos delas.

De acordo com o tratado *Sobre a doutrina cristã*, "fruir é aderir a alguma coisa por amor a ela própria" (*De doc. christ.*, I, 4, 4). Por isso, em alguns momentos, Agostinho identifica o termo "fruir" com o próprio amor, já que não se pode fruir senão do próprio amor – Deus. "Utilizar" ou "usar", ao contrário, é servir-se de algo para alcançar outro que se ama; ou seja, dizemos "usar, quando buscamos uma coisa por outra" (*De civ. Dei*, XI, 25)[30]. O uso ilícito, por sua vez, recebe o nome apropriado de abuso ou desordem, ou seja, "quando se oferece onde não convém ou o que não convém nesse lugar, mas noutro, ou quando se oferece quando não convém ou o que não convém na ocasião, mas noutra" (*De civ. Dei*, XV, 7, 1). Assim sendo, Agostinho deixa bem claro que, entre as coisas criadas,

---

28. A esse respeito diz o livro do Gênesis: "Deus viu que tudo que tinha feito; e era muito bom" (Gn 1,31).

29. Conceito de justiça que Agostinho vai buscar em Cícero, mas que adquiriu no hiponense um caráter religioso, fundamentado sob o duplo preceito da caridade: Amar a Deus sobre todas as coisas e ao próximo como a si mesmo, ou seja, dar a cada um o amor devido; a Deus, em primeiro lugar, a si mesmo e ao próximo em segundo lugar.

30. E ainda: "Usar é orientar o objeto de que se faz uso para obter o objeto ao qual se ama, caso tal objeto mereça ser amado" (*De doc. christ.*, I, 4, 4).

há algumas para serem fruídas, outras para serem utilizadas e outras, ainda, para os homens fruí-las e utilizá-las. As que são objeto de fruição, fazem-nos felizes. As de utilização, ajudam-nos a tender à felicidade e servem de apoio para chegarmos às que nos tornam felizes e nos permitem aderir melhor a elas (*De doc. christ.*, I, 3, 3).

Considerando-se que nós, homens, "somos peregrinos para Deus, nesta vida mortal" (2Cor 5,6)[31], não podemos viver felizes a não ser na "pátria celestial", "se queremos voltar à pátria, lá onde podemos ser felizes, havemos de usar desse mundo, mas não fruirmos dele" (*De doc. christ.*, I, 4, 4), isto é, que por meio dos bens corporais e temporais devemos procurar conseguir as realidades espirituais, disto decorre que, "devemos fruir unicamente das coisas que são bens imutáveis e eternos. Das outras coisas devemos usar para poder conseguir o gozo daquelas" (Ibid., I, 22, 20)[32].

Para o comentador Victorino Capánaga, todo desenvolvimento da moralidade agostiniana está montado em torno dessa distinção:

O amor, pois, de todos os bens criados exige uma referência a Deus como condição do bom uso deles, dos quais pode-se fruir ou usar com deleite, mas sem pôr neles o último fim. Se no uso dos bens criados, falta a relação com o Criador, que é sua fonte e seu fim último, eles se convertem em bens ab-

---

31. Igualmente em 1 Pedro: "Amados, exorto-vos, como a estrangeiros e viajantes neste mundo, a que vos abstenhais dos desejos carnais que promovem guerra contra a alma" (1Pd 2,11).
32. Já no tratado *Sobre a cidade de Deus,* diz: "Das coisas temporais devemos usar, não gozar, para merecermos gozar das eternas; não como os perversos, que querem gozar do dinheiro e usar de Deus, porque não gastam o dinheiro por amor a Deus, mas prestam culto a Deus por causa do dinheiro" (*De civ. Dei*, XI, 25). Na *Epístola 130*, à Proba e Juliana, Agostinho, completa esse pensamento dizendo: "[...] de modo nenhum pode ser considerado bom de espírito quem não antepõe o eterno ao temporal, visto que não se vive utilmente no tempo senão para conseguir méritos que possa viver eternamente. Logo, não há dúvida de que todas as coisas que podem ser desejadas de modo útil e conveniente, o devem em função daquela vida, na qual se vive com Deus e de Deus" (*Ep. 130*, 7, 14). Igualmente na *Epístola* 220, à Bonifácio: "Estas coisas [os bens eternos], pois, deves amá-las, cobiçá-las, buscá-las por todos os meios. [...] Quanto àqueles bens temporais, ao contrário, não ames, ainda que abundem. Use-os de tal modo que, com eles, faças muitas coisas boas e nenhum mal faças por causa deles. Porque tudo isso perecerá, mas as boas obras não perecerão, embora feitas com bens perecíveis" (*Ep. 220*, 11).

solutos, quer dizer, em ídolos que ocupam o lugar de Deus [...]. Dessas duas formas de adesão ou movimento da vontade, nascem a divisão do amor em *caritas* e *cupiditas,* que são fundamentais na antropologia e espiritualidade agostinianas. São as raízes da qual procedem os bens e os males, *"porque assim como a raiz de todos os males é a cupiditas* (1Tm 6,10), disse São Paulo, assim deve-se entender que a raiz de todos os bens é a *caritas"* (*De grat. Christi et pecc. orig.*, I, 18, 19). *Caritas* e *cupiditas* expressam a vida afetiva dos homens, que são bons ou maus segundo seus amores (1974, 288)[33].

Partindo desses pressupostos, diz Agostinho na *Epístola 140,*

a alma pode também usar bem da felicidade temporal e corporal, se não se entregar à criatura, desprezando o Criador, mas antes pondo aquela felicidade a serviço do mesmo Criador [...]. Assim como são boas todas as coisas que Deus criou [...] a alma racional se comporta bem em relação a elas, se guardar a reta ordem e distinguir, escolhendo, julgando, subordinando os bens menores aos maiores, os corporais aos espirituais, os inferiores aos superiores, os temporais aos sempiternos; evitará de fazer decair em si mesma e ao corpo da sua nobreza, com o desprezo dos bens superiores e o desejo daqueles inferiores [...] (*Ep. 140*, 2, 4)[34].

Daí ter dito Manfredo Ramos:

É evidente que, para Agostinho, o homem não devia procurar nas coisas criadas "o fim do bem" ou seja, o seu "sumo bem", e de outra parte que sua mesma condição humana e terrena o tinha ligado a toda uma escala de valores terrestres. Então, a única conduta justa do homem a tal respeito seria usar retamente destes valores, ordenando-os entre si e, afinal, ao bem supremo [...]. Eis, pois, que no plano ético os bens terrestres, por si moralmente indiferentes, recebem, por assim dizer, sua valência positiva ou negativa da livre vontade do homem que usa deles (RAMOS, 1966, 48).

---

33. Igualmente, diz Martin Grabmann: "Toda a moral consiste no ordenamento da livre vontade humana a Deus, o bem supremo, o único que pode ser amado por si mesmo e que contém a bem-aventurança (*frui*). Os demais bens devem usar-se, unicamente, como meios conducentes a Deus (*uti*)" (GRABMANN, M., *Filosofia medieval*, Barcelona, Labor, 1949, 20).

34. E na *Epístola* à rica viúva Proba, diz: "Com tais bens [as riquezas, o fastígio das honras e as demais coisas deste gênero com que se julgam felizes os mortais] não se tornam bons os homens; contudo, os que se fizerem bons fazem com que estas coisas sejam boas usando-as bem" (*Ep. 130*, 2, 3).

Dentro dessa ótica, o homem "não é em si um bem capaz de fazer-se feliz por conta própria [...]" (*De doc. christ.*, I, 23), o que significa dizer que "ninguém deve fruir de si próprio, ou ninguém deve se amar por si próprio, mas por aquele de quem há de fruir [...]" (Ibid., I, 22, 21)[35], pois "somente Deus é o bem que torna feliz a criatura racional [...] daí, embora nem toda criatura possa ser feliz, a que pode sê-lo não o pode por si mesma, mas por aquele que a criou" (*De civ. Dei*, XII, 1, 2). Quem, por livre vontade, inverte esta ordem cai em soberba, que como veremos mais adiante é a origem de todos os pecados, e que Agostinho chamará de "pecado original".

Com essas palavras, não devemos entender que o homem deva odiar-se a si próprio, mas tão somente que deve amar a si mesmo em função de Deus, afinal diz o preceito evangélico: "amarás o Senhor teu Deus de todo coração, de toda a alma e todo entendimento; e amarás o teu próximo como a ti mesmo" (Mt 22,37.39).

Também não devemos entender que o homem deva odiar a seu próprio corpo, pois "ninguém jamais quis mal à sua própria carne" (Ef 5,29). Pelo contrário, na *Epístola 130*, Agostinho afirma que, entre os bens que devemos desejar para vivermos convenientemente, está a saúde do corpo, pois "a conservação da saúde relaciona-se com a própria vida: com a sanidade e integridade da alma e do corpo" (*Ep. 130*, 6, 13). O que Agostinho propõe é que devemos "ensinar ao homem a medida de seu amor, isto é, a maneira como deve amar-se a si próprio para que esse amor lhe seja proveitoso [...] como deve amar seu corpo, para que tome cuidado dele, com ordem e prudência" (*De doc. christ.*, I, 25, 26).

Na realidade, o que Agostinho condena é o amor desordenado a si próprio, ao próximo ou aos seres criados, ao que chama de *cupiditas*, que é o contrário de *caritas*, conforme explica o comentador Victorino Capánaga:

A *cupiditas* implica uma desordem ou uma perversão, porque tende a alterar o valor dos bens, fazendo, dos primeiros, últimos, e dos últimos, primeiros. É o que chama Agostinho de usar do fim para os meios, e dos meios ou bens

---

35. Igualmente, em *Epístola 140*, diz: "A criatura racional [...] foi feita de modo que não pode ser por si mesma o bem pelo qual se torna feliz" (*Ep. 140*, 23, 56).

úteis fazer o fim [...]. A *caritas*, ao contrário, é um movimento ordenado da vontade que usa dos bens respeitando a ordem: "Chamo de caridade ao movimento da alma que tende a gozar de Deus por si mesmo, e de si mesmo e do próximo por Deus" (*De doc. christ.*, III, 10, 16) (1974, 289).

Voltando ao livro III do diálogo *Sobre o livre-arbítrio*, por ser o livre-arbítrio um bem perigoso, que pode ser usado tanto para o mal, Evódio chega a questionar não só a existência do livre-arbítrio em si, mas do próprio homem, como quando alguém, movido por uma vontade perversa, hipoteticamente diz: "Não seria melhor para aqueles que pecam que nunca tivessem existido?" Ou seja, não seria melhor Deus não ter feito o homem que tê-lo feito com o livre-arbítrio, pelo qual vem a pecar e, portanto, tornar-se infeliz?

Agostinho, recorrendo ao princípio da gradação de perfeições no universo criado e governado por Deus, responde que não. Pelo contrário, apesar de pecador, caso venha a pecar, o homem é o ser mais perfeito entre os seres criados por Deus. Pois, não devemos nos esquecer de que o homem foi feito à imagem e semelhança de Deus (Gn 1,26), donde essa semelhança não se encontra senão na alma, que, paradoxalmente, é a parte pela qual pode vir a pecar, passando da condição de grandeza à condição de miséria[36]. Entretanto, mesmo tendo caído em pecado a alma não perdeu totalmente a sua condição de *imagem de*

---

36. Este é o tema da dissertação de mestrado de Diego Ramirez Luciano, o qual analisa como o filósofo moderno Blaise Pascal, em sintonia com Agostinho, coloca este duplo estado de natureza humana, que ele chama de "dialética da grandeza/miséria humana", como necessidade da graça divina em ambos pensadores. Pensamento este que se encontra de forma clara nas palavras de Pascal: "A natureza [humana] tem perfeições para mostrar que é imagem de Deus e tem defeitos para mostrar que é apenas a imagem" (Pascal, *Fragmentos*, fr. 934 apud Luciano, D. R., *A miséria como condição humana anterior ao socorro da graça divina em Santo Agostinho e Blaise Pascal*, Dissertação de Mestrado em Filosofia, Guarulhos, UNIFESP, 2015, p. 13). Mais uma vez Moacyr Novaes Filho observa que "à medida que tem vontade, o homem é *imagem* de Deus, e não apenas vestígio, como o restante das criaturas; entretanto, a vontade humana é apenas *imagem*, isto é, é uma vontade finita. E é justamente nessa ambiguidade que radica a dupla possibilidade de beatitude e pecado" (Novaes Filho, M. A., *O livre-arbítrio da vontade e a presciência divina segundo Santo Agostinho*, 25). O certo é que temos aí um paradoxo: o homem é o mais perfeito dos seres criados, por possuir o livre-arbítrio, mas, por possuir livre-arbítrio, é o único ser pecador, que se volta contra o criador, que destrói a natureza etc.

Deus[37]. Por isso, a alma (ou o homem) deve louvar o seu criador, pois, ainda que corrompida, encontra-se em um estado superior aos seres corporais do universo, inclusive ao seu próprio corpo, conforme está escrito, no diálogo *Sobre o livre-arbítrio*:

Nossa alma, mesmo corrompida por pecados, será, contudo, sempre mais nobre e melhor do que se fosse, por exemplo, esta luz material visível. Entretanto, tu mesmo vês quantos louvores são atribuídos a Deus pela excelência da luz, até mesmo pelos que vivem entregues aos sentidos do corpo (*De lib. arb.*, III., 5, 12)[38].

---

37. No próximo capítulo, quando examinarmos a diferença/igualdade entre os conceitos de liberdade e livre-arbítrio, veremos que Agostinho defende que, com a queda de Adão, o homem perdeu apenas sua plena liberdade, mas não o livre-arbítrio, ou seja, continua nele a *imagem de Deus*, embora danificada. É o que vemos no tratado *Sobre o espírito e a letra*, Agostinho mostra que o pecado original não destruiu totalmente a imagem de Deus no homem, e cita como prova o fato de até os maus amarem e cumprirem alguns mandamentos: "A imagem de Deus não foi destruída na alma humana pela mancha dos afetos terrenos a ponto de não terem permanecidos nela alguns vestígios, ainda que frágeis. Pode-se dizer que os maus, mesmo em sua vida ímpia, cumprem e amam alguns preceitos da Lei" (*De spirit. et litt.*, 28, 48). Daí dizer María del Carmen Dolby Múgica: "É preciso deixar claro que o homem perdeu a primitiva perfeição, sem que com isto signifique que a imagem de Deus impressa em sua alma tenha desaparecido totalmente" (DOLBY MÚGICA, M. del C., *El hombre es imagen de Dios. Visión antropológica de San Agustín*, Madrid, EUNSA, 1993, 96).

38. Também no tratado *Sobre a natureza do bem*, Agostinho diz que mesmo uma alma corrompida é superior a um corpo incorrupto, conforme vemos em sua exposição hierárquica dos bens, donde, segundo ele, na ordem natural das coisas, "pode acontecer que uma certa natureza superiormente ordenada segundo o modo e a espécie natural seja, mesmo corrompida, melhor do que outra incorrupta, segundo seu modo de grau mais baixo e uma espécie natural inferior. Assim [...], nas naturezas superiores e espirituais, é melhor um espírito racional, mesmo corrompido por uma vontade má, do que um irracional incorrupto. E qualquer espírito, mesmo corrompido, é melhor do que qualquer corpo incorrupto [...]. Por muito corrompido que seja um espírito, ele pode dar vida a um corpo. Por isso, mesmo corrompido, ele é melhor do que um corpo incorrupto" (*De nat. boni*, 5). Paula Oliveira e Silva, na introdução à sua tradução da já mencionada trilogia anselmiana, observa que "Anselmo opta nesta direção por um motivo de ordem. As criaturas racionais são superiores às irracionais, vivas ou inanimadas. Por conseguinte, nelas o exercício da verdade, retidão e justiça, assume uma expressão mais perfeita. Com efeito, Anselmo afirma que em sentido próprio, só a criatura racional é reta e justa. Esse fato deriva da própria essência da retidão, a qual é definida como a verdade – ou seja, o acordo de uma vontade consigo mesmo – *perceptível só com a mente*. Por seu turno, quando Anselmo identifica a verdade ou retidão com a justiça, sublinha o facto de ela inerir na

47

Portanto, mesmo pecando, o homem é, certamente, melhor do que os demais seres animados e inanimados; pois, se sua alma perdeu a bem-aventurança, pecando, mesmo assim não pôde perder a possibilidade de a recuperar, caso queira, claro que com a ajuda da graça divina, conforme veremos no terceiro capítulo. E nisso o homem é diferente dos demais seres que não têm essa faculdade de querer uma coisa ou outra. Por isso, fazendo comparação com os demais seres criados, Agostinho diz na mesma obra:

> Do mesmo modo que um cavalo, que se extravia, é melhor do que uma pedra que não se pode extraviar, ficando sempre em seu lugar próprio, por faltar-lhe movimento e sensibilidade, assim uma criatura que peca, por sua vontade livre, é melhor do que aquela outra que é incapaz de pecar por carecer dessa mesma vontade livre (*De lib. arb.*, III, 5, 15).

Mas não é só por Deus ter dado uma alma dotada de livre-arbítrio ao homem que ele é um bem, mas, simplesmente, pelo fato de existir. Pois mesmo que não possuísse livre-arbítrio, seria um bem. Daí que, o existir, mesmo corrompido, é sempre melhor do que o não existir. Por isso, no diálogo *Sobre o livre-arbítrio*, Agostinho diz que a hipotética proposição: "Gostaria mais de não existir do que de ser infeliz" (III, 8, 22) é logicamente absurda. Pois,

> ao dizer gosto mais disto que daquilo, escolhe-se alguma coisa. Ora o não-ser (ou não-existir) não é coisa alguma, mas um simples nada e, por conseguinte, é absolutamente impossível que se faça uma escolha conveniente, quando nada há a ser escolhido (Ibid.).

Além disso, é a expressão contraditória, pois

> para que uma pessoa faça uma boa escolha, é preciso que o objeto desejado, uma vez obtido, seja melhor do que aquele já possuído. Ora, é impossível tornar-se melhor alguém que já não existe mais. Logo, ninguém pode escolher de modo conveniente não-existir (Ibid.).

---

ação livre e racional. Em sentido próprio só as criaturas racionais se dizem justas, sendo a justiça definida como 'a retidão da vontade conservada por si mesma'" (OLIVEIRA E SILVA, P., Introdução, in: ANSELMO, Santo, *Diálogos filosóficos*, 27).

Diante do exposto, é um erro querer censurar a Deus pela criação de seres menos perfeitos, inclusive o homem, que, embora seja superior aos demais seres criados, contudo, por sua livre vontade, poderá vir a ser pecador. Por isso Agostinho classifica de absurdas as expressões: "Esta realidade não deveria ser assim"; "aquela deveria ser de outro modo"; "esta realidade deveria ser como aquela"; e, mais ainda: "Esta realidade não deveria existir" (Ibid., III, 9, 24), pois, no universo criado e governado por Deus, há uma perfeita ordem hierárquica. Todos os seres, por mais ínfimos que sejam, ocupam um lugar ou cumprem uma finalidade, ou são necessários no universo, e não lhes cabe nenhuma das expressões acima referidas.

Mas, apesar de demonstrar que a livre vontade humana é um dom de Deus (um bem ontológico) e que fora dado ao homem para que este viva retamente, considerando-se a questão inicial de que é unicamente por ela que o homem vem a pecar, fica no ar ainda a interrogação: se o livre-arbítrio fora dado ao homem com a única finalidade de que viva retamente, de onde vem esse poder de perder a retidão e inclinar-se para aquilo para a qual não foi feito? Estará ele na própria natureza do livre-arbítrio (logo, o mal faz parte de sua definição) ou depende de uma força exterior que o leva a tal?[39] Ambas as possibilidades são incompatíveis com a essência da liberdade, pois se é de sua própria natureza, então o homem não é culpado, visto que está programado deterministicamente para pecar ou faz parte de sua natureza, como pensavam os maniqueus[40], e se é por um poder alheio, então também não é livre, uma vez que é levado a pecar por uma força estranha a ele, como defendia o fatalismo astrológico e ou

---

39. Esta é exatamente a questão levantada por Anselmo no final do opúsculo *Sobre a concordância da presciência, da predestinação e da graça divina com o livre-arbítrio*, em que se interroga: "Para compreender melhor tudo isto, temos de investigar de onde procede o fato de que a vontade seja tão perversa e tão inclinada para o mal. Não se pode crer, com efeito, que Deus a tenha feito de tal maneira em nossos primeiros pais [...]. Parece-me, por conseguinte, que há de se averiguar de onde vem ao homem essa vontade" (*De concord.*, III, 13, 2006, 127).

40. No *Comentário aos salmos*, Agostinho nos dá uma mostra de como pensavam os maniqueus: "Quais são estes eleitos? Aqueles dos quais se disseres: Pecaste! imediatamente proferem aquela defesa ímpia [...]: Não fui eu que pequei, mas a raça tenebrosa. Qual é esta raça tenebrosa? A que entrou em guerra com Deus. E é ela que peca, quando tu pecas? Ela mesma, responde, porque estou mesclado com ela" (*Enarr. in Ps.*, 140, 10).

filosófico dos estoicos, por exemplo, que atribuíam a uma força natural a fatalidade ou o destino, a causa de todos os acontecimentos, incluindo os maus atos humanos, isentando o ser humano de toda e qualquer responsabilidade, conforme veremos no próximo capítulo.

Para responder a estas questões temos, além de Agostinho, a rica contribuição de Anselmo, especialmente em sua obra *Sobre a liberdade do arbítrio*, na qual buscando analisar a condição primordial da livre vontade humana antes da queda, ou seja, em Adão, "insiste no fato de que o livre-arbítrio é um poder absolutamente autônomo de ser livre, ou de agir contra a sua própria liberdade" (OLIVEIRA E SILVA, in: ANSELMO, 2012, 30), ou que o poder de conservar a retidão encontra-se na própria retidão, e que, mesmo que com a queda o homem (Adão) tenha perdido esse poder de se manter na retidão, caindo assim no círculo vicioso de que o pecado gera pecado, ainda assim, diz Anselmo, "mesmo se a retidão da vontade estiver ausente, contudo, a natureza racional não deixa de ter o que é seu" (*De libert. arb.*, III, 2012, 129), que é o poder de vir a ter a retidão caso queira, e que esse poder pode ser restabelecido a qualquer momento, principalmente com a ajuda da graça divina, conforme veremos mais adiante.

Ou seja, diante da questão levantada anteriormente: se existe alguma força externa que anule o poder da livre vontade de conservar a retidão, Anselmo (e Agostinho) diz que não, pois a vontade não abandona a retidão da vontade contra a sua própria vontade, uma vez que ninguém pode querer algo não querendo, conforme argumenta em resposta se a vontade abandona a retidão por força da tentação e ou coerção:

> De fato, um homem pode ser preso contra a vontade, porque pode ser preso não querendo. Pode ser torturado contra a vontade, porque pode ser torturado não querendo. Pode ser morto contra a vontade, porque pode ser morto não querendo. Porém, não pode querer contra a vontade, porque não pode querer não querendo. De fato, todo aquele que quer, quer o seu próprio querer (Ibid., V, 2012, 135).

Portanto, conclui sua resposta à pergunta anterior:

> Penso que a tentação não pode forçar a reta vontade – a não ser que ela queira – quer a afastar-se da própria retidão, quer a querer o que não deve,

ao ponto de ela não querer aquilo e querer isto [...]. Portanto, quando ela é vencida, não é vencida por nenhum poder alheio, mas pelo seu (Ibid., V, 2012, 139).

Ou seja, "querer a própria retidão com perseverança é, para ela, vencer. Porém, querer o que não deve é, para ela, ser vencida [...]. Por isso de nenhum modo a tentação pode vencer a vontade reta e, quando se diz isso, se diz impropriamente" (Ibid.).

Aliás, Anselmo radicaliza a questão ao ponto de dizer que nem mesmo Deus pode retirar o poder da retidão de se manter como tal, pois "se falamos daquela retidão da vontade pela qual dizemos que a vontade se diz justa, isto é, a que é conservada por si mesma. Contudo, nenhuma vontade é justa a não ser a que quer o que Deus quer que ela queira" (Ibid., VIII, 2012, 147), o que seria colocar contradição em Deus, pois "se Deus retirar de alguém a retidão tantas vezes referida, não quer que ele queira o que quer que ele queira" (Ibid., VIII, 2012, 149)[41], e isso é uma blasfêmia, para Anselmo.

E mesmo quando a vontade não quer nada, é porque escolheu não querer, não havendo ainda assim contradição alguma entre a "vontade do querer e do não querer", ao que Anselmo chama de "dupla vontade", mas que no fundo é uma e mesma vontade que age assim ou assado de acordo com sua conveniência. De forma que, em ambos os casos, a livre escolha não está determinada por nenhuma força alheia a si mesma, mas age em seu próprio poder[42].

---

41. Igualmente diz no opúsculo *Sobre a concordância da presciência, da predestinação e da graça divina com o livre-arbítrio:* "Posto que a justiça que torna alguém justo é manifestamente a retidão da vontade, da qual tenho falado, retidão que não existe em alguém senão quando este quer o que Deus quer que ele queira, é evidente que Deus não pode extrair esta retidão pela força, pois aquele pode não querê-la. Tampouco pode querer que aquele que a tenha a abandone, apesar de que seja por necessidade, pois então Deus quereria que este não quisesse o que Ele quer que este queira, o que é impossível. Por conseguinte, Deus quer que esta vontade seja livre para querer com retidão e para conservar esta reta vontade que, quando pode o que quer, faz livremente o que faz. Assim, parece claro como é que existe a vontade, com sua ação, sem que esteja em contradição com a presciência divina, como mostrei anteriormente" (*De concord.*, I, 6, 2006, 47).
42. Cf. *De libert. arb.*, V, 2012, 135-137, em que trata da situação limite da vontade entre mentir ou morrer.

Para explicar melhor a diferença entre essas duas vontades, Anselmo (assim como Agostinho) é levado a estabelecer uma diferença em liberdade e livre vontade humana (ou livre-arbítrio), a partir de uma distinção entre os conceitos de vontade (ou querer) e poder, na qual há uma hierarquia de situações ou de naturezas, em que a liberdade possui os dois e a livre vontade humana apenas o primeiro, precisando da graça divina para restabelecer o segundo. Eis o que veremos no tópico seguinte.

1.2 Igualdade/diferença entre o livre-arbítrio humano, a liberdade humana e a "verdadeira liberdade" em Deus segundo Santo Agostinho

No que se refere aos conceitos de livre-arbítrio humano e liberdade humana, quem se limita a ler apenas as primeiras obras agostinianas não perceberá que há uma sutil diferença entre esses dois conceitos em Agostinho.

O problema é que, nas primeiras obras agostinianas, como é o caso do diálogo *Sobre o livre-arbítrio*, notadamente nos dois primeiros livros, que foram escritos na juventude de Agostinho, em resposta aos maniqueus, este ainda não fazia uma distinção entre esses dois conceitos, e usava-o indiscriminadamente como sinônimos[43]. Só em sua maturidade,

---

43. Nesta primeira fase, em que consta o que denominamos de "o primeiro Agostinho do livre-arbítrio/liberdade", presente nos dois primeiros livros do diálogo *Sobre o livre-arbítrio*, temos um Agostinho altamente otimista em relação ao livre-arbítrio, que aparece como autossuficiente, totalmente livre, que não distingue o querer e o poder, a ponto de dizer que "todo aquele que quer viver conforme a retidão e honestidade, se quiser pôr esse bem acima de todos os bens passageiros da vida, realiza essa conquista com tão grande facilidade que, por ele, *o querer e o poder são um e só ato*" (*De lib. arb.*, I, 13, 29. Itálico nosso). Este é o Agostinho que Pelágio usou a seu favor ao se defender perante o papa, e que mais tarde, na modernidade, os libertaristas adotarão como patrono de suas teorias. Mas esta fase será superada pelo "segundo Agostinho do livre-arbítrio/liberdade", do livro III do diálogo *Sobre o livre-arbítrio* e das obras antipelagianas, aquele para quem o livre-arbítrio se apresenta danificado, impotente, consequentemente, necessitando da cooperação da graça divina para atuar, principalmente no que tange à questão do poder, estando livre apenas em relação ao querer. Fase esta que será seguida pelo "terceiro Agostinho do livre-arbítrio/liberdade", o da predestinação, contra as teses dos semipelagianos,

na polêmica com os pelagianos[44], é que ele foi forçado a iniciar uma progressiva distinção entre livre-arbítrio humano e liberdade humana, que tem seu início no livro III do diálogo *Sobre o livre-arbítrio*, uma vez que este foi escrito tardiamente, remontando ao período em que já era presbítero[45], e ali amadurecida nas obras antipelagianas, também conhecidas por *Tratados sobre a graça*.

No referido livro III do diálogo *Sobre o livre-arbítrio*, Agostinho inicia a distinção entre os termos ao introduzir os conceitos de pecado ori-

em que a atuação da graça se faz necessária não só em relação ao poder, mas também sobre o querer, conforme veremos adiante.
44. Movimento doutrinário no seio da Igreja católica iniciado pelo monge Pelágio, cujas discussões giravam em torno dos conceitos de pecado original e sua transmissão, graça, liberdade humana. Muito embora, diz Anthony Dupont, "o pelagianismo enquanto movimento bem organizado nunca existiu [...], como doutrina consistente, é uma construção de seus opositores e o próprio Pelágio não reconheceu seus próprios pontos de vista nela" (DUPONT, A., *La Gratia en los Sermones ad Populum de San Agustín durante la controversia pelagiana. ¿Acaso los diversos contextos proporcionan um punto de vista diferente?*, Bogotá, Uniagustiniana, 2016, 62).
45. No tratado *Sobre o dom da perseverança*, referindo ao que havia escrito nas *Retratações*, Agostinho confirma esta informação ao dizer: "[...] comecei como leigo os livros de *Sobre o livre-arbítrio* e os terminei já sacerdote [...]" (*De dono persev.*, 12, 30). Franco de Capitani (DE CAPITANI, F., *Il De libero arbitrio di S. Agostino*, 49-62), ao tratar da finalidade do diálogo *Sobre o livre-arbítrio*, diz que, embora Agostinho não tenha dito categoricamente a quem estavam destinadas suas críticas ou refutações, ou contra quem ou contra quais heresias estava escrevendo, diferentemente do que faz em algumas obras explicitamente antimaniqueias, antidonatistas, antipelagianas etc., pela problemática, contudo, podemos dizer que os livros I e II desta obra foram escritos contra os maniqueus, e o livro III, escrito mais tarde, durante o presbiterato de Agostinho, foi destinado aos pelagianos, daí ser introduzida nele a problemática do pecado original e da graça divina. Conforme ressalta o comentador Ricardo Taurisano, além do destinatário, ou público alvo a quem o livro III estava direcionado, há outro fator que torna os dois primeiros livros diferentes do último: "O *De libero arbitrio*, que vinha mantendo, ao longo dos dois primeiros livros, a estrutura dialógica, a certa altura, mais especificamente em III, 16, 46, com a última intervenção de Evódio, deixa a disposição dialética e transforma-se, inopinadamente, numa *oratio perpetua*. Agostinho passa doravante suas teses, uma após outra, apenas por seu próprio crivo, rebatendo de modo proléptico todas as possíveis refutações que lhe podiam vir à mente. É possível que essas objeções representassem acusações dos maniqueus, ou de outros adversários; acusações por ele sabidas. É possível. O que, no entanto, não se explica claramente, é a imprevisível alteração estrutural, que confere à obra um caráter um tanto quanto desarmônico" (TAURISANO, R. R., *O De libero arbitrio de Santo Agostinho*, Dissertação de Mestrado em Língua e Literatura Latinas, São Paulo, USP, 2007, 155-156).

ginal[46] e graça divina, e apesar de continuar afirmando categoricamente que o homem não foi programado deterministicamente nem para o bem, nem para o mal, diz que esta parece ser uma situação válida unicamente para o primeiro homem, Adão, antes da queda (pecado original[47]), mo-

46. Dizemos nesta obra, porque como nos alerta Alex Vanneste, um pouco antes de escrever o livro III do diálogo *Sobre o livre-arbítrio,* "em sua obra *Ad Simplicianum*, comentando a Carta aos Romanos (9,13), Agostinho cunhou o termo *peccatum originale*, introduzindo-o assim pela primeira vez na tradição cristã no ano de 396" (apud RIGBY, P., Pecado original, in: FITZGERALD, A. D. (org.), *Agostinho através dos tempos. Uma enciclopédia*, São Paulo, Paulus, 2018, 758). Joseph Murray Hill, por sua vez, diz que "embora os pontos básicos da doutrina apareçam na carta *Ad Simplicium* (I, 1, 9-11), somente com a primeira obra antipelagiana, o *De peccatorum meritis et remissione*, ele fala explicitamente do 'pecado original'" (HILL, J. M., *A doutrina do pecado original à luz da teoria da evolução em Teilhard de Chardin e Karl Rahner*, Dissertação de Mestrado em Teologia, Belo Horizonte, FAJE, 2014, 28). Por conta disto, Paul Ricoeur considera Agostinho o inventor do conceito de "pecado original", quando diz: "É Agostinho o responsável pela elaboração clássica do conceito de pecado original e da sua introdução no depósito dogmático da Igreja, sobre um pé de igualdade com a cristologia, como um capítulo da doutrina da graça. É aqui que é preciso pesar com peso justo o papel da querela antipelagiana" (RICOEUR, P., *O pecado original. Estudo de significação*, Covilhã, Universidade da Beira Interior, 2008, 14). O que é reforçado por Alister McGrath, ao dizer que "o termo 'pecado original' foi criado por Agostinho de Hipona" (MCGRATH, A. E., *Apologética cristã no século XXI. Ciência e arte com integridade*, São Paulo, Vida, 2008, 244). Mas essa não é uma tese aceita por todos os intérpretes de Agostinho, pois há quem conteste, dizendo que o conceito de pecado original é anterior a Agostinho, tendo este apenas o aperfeiçoado. E o próprio Agostinho no tratado *Contra Juliano*, assegura enfaticamente que, no tocante ao pecado original, não inventou nada, tendo se limitado a expor "o que desde os antigos *(antiquitus)* ensina toda a Igreja" (*Contra Jul. pel.*, VI, 12, 39). Acerca da controvérsia entre os que afirmam e os que negam essa informação indicamos o longo artigo: LAMELAS, I. P., A "invenção" do pecado original segundo Agostinho, *Didaskalia*, v. 42, n. 1 (2012) 55-134, em que discute os argumentos de ambas as partes. Afora as controvérsias, o certo é que o termo apareceu pela primeira vez na literatura agostiniana no tratado *De diversis quaestionibus ad Simplicianum* (*Sobre diversas questões, a Simpliciano*), escrito em 397, em que responde a diversas questões que lhe foram apresentadas por Simpliciano, sucessor de Ambrósio no bispado de Milão, sobre a Epístola de Paulo aos Romanos (7,15). E tamanha é a importância desta obra que muitos comentadores chegam a colocá-la como divisor de águas do pensamento agostiniano – o antes e o depois do *ad Simplicianum* –, ao que muitos classificam como "o primeiro e o segundo Agostinho". É dessa opinião Peter Brown, quando diz que "a *causa gratiae* viria a ser o divisor de águas da carreira literária de Agostinho" (BROWN, P., *Santo Agostinho, uma biografia*, Rio de Janeiro, Record, 2005, 442).
47. Como vimos na supracitada referência, no tratado *Sobre diversas questões, a Simpliciano*, Agostinho cunhou o termo "pecado original" (I, 1, 9-11) referente ao pecado cometido por Adão, definido no tratado *Sobre o Gênesis, contra os maniqueus* como

o ato, por parte do homem, de não mais se submeter a Deus proclamando-se senhor de si mesmo, chamado também de orgulho ou soberba, que seria o princípio de todos os pecados subsequentes cometidos pelos homens, conforme diz ao encerrar a interpretação da perda, por parte do homem, da condição feliz no paraíso, quando Adão "se voltou para si mesmo abandonando a Deus e quis gozar de seu próprio poderio e grandeza sem preocupar-se com Deus, então se envaideceu-se pela soberba, e este é o princípio de todo pecado" (*De Gen. contra man.*, II, 9, 12. Itálico nosso). Eis o sentido do pecado original que Agostinho foi buscar no Eclesiástico, em que está escrito: "O início do orgulho é o afastar-se de Deus" (Sr 10,14), que se completa com estas outras palavras: "O orgulho é o começo de todo pecado" (Sr 10,15). A partir destes versículos, afirma o hiponense no diálogo *Sobre o livre-arbítrio*: "Foi esse o pecado do demônio que acrescentou a inveja, a mais odiosa, até persuadir ao homem esse mesmo orgulho, em razão do qual ele tinha consciência de ter sido condenado. Mas aconteceu que a punição infligida ao homem foi destinada a corrigi-lo, mais do que dar ao mesmo homem a morte" (*De lib. arb.*, III, 25, 76). E no tratado *Sobre a cidade de Deus*, fala do pecado cometido por Adão e Eva, nos seguintes termos: "Primeiro, começaram a ser maus no interior, para depois se precipitarem em desobediência formal, porque não se teria consumado a obra má, se a esta não houvesse precedido a má vontade. Pois bem, qual pôde ser o princípio da má vontade, senão a soberba? [...] E o que é a soberba, senão apetite de celsitude perversa? A celsitude perversa consiste em abandonar o princípio ao qual o ânimo deve estar unido e fazer-se de certa maneira princípio para si e sê-lo. Esse declinar é espontâneo, pois se a vontade houvesse permanecido estável no amor ao bem superior e imutável, que a iluminava para ver e a incendiava para amar, não se teria afastado dele para agradar-se a si mesma [...]. Logo, a obra má, quer dizer, a transgressão, o comer do fruto proibido, praticaram-na os que já eram maus, porque o mau fruto, com semelhante ação, não produz senão a árvore má" (*De civ. Dei*, XIV, 13, 1). E é esse justamente o sentido do primeiro pecado cometido por nosso pai, Adão, que o levou, a ele e a seus descendestes, a cair no jugo do castigo. A esse respeito diz John Rist: "Agostinho está convicto do fato de que o pecado original é um pecado da alma, sendo este a soberba ou a apostasia querida pelo homem contra Deus" (1997, 412). Portanto, pelo menos para Agostinho, o pecado original é espiritual ou da alma, e não carnal, muito menos sexual, como se costuma dizer no senso comum. Pelo contrário, a concupiscência, ou libido, que é uma paixão sexual desordenada, já é filha da má vontade do homem que a torna má na sua perversão de valores. É uma consequência da deficiência ou incapacidade, fruto do primeiro pecado, que o homem tem de governar-se a si mesmo, ou controlar seus próprios impulsos sexuais. Daí Martin Giraldo dizer que "por conta da libido, que veio depois da soberba, o ser humano ficou sujeito a uma paixão que não se deixa governar por princípios racionais, movendo-a inclusive contra sua própria vontade" (GIRALDO, M. E., *La metanoia. Una conversion de las pasiones en San Agustín*, Dissertação de Mestrado em Filosofia, Santiago de Cali, Universiad del Valle, 2011, 43). Igualmente Étienne Gilson diz que, enquanto "transgressão à lei divina, o pecado original teve como consequência a rebelião do corpo contra a alma, de onde vem a concupiscência e a ignorância" (GILSON, É., *A filosofia na Idade Média*, São Paulo, Martins Fontes, 2001, 154). Cf. também, Lucas Dalbom, especialmente o tópico *A transgressão: o ato do pecado original* (DALBOM, L. R., *As consequências antropológicas do pecado original segundo Santo Agostinho. Um estudo baseado na obra A cidade de Deus*, São Paulo, Paulus, 2017, 26-37).

mento em que gozava da perfeita ou plena "liberdade humana"[48]. Depois da queda, Adão perdeu essa tal condição. E, mais do que isso, transmitiu sua natureza decaída a seus descendentes[49], de modo que, quanto aos demais homens, descendentes de Adão, Agostinho admite que não gozam plenamente da "liberdade adâmica", mas sofrem ou parecem so-

---

48. Chamamos a atenção aqui de que a "liberdade humana", gozada por Adão antes do pecado original, ainda não é a "verdadeira liberdade", que pertence unicamente a Deus, conforme veremos no capítulo terceiro, daí dizer Ignacio L. Bernasconi chamar a "liberdade humana ou adâmica", de uma *libertas* quase perfeita ou absoluta", comparando-a à "verdadeira liberdade" em Deus, "não obstante, dado que não estava determinado a não pecar, podia, precisamente por isso, servir-se mal de sua vontade, e daí que sua *libertas* não fosse perfeita" (BERNASCONI, I. L., *Libertad y gracia en San Agustín, ¿conciliación problemática o colaboración misteriosa?*, Trabalho de Conclusão de Curso em Filosofia, Rosario, Universidad Nacional de Rosario, 2013, 104). Pelágio defendia que Adão, e com ele todos os homens, nasceu livre em igualdade a Deus, daí a não necessidade da graça redentora de Cristo, já que o homem é livre por natureza. Contra esta teoria, Agostinho é forçado a distinguir não só os conceitos de livre-arbítrio e liberdade, mas também entre "liberdade humana" e "verdadeira liberdade": a primeira, de Adão e do homem restaurado em Cristo, está em poder fazer o bem e o mal, conforme a vontade. A segunda, é a necessidade do bem, ou seja, é querer e fazer unicamente o bem. Em suma, Adão não podia não querer o mal, embora pudesse não fazer; para não querê-lo, em última instância, dependeria da ajuda da graça divina. Ou seja, a graça não só ajuda o homem a restaurar a "liberdade humana", ou "adâmica" perdida com o pecado original, mas ajuda-o a alcançar a "verdadeira liberdade" em Deus. Portanto, num sentido hierárquico decrescente, temos três níveis da liberdade: 1) "verdadeira liberdade", em Deus, querer e poder fazer unicamente o bem, mas não o mal (necessidade do bem, *non posse peccare*); 2) "liberdade humana", em Adão, que trazia em sua natureza a graça criacional que o tornava apto a poder fazer o bem, caso quisesse, mas também o mal, tal como fez. Ou seja, podia não pecar (*posse non peccare*). Mas não podia não querer ou não fazer o mal, ou querer unicamente o bem; 3) "livre-arbítrio", no homem depois de Adão, isto é, querer o bem ou o mal, mas só poder realizar o mal, dado que pelo pecado original traz em si certa inclinação (necessidade) para o mal, de forma que não pode não querer o mal (*non posse non peccare*), daí e a necessidade da graça redentora de Cristo que restaure a capacidade de querer e fazer o bem, ou voltar à "liberdade humana". A esse respeito, diz José Oroz Reta, falando da *Libertas* como adequação da liberdade humana à "Verdadeira liberdade": "A liberdade se define graças ao amor ao bem, graças ao deleite que a vontade produzem a justiça e a caridade. O homem é livre na medida em que está unido a Deus, na medida em que ele está de acordo e confessa agradecido sua condição de criatura em relação ao criador" (OROZ RETA, J., El misterio del mal y las exigencias de la libertad en las Confesiones, *Augustinus*, v. 50 (2005) 193-212, aqui 202). Eis o que veremos no capítulo terceiro.

49. "Transmissão do pecado original": eis mais um problema que Agostinho terá que enfrentar como decorrente do conceito de livre-arbítrio, problema este que analisaremos mais adiante, no terceiro capítulo.

frer, pelo menos à primeira vista, de "certa dose de necessitarismo", por trazerem em si certa inclinação ou compulsão "natural" para o mal, ao que José Teixeira Neto chama de "movimento de a-versão" da vontade livre. "Agostinho esboça uma resposta em que apresenta o limite da razão ao dar-se conta de algo que lhe ultrapassa. A razão se dá conta de um movimento contrário a si mesma e encontra na vontade o seu ponto de partida [...]" (2001, 28)[50], fruto das manchas do pecado original, daí em alguns momentos Agostinho falar dele como um *peccatum naturale* ou *per generationem*, atribuindo-lhe um sentido quase que biológico, por seu caráter hereditário[51].

---

50. A esse respeito diz Robert Charles Sproul, comentando Agostinho: "...diremos rapidamente que algo desastroso aconteceu à vontade humana como resultado da queda. Na criação, o homem tinha uma inclinação positiva para o bem e para amar a Deus. Embora fosse possível que o homem pecasse, não havia necessidade moral pra que agisse assim. Como resultado da queda, o homem passou a ser escravo do mal. A vontade caída tornou-se uma fonte de mal no lugar de uma fonte de bem". Daí mais tarde Agostinho ter sido acusado de maniqueísmo, pelos pelagianos, por introduzir no homem, na visão destes, uma "certa necessidade fatal em direção ao mal" (SPROUL, R. C., *Sola gratia*. *A controvérsia sobre o livre-arbítrio na história*, São Paulo, Cultura Cristã, 2001, 55).

51. A esse respeito, Paul Ricoeur observa que, por imprimir uma "certa necessidade" no conceito de pecado original, o mal, que nas obras antimaniqueias era tido como algo totalmente imaterial, agora, na luta antipelagiana, aparece como um "quase-matéria", levando Agostinho a uma "quase-gnose". Daí dizer que "a antignose se tornou uma quase-gnose; tentarei mostrar que o conceito de pecado original é antignóstico no fundo, mas quase-gnóstico no seu enunciado" (RICOEUR, P., *O pecado original*, 5). Por isso os pelagianos o acusarem de maniqueísmo, conforme veremos mais adiante. Igualmente Joaquim de Souza Teixeira, ao analisar a mudança de perspectiva de Agostinho em relação ao mal da fase antimaniqueia à fase antipelagina, diz que, na primeira, o mal tinha "uma conceituação negativa", enquanto que na segunda adquire "uma conceituação positiva", em que "de certa forma vamo-nos deparar com uma 'gnose antignóstica': muda a linguagem, apesar de a tese antimaniqueia nunca ser denegada" (TEIXEIRA, J. de S., Será o agostinismo um pessimismo? A questão do peccatum originale, *Atas do Congresso Santo Agostinho. O Homem, Deus e a Cidade*, Leiria-Fátima, Centro de Formação e Cultura, 2005, 81-123, aqui 97). Daí mais adiante dizer que, ao elaborar o conceito de pecado original, Agostinho faz um duplo esforço: "a. reter o que se adquiriu com a primeira conceituação negativa na controvérsia antimaniqueia (*o mal não é natureza, mas vontade*); b. e incorporar nesta vontade uma *quase-natureza*, como ficou estabelecido na segunda conceitualização do pecado, mais positiva, por ocasião da polêmica antipelagiana" (Ibid., 104-105). Daí conclui, citando o filósofo Paul Ricoeur, que "nos deparamos aqui com algo profundamente desesperador do ponto de vista conceitual. Há aqui qualquer coisa de muito profundo do

Por isso, se antes, ao colocar o livre-arbítrio da vontade humana como causa do mal no homem, o mal aparecia como culpa (*malum culpae*, mal de culpa), agora, com a introdução do conceito de pecado original, ele aparece também como efeito ou justa pena imposta aos homens, descendentes de Adão, pelo primeiro pecado cometido por este (*malum poenae*, mal de pena)[52]. E é justamente esta a diferença entre a concepção de mal (pecado) na disputa com os maniqueus, quando se discutia a questão do mal como um pecado cometido individualmente pela má vontade humana (mal de culpa), e a nova polêmica com os pelagianos, quando o mal (pecado original) se apresenta como algo coletivo, como castigo pelo mal praticado pelo primeiro homem, Adão, e transmitido a toda humanidade (mal de pena)[53], que não anula a primeira concepção, pois continua como culpa, donde a pena é o justo castigo, seja porque Adão pecou, seja porque a humanidade continua pecando. Em suma, o mal continua tendo sua origem na má vontade humana.

Como marca, ou efeito, da mancha do pecado original em nós, Agostinho aponta, em primeiro lugar, os males sofridos pelo corpo, nomeadamente a dor física e a morte. Além destes, sofridos como pena imputada pelo primeiro pecado cometido pela livre vontade humana, portanto, pela alma, a própria alma sofre alguns males, que a fazem cometer mais males ou pecados, como, por exemplo, os pecados por "ignorância", conforme as palavras do profeta: "Não recordes, ó Senhor, meus desvios da juventude e os meus pecados por ignorância" (Sl 24(25),7), e os males

---

ponto de vista metafísico: é na própria vontade que existe a quase-natureza; o mal é uma espécie de involuntário no seio do próprio voluntário, não perante ele, mas nele, e é isto o servo-arbítrio" (Ibid., 105).

52. Deste tocante, comentado acerca do conceito de pecado original, diz Joaquim de Souza Teixeira: "Estamos perante um mal que é *simultaneamente* de culpa e de pena, ou melhor, de uma pena que é culpa. Para se salvaguardar a tese que faz derivar a pena de uma culpa, somos todos implicados retroativamente na culpa de Adão" (TEIXEIRA, J. de S., Será o agostinismo um pessimismo?, 100-101).

53. Eis o sentido próprio do conceito agostiniano de pecado original, como algo coletivo ou comunitário, uma "culpabilidade herdada" do pecado de Adão, que torna todos os seus descendentes "massa de perdição", ou seja, a culpabilidade em massa de todo o gênero humano faz de todos coparticipantes de uma dívida para com Deus, o qual, como credor, pode perdoá-la ou expiá-la, nascendo aí sua correlação simétrica com a "teoria da graça/predestinação", das quais falaremos nos dois últimos capítulos.

por "dificuldade ou deficiência", ou seja, quando "não faço o bem que quero, mas o mal que não quero" (Rm 7,19)[54].

E sendo Deus justo, esse estado de ignorância e ou de deficiência não pode ser senão fruto do primeiro pecado, ou o estado de pecado do homem atual não é senão uma penalidade pelo próprio pecado, ou uma penalidade que a vontade impõe a si mesma ao escolher viver na "ignorância e ou deficiência" ao invés de viver na verdade, conforme diz no tratado *Sobre a natureza e a graça*: "O castigo do pecado constitui matéria de pecado se o pecador se debilitou para cometer mais pecados" (*De nat. et grat.*, 22, 24)[55], daí que, completa na mesma obra,

a primeira consequência do muito justo castigo do pecado é que [Adão] perca aquilo que não quis utilizar retamente, quando poderia tê-lo feito sem nenhuma dificuldade, se quisesse. Quero dizer: aquele que, sabendo, não age retamente, é justo que seja privado do próprio conhecimento do bem; e que, podendo, mas não quis agir retamente, seja privado do poder de agir retamente, quando quiser fazê-lo (Ibid., 67, 81).

Mas, com o pecado original o homem não perdeu completamente a liberdade, apenas a tornou inoperante (livre-arbítrio), que por castigo

---

54. Não podemos esquecer que Agostinho sofreu na pele os dois tipos de penalidades, principalmente a deficiência. Basta lembrarmos a famosa luta das duas vontades, narrada por ele nas *Confissões*, ou seja, a luta entre a vontade de servir a Deus e a resistência em continuar ligado aos prazeres carnais por ocasião do processo que desencadeou sua conversão, quando queria e não queria ao mesmo tempo, ou queria e não podia.

55. No tratado *Sobre o dom da perseverança*, Agostinho reforça a ideia de que a ignorância/deficiência do livre-arbítrio não parte da natureza humana original, mas é fruto do pecado: " a natureza humana atual não veio da criação do ser humano, mas é castigo da condenação" (*De dono persev.*, 12, 29). Com relação a isso, diz Josep-Ignasi Saranyana: "A rebelião do corpo contra a alma é consequência do pecado original, do qual procede a concupiscência e a ignorância. Desde a introdução desse pecado, a alma, que havia sido criada para governar o corpo, se encontra regida por ele, e, em consequência, se orienta para o material; e, posto que não obstem por si mesmas as sensações e imagens, senão que as obstem através do corpo, termina conformando-se ao corpo" (SARANYANA, J.-I., San Agustín (354-430), In: ID., *Historia de la filosofía medieval*, Pamplona, EUNSA, ³1999, 56-77, aqui 69). Cf. também, o tratado *Sobre a verdadeira religião*, em que Agostinho diz que o homem "vê-se arrastado às penas, por amar as coisas inferiores. Está assim ordenado para aquelas regiões que levam à miséria de seus prazeres e suas dores. Pois o que é a dor, a chamada dor física, senão a perda repentina da integridade do corpo, que por abuso da alma, caiu sujeito à corrupção? [...]. A isso se reduz tudo o que se chama de mal, isto é, o pecado e o castigo do pecado" (*De vera rel.*, 12, 23).

próprio inclina-se "necessariamente" para o mal, e que para voltar a querer e poder o bem necessita de ajuda da graça. Quanto a este último ponto, sobre a necessidade da graça divina e de sua complicada relação com o livre-arbítrio humano, trataremos no terceiro capítulo[56]. Aqui, contra aqueles que veem no mal de pena um ato de maldade por parte de Deus, que aparece como um carrasco punidor, Paula Oliveira e Silva adverte que Deus é apenas o justo aplicador da pena, pois

> a desvirtuação da vontade, efeito da ação desordenada, é da exclusiva responsabilidade de cada ser humano, na medida em que pode dispor de si mesmo. Por isso Agostinho recorda que só impropriamente se pode afirmar que o sofrimento, enquanto afecção da alma, seja um mal [...]. De forma que, aquilo que a linguagem humana, na sua limitação, designa por *prêmio* ou *castigo* de Deus é, para o hiponense, o resultado de uma decisão humana, pessoal e íntima. A vontade que se fixa em bens inferiores assume um lugar inferior na ordem: *degrada-se porque quer* [...]. Assim, a decadência, de que o pecado é índice, deriva da liberdade humana e consiste, precisamente, numa *decisão de grau* na ordem do ser. Quando o ser humano quer o que não lhe é devido, erra voluntariamente. A este ato, conclui Agostinho, segue-se, com toda justiça, a ignorância da verdade, que se rejeitou e não se quis possuir (In: AGOSTINHO, 2001, 76).

Daí, no diálogo *Sobre o livre-arbítrio*, Agostinho dizer que se trata de uma punição justíssima:

> De fato, essa é a punição muito justa do pecado: fazer perder aquilo que não foi bem usado, quando seria possível tê-lo feito, sem dificuldade alguma, caso o quisesse. Em outras palavras, é muito justo que quem, sabendo, mas não querendo agir bem, seja privado de perceber o que é o bom, e quem, não querendo agir bem, quando podia, perca o poder de praticá-lo, quando o quer de novo. Na verdade, tais são as duas reais penalidades para toda alma pecadora: a ignorância e a dificuldade. Da ignorância, provém o vexame do erro; e da dificuldade, o tormento que aflige (*De lib. arb.*, III, 18, 52).

---

56. Temos aqui, o início da segunda fase da concepção agostiniana de livre-arbítrio, a que denominaremos de "o segundo Agostinho do livre-arbítrio/liberdade", do livro III do diálogo *Sobre o livre-arbítrio* e das obras antipelagianas, em que o livre-arbítrio se apresenta danificado, impotente, consequentemente necessitando da cooperação da graça divina para atuar, principalmente no que tange à questão do poder, estando livre apenas em relação ao querer.

Ou seja, o pecado nos torna cegos, e, sendo assim, cambaleando nas trevas e com nossas mentes ofuscadas, cometemos mais pecados, porque não sabemos mais o que fazemos. É a antiga máxima de que "o pecado leva-nos a cometer mais pecados". Ou seja,

as más ações que cometemos por ignorância e as boas que não conseguimos praticar, apesar da boa vontade, denominam-se "pecados", visto terem sua origem naquele primeiro pecado cometido por livre vontade por Adão: estes não são mais do que consequência daquele (Ibid., III, 19, 54)[57].

O mal de pena pode ser consequência de dois tipos de pecados: o geral, como penalidade pelo pecado de Adão, presente em todos nós; e o individual, como penalidade pelos pecados que cometemos a cada dia, sendo estes últimos filhos do primeiro, conforme diz Agustín Martínez, interpretando Agostinho: "A miséria que padecemos é consequência do mal, quer se trate do mal original – origem de infinitos males –, quer do mal atual, pelo pecado individual. Estas são as causas de nossa miséria larga e dura. Estas são as raízes do mal" (1946, 52).

É por conta deste estado de "ignorância e ou deficiência", fruto do pecado original, que inclina mais a mais o homem para o mal, que Agostinho defenderá, mais tarde no tratado *Sobre a cidade de Deus*, a necessidade da *civitas* enquanto organização governamental político-coercitiva, capaz de controlar a maldade humana, pois se os homens fossem isentos de tal inclinação, se possuíssem a plena "liberdade humana" que perderam em Adão, viveriam harmoniosamente, sem a necessidade da

---

57. Cf. também, no tratado *Sobre a cidade de Deus*: "Enfim e para dizê-lo em poucas palavras – que pena foi imposta neste pecado à desobediência senão a desobediência? Realmente, que mais é a miséria do homem do que desobediência dele próprio a ele próprio? Porque não quis o que podia, já não pode o que quer. Claro que no paraíso nem tudo podia antes do pecado, mas o que não podia não queria: podia, portanto, tudo o que queria [...]. Quem poderá enumerar tudo o que quer e não pode, ao desobedecer a si próprio, à sua vontade, à sua própria alma e até à sua própria carne que lhe é inferior? Na verdade, é contra a vontade que muitas vezes o espírito se perturba, a carne dói, envelhece e morre. Sofremos coisas que não seríamos forçados a sofrer se a nossa natureza obedecesse à nossa vontade de todas as formas e em todas as partes" (*De civ. Dei*, XIV, 15, 2). E no tratado *Sobre o espírito e a letra*: "De mais e mais o iníquo ignora se é castigado e até que, chegando o momento do suplício, percebe sem querer quão grande mal cometeu querendo" (*De spirit. et litt.*, 31, 54).

presença da *civitas*. Daí dizermos que, em Agostinho, a *civitas* é filha do pecado ou só existe a *civitas* porque o homem é pecador. É o chamado "mal necessário", ou "mal menor", com vista a um bem maior, a paz. Ou seja, antes do pecado original, no estado de inocência ou de liberdade adâmica (ou edênico, do Éden), não havia necessidade da *civitas*, bem como, no futuro, na escatologia, não haverá necessidade dessa, conforme acentua o comentador Gaetano Lettieri:

> É muito importante sublinhar como, para Agostinho, a cidade política – qualquer grupo de indivíduos estruturados em uma hierarquia de poderes e de funções sociais – não é de fato uma "instituição natural", enquanto por "natureza" se entenda a verdadeira essência do homem, que, para Agostinho, é aquela própria do estado edênico. O binômio *imperare-oboedire* (XIX, 13, 1) não tem sentido nem na sociedade edênica, nem na Cidade celestial: Adão e Eva viviam, antes do pecado, em uma *fida societas*, em uma pura e transparente identidade de vontade, e, por isto, não havia necessidade, nas suas relações, nem de comandos, nem de leis, enquanto entre eles não havia nem contrastes, nem oposições (1988, 104).

Nesse sentido, apesar de enquadrar-se numa visão negativa (a *civitas* é filha do pecado, daí em alguns momentos Agostinho dizer que é uma instituição diabólica, e chamar o Império [a *civitas*] de Cidade ímpia ou babilônica), ela aparece também como um remédio contra o pecado, visto que, conforme palavras de Giovanni Garilli, interpretando Agostinho,

> sem o pecado, seríamos, de fato, uma sociedade feliz e não turbada pelas paixões: não seríamos um Estado, porque o Estado terreno, assim como é realizada na história, é fundado sobre a violência e sobre o engano, e tem a necessidade de apoiar-se em tribunais, em carnificinas, em torturas. O Estado assim como é, é um modo de ser histórico da Cidade do diabo, é obra do pecado e ao mesmo tempo representa um remédio contra os pecados. A sua gênese histórico-natural está ligada à pecaminosidade da natureza humana (1957, 165)[58].

---

58. E, completa, mais adiante, "Sem o pecado, a organização política seria diversa daquela atual; mas, havendo o pecado, o homem não merece um Estado diverso daquele que tem. Como para os outros Padres, assim também para Agostinho, o Estado representa '*poena et remedium peccati*'" (GARILLI, G., *Aspectti della filosofia giuridica, politica e sociale di S. Agostino*, Milano, Dott. A. Giuffrè Editore, 1957, 180). Igualmente aponta-se

Entretanto, voltando ao problema da danificação da liberdade adâmica por parte do pecado original, Agostinho continua negando qualquer tipo de determinismo: o homem tão somente perdeu a liberdade humana, que era o poder de fazer o bem quando queira. Mas, mesmo depois do pecado, Adão, e com ele toda humanidade, continua agindo por livre-arbítrio da vontade humana, que é apenas o querer, sem que possa realizar o bem sem a ajuda da graça divina, conforme diz no *Contra as duas epístolas dos pelagianos*:

> Quem entre nós disse que pelo pecado do primeiro homem pereceu o livre-arbítrio no gênero humano? Pereceu, sim, a liberdade, que existiu no paraíso, de possuir justiça junto com a imortalidade, daí a natureza humana necessitar da graça divina [...]. Porém, o livre-arbítrio não pereceu no pecador, que precisamente por livre-arbítrio peca, sobretudo os que pecam com deleite e, amando o pecado, escolhem o que lhes agrada (*Contra duas ep. pel.*, I, 2, 5)[59].

O que houve foi uma diminuição na capacidade operante da vontade, que perdeu sua plenitude, ficando parcialmente danificada com o pecado original. A partir disso Agostinho passa a fazer uma importante

---

em Agostinho a necessidade da *Civitas* como promotora da paz temporal, que, embora imperfeita e transitória, é necessária enquanto a verdadeira paz não chega, por isso, dizem os comentadores: "No peregrinar terreno das 'duas Cidades', aquela Celestial e esta terrestre, a Cidade de Deus se apropria da paz da Babilônia" (PICCOLOMINI, R., *Sant'Agostino. La pace, il libro XIX de la Città di Dio*, Roma, Città Nuova, 2000, 159); "É em consequência do pecado de Adão, herdado pelo homem, que ele precisa de governos, propriedades privadas, leis coercitivas, tudo isso para manter a paz que tanto procura, mas não consegue alcançar sozinho" (COLEMAN, J., Santo Agostinho. O pensamento político cristão no fim do Império romano, in: SALOMÃO, J. (org.), *O pensamento político de Platão à OTAN*, Rio de Janeiro, Imago, 1989, 45-61, aqui 53).

59. Igualmente noutra obra da maturidade, no tratado *Sobre o espírito e a letra*, Agostinho mostra que o pecado original não destruiu totalmente a imagem de Deus no homem, e cita como prova de permanência o fato de até os maus amarem e cumprirem alguns mandamentos: "A imagem de Deus não foi destruída na alma humana pela mancha dos afetos terrenos a ponto de não terem permanecidos nela alguns vestígios, ainda que frágeis. Pode-se dizer que os maus, mesmo em sua vida ímpia, cumprem e amam alguns preceitos da Lei" (*De spirit. et litt.*, 28, 48). Uma alusão à Epístola de Tiago, que diz: "Com ela [a língua], bendizemos ao Senhor e Pai; também com ela amaldiçoamos os homens, feitos à semelhança de Deus" (Tg 3,9). Daí Eleonore Stump dizer que "mesmo em seus tratados tardios, Agostinho insiste que os seres humanos pós a Queda têm livre-arbítrio" (STUMP, E., Agostinho sobre o livre-arbítrio, in: MECONI, D. V.; STUMP, E. (org.), *Agostinho*, São Paulo, Ideias & Letras, 2016, 209-234, aqui 217).

distinção entre "liberdade" (natureza primeira ou adâmica) e "livre-arbítrio" (natureza segunda ou caída)[60], conforme observa Juan Pegueroles: "Agostinho distingue dois graus de liberdade no homem, que chama, de menor e maior, *liberum arbitrium* e *libertas*. *Liberum arbitrium* é a possibilidade do bem, *libertas* é a capacidade do bem" (1993, v. II, 731)[61]. Daí Ignacio L. Bernasconi dizer que "o significado que o Santo de Tagaste prefere reservar a 'liberdade' humana em um sentido mais preciso, a *libertas*, é outro muito distinto do utilizado em relação ao *liberum arbitrium*" (2013, 85). E completa:

> Santo Agostinho não entende a *libertas* como a simples indeterminação do *liberum arbitrium*, o qual, eventualmente, pode escolher entre o bem e o mal, senão como sua efetiva autodeterminação para o bem. Para ele, a *libertas* não supõe um *liberum arbitrium* indeciso entre o bem e o mal, senão, muito pelo

---

60. Agostinho fala pela primeira vez desses dois tipos de naturezas no tratado *Sobre diversas questões, a Simpliciano*, I, 1, 11, em que o termo "pecado original" aparece também pela primeira vez em suas obras. Por conta disso, mais tarde foi acusado pelos pelaginanos de defender um dualismo maniqueísta, o que o levou a escrever o tratado *Contra as duas epístolas dos pelagianos*, esclarecendo que não se tratam de duas naturezas ontológicas opostas, como nos maniqueus, mas de uma única natureza alterada pelo pecado. Além destes dois tipos de natureza, Marlesson Castelo Branco do Rêgo fala de outros dois de naturezas em Agostinho: "natureza renascida", dos conversos a Cristo, e "natureza gloriosa", dos santos que atingirão a perfeição no reino dos céus (cf. Rêgo, M. C. B. do, *O conceito de natureza em Santo Agostinho*, Tese de Doutorado Interdisciplinar em Ciências Humanas, Florianópolis, UFSC, 2015, 54-55). Mas, trata-se sempre de uma e mesma natureza em estados diferentes.

61. E noutro artigo especifico sobre a liberdade (*libertas*) como orientação necessária para o bem, faz a seguinte distinção: "O conceito de liberdade, em Santo Agostinho, comporta dois elementos: autodeterminação da vontade e orientação ao bem. A orientação ao bem pode ser dupla: ao bem como bem-para-mim, ou felicidade, e o bem como bem-em-si, ou moralidade. O fim último e o bem supremo ao qual tende o homem é Deus, o qual, por sua vez, é ordem (bem-em-si) e paz (bem-para-mim). Autodeterminação do homem equivale a voluntário. Autodeterminação mais orientação ao bem como bem-para-mim é *liberum arbitrium*. Autodeterminação mais orientação ao bem como bem-para-mim e como bem-em-si é *libertas*" (Pegueroles, J., La libertad para el Bien en San Agustín, *Espiritu*, v. 23 (1974) 101-106, aqui 101). Igualmente José Antônio Galindo Rodrigo, usando outra terminologia, diz que podemos "denominar *libertas minor* ao livre-arbítrio da eleição no pecador, e *libertas maior* a verdadeira e autêntica liberdade de que goza o homem justo ajudado pela graça, e também o homem anterior à queda original e, mais ainda, ao bem-aventurado" (Galindo Rodrigo, J. A., La liberdad como autodeterminación en San Agustin, *Augustinus*, v. 35 (1990) 299-320, aqui 304).

contrário, abertamente lançado em direção ao bem, em clara dependência à bondade, ou melhor, ao sumo bem, pelo qual e para o qual o homem foi criado (Ibid., 85-86).

Esta distinção agostiniana entre livre-arbítrio e liberdade (adâmica) está assentada, como se vê, na diferença entre o querer (a vontade) e o poder, que o próprio Agostinho faz, de forma tautológica, por exemplo, no tratado *Sobre o espírito e a letra,* onde, referindo-se às palavras do apóstolo Paulo: "Porque eu não faço o bem que quero, mas o mal que não quero" (Rm 7, 19), diz:

> O querer e o poder são dois conceitos distintos, de sorte que nem sempre aquele que quer pode e nem aquele que pode quer. Assim como algumas vezes queremos o que não podemos, da mesma forma algumas vezes podemos o que não queremos [...]. Assim, aquele que quer tem vontade, e aquele que pode tem poder. Mas, para que o poder realize alguma coisa, necessita do concurso da vontade [...]. Daí se diz que alguém tem poder, quando faz o que quer e não faz o que não quer (*De spirit. et litt.*, 31, 53)[62].

O que o homem (Adão) perdeu com o pecado original foi o poder, ou capacidade, de fazer o bem, o de não pecar que tinha antes da queda (*libertas*, liberdade humana), que Ignacio L. Bernasconi chama de "capacidade de usar bem do *liberum arbitrium,* ou escolher unicamente o bem" (cf. 2013, 89), ficando apenas com o querer (livre-arbítrio)[63], que,

---

62. A esse respeito diz Newton Bignotto: "A primeira diferença que se tornou necessário estabelecer foi entre o 'querer' e o 'poder'. Do fato de querermos uma coisa não podemos deduzir que temos o poder de realizá-la. Isso não muda, no entanto, em nada a atuação da vontade. O querer é uma faculdade interior, que existe independente de toda e qualquer manifestação do mundo 'exterior'. Nesse sentido, o 'poder' pode ocasionalmente participar da vontade e tornar efetiva a decisão que ela tomou, mas não participa de sua essência. O livre-arbítrio revela as condições dentro das quais a escolha é feita, mas nada nos diz sobre a possibilidade de sua realização" (BIGNOTTO, N., *O conflito das liberdades. Santo Agostinho,* Revista Síntese Nova fase, Belo Horizonte, v. 19, n. 58 (1992) 237-359, aqui 335).

63. No tratado *Sobre o dom da perseverança,* Agostinho diz: "Não cair na tentação não está no poder das forças da liberdade, na situação atual; estivera no poder do homem antes da queda" (*De dono persev.*, 7, 13). Marlesson Castelo Branco Rêgo dá a essa liberdade decaída pelo pecado o nome de "liberdade do pecador": "Para Agostinho, há uma diferença. A liberdade é a capacidade de fazer o que é certo e justo, porque o liberto

para poder realizar o bem que quer, precisa da ajuda da graça divina[64], conforme vermos no diálogo Sobre o livre-arbítrio[65]:

Se o homem fosse bom, agiria de outra forma. Agora, porém, porque está nesse estado, ele não é bom nem possui o poder de se tornar bom. Seja porque não vê em que estado deve se colocar (por conta da ignorância), seja porque, embora o vendo, não tem a força de se alçar a esse estado melhor (por causa da deficiência), no qual sabe que deveria se pôr (*De lib. arb.*, III, 18, 51).

Em suma, segundo Agustín Martínez, comentando Agostinho,

a essência da liberdade não consiste propriamente em poder escolher entre o bem e o mal: consiste no poder de fazer o bem [...]. Depois do primeiro pecado, este livre-arbítrio aparece como o alargamento de nosso nada ra-

---

é obediente a Deus, e tem prazer nisso, ou seja, é feliz. Mas a 'liberdade do pecador' é a possibilidade de escolher o bem ou o mal cujo prazer ele sente. Por isso, o pecador não é livre, embora goze do livre-arbítrio. Em lugar da liberdade, o ser humano sente a 'necessidade' do pecado" (RÊGO, M. C. B. do, *Liberdade e graça. A resposta agostiniana ao problema da relação entre liberdade humana e graça divina e sua interpretação no protestantismo histórico e no neopentecostalismo atual*, Dissertação de Mestrado em Ciências da Religião, Recife, UNICAP, 2007a, 25).

64. A esse respeito diz Battista Mondin: "A experiência pessoal e a doutrina cristã ensinaram a Agostinho que o poder do homem em ordem ao bem é extremamente débil quanto mais forte é a sua inclinação ao mal. Há, além disso, um outro ensinamento bíblico que diz que a verdadeira liberdade é dada ao homem por Cristo. Tudo isto induz Agostinho a fazer uma distinção nítida entre livre-arbítrio e liberdade: o primeiro corresponde ao puro poder de escolher, um poder que, porém, deixado a si mesmo, leva quase sempre à escolha do mal; enquanto a secunda é reservada à capacidade de operar o bem, capacidade que não compete ao homem naturalmente, mas é sempre fruto de um dom especial de Deus" (MONDIN, B., Libero arbitrio e libertà secondo Sant'Agostino, *Congresso internazionale su S. Agostino nel XVI centenario della conversione*, atti, sezioni di studio II-IV, Roma, Institutum Patristicum "Augustinianum", 1987, 553-562, aqui 557).

65. Flávia Azevedo diz que "a experiência pessoal de Agostinho, sobretudo quanto à sua conversão, influenciou a formulação de seus conceitos acerca da vontade e da necessidade de um elemento superior a ela que lhe restaurasse a liberdade. Em sua obra *Confissões*, Agostinho narra seus anos de luta até chegar ao conhecimento da verdade, os quais foram marcados por uma cisão em sua vontade, em que o querer não era poder. A experiência agostiniana, de fato, já comprovara o que viria expor posteriormente, em suas respostas à controvérsia pelagiana, que a vontade é impotente, em consequência do pecado original e que sua relação com a graça seria determinante no processo de restauração" (AZEVEDO, F. F. de L., Liberdade e graça em Agostinho, in: CARVALHO, M. et al (org.), *Filosofia medieval*, São Paulo, ANPOF, 2015, 85-96, aqui 86).

dical: ele está francamente enfermo, é deficiente em uma natureza viciada, não possui a liberdade permanente (1946, 55)[66].

Daí, completa Ignacio L. Bernasconi:

Para que de fato haja *libertas* deverá haver, além do *liberum arbitrium*, um auxilio que permita transformá-lo a fim de que não seja impotente, pecador e condicionado a fazer o mal, senão, pelo contrário, eficaz, redimido, capaz de escolher o bem, e, portanto, "liberto" do mal. Neste ponto, se faz necessário o ingresso da graça divina (2013, 90).

Mas, é bom salientar que mesmo quando Agostinho diz que a graça tem o poder de restaurar ou devolver ao livre-arbítrio o poder da liberdade perdida em Adão, não significa que o homem alcançará uma liberdade plena, ou a "verdadeira liberdade", a qual existe unicamente em Deus e consiste em querer e fazer unicamente o bem[67].

Ou seja, diferentemente daquela "liberdade humana", que Adão possuía antes da queda e que possuirão os bem-aventurados, restaurados, ao alcançarem a vida eterna, ou seja, a liberdade de poder não pecar (*posse non peccare*), a liberdade em Deus consiste em não poder pecar (*non posse peccare*), conforme diz Agostinho no tratado *Sobre a correção e a graça*:

---

66. Igualmente Marlesson Castelo Branco do Rêgo, diz: "O bispo de Hipona propõe uma distinção entre livre-arbítrio e liberdade que leva em conta sua noção histórica de *natura et gratia* e de dois sentidos de liberdade. Na condição de 'natureza primordial', o ser humano era livre porque não tinha a necessidade de pecar; tinha a *posse non peccare* e contava com o auxílio da *gratia Dei* como *gratia adiutorium* para agir bem. Mas sua liberdade era mutável e, pelo mau uso do livre-arbítrio, optou pelo egoísmo que o levou à 'queda' ôntica. Agora, na condição de 'natureza caída', o ser humano possui seu livre-arbítrio a serviço do 'corpo de morte' sendo incapaz de agir bem sem ajuda da *gratia Dei*, que vem em socorro da natureza enferma como *gratia medicinalis*, visto que o livre-arbítrio é inclinado à má vontade, pois o ser humano experimenta agora a *non posse non peccare*. Logo, não é livre. Porém, a *gratia medicinalis*, por Cristo, conduz sem coerção o ser humano à condição futura de 'natureza redimida', que receberá o benefício da liberdade imutável como *non posse pecare*. Portanto, a partir da noção histórica de *natura*, Agostinho entende que a 'natureza caída' não é livre, embora tenha livre-arbítrio [...]. Pelo livre-arbítrio, o ser humano poderia manter-se feliz, mas não quis, e agora, quer ser feliz e não pode" (RÊGO, M. C. B. do, *O conceito de natureza em Santo Agostinho*, 70).
67. No capítulo terceiro, veremos que mesmo o bem-aventurado, na escatologia, continuará precisado da graça divina.

Ao primeiro homem faltou-lhe a graça de nunca desejar ser pecador, mas foi revestido da graça, na qual, se se quisesse preservar, nunca teria sido pecador e sem o qual, mesmo dotado de liberdade, poderia ser inocente. Esta graça, porém, poderia perdê-la pelo mau uso da liberdade. Portanto, não quis privá-lo da sua graça, a qual rejeitou livremente. Pois a liberdade basta por si mesmo para praticar o mal, mas é insuficiente para agir bem, se não é ajudada pela bondade do onipotente [...]. Esta é a graça concedida ao primeiro Adão, mas a outorgada no segundo Adão é superior. A primeira possibilita o homem a viver na justiça; a segunda, mais eficaz, leva o homem a querer a justiça e com tal intensidade a amá-la que o espírito vence, com sua vontade, a vontade da carne inclinada a contrariar o espírito (*De corrept. et grat.*, 11, 31)[68].

Mas esse caráter necessitário da "verdadeira liberdade" em Deus, que consiste em não poder fazer senão o bem, ou de não poder pecar, para Agostinho em nada contraria o livre-arbítrio humano, conforme diz no tratado *Sobre a cidade de Deus*, referindo-se aos bem-aventurados, na vida eterna, quando participarão da "liberdade em Deus":

> Nem mesmo os bem-aventurados serão privados de *liberum arbitrium*, por não poderem deleitar-se nos pecados. Pelo contrário serão tanto mais livres quanto mais libertos estejam do prazer de pecar até alcançarem o prazer indeclinável de não pecar. O primeiro *liberum arbitrium*, que foi dado ao homem quando Deus o criou na retidão, consistia em poder não pecar, mas também podia pecar; mas este último será superior aquele de forma que já não poderá pecar. Mas isto também é dom de Deus, e não um poder natural. Porque uma coisa é ser Deus, e outra é participar de Deus. Deus por natureza não pode pecar, mas o participante em Deus recebe dele o dom de não poder pecar (*De civ. Dei*, XXII, 30, 3).

---

68. E mais adiante conclui: "É mister considerar com diligência e cautela a diferença entre estas duas coisas: poder não pecar e não poder pecar; poder não deixar o bem e não poder deixar o bem. [...] A primeira liberdade da vontade era poder não pecar; a última será mais excelente, ou seja, não poder pecar" (*De corrept. et grat.*, 12, 33). Daí concluir Roberto Barboza da Silva: "Usando os termos *libertas* e *liberum arbitrium* como símbolo da vontade, pode-se afirmar que só Deus tem a *libertas*, pois Ele faz sempre o bem, e por isso, é perfeito. O homem tem o *liberum arbitrium*, que é justaposto a sua vontade por ser ele um ser criado e não equiparado a Deus; pelo *liberum arbitrium* o homem escolhe fazer o bem ou mal. Quando faz o bem, tem a *libertas* e quando alcançar a beatitude terá a *voluntas*, no sentido de *libertas*, onde não mais se deleitará no pecado, mas somente no bem, isto pelo auxílio da graça" (SILVA, R. B. da, *A voluntas em Santo Agostinho. Análise de Confessiones VIII*, Dissertação de Mestrado em Filosofia, Pelotas, UFPel, 2018, 57).

Daí Juan Pegueroles dizer que

> a liberdade, tal como a entende Santo Agostinho, não é *immunitas* a *necessitas*, senão *immunitas* a *servitute* [...]. Segundo esta concepção, liberdade não se opõe a necessidade. Para determinar se há ou não liberdade, não se olha a capacidade de escolha, mas a capacidade de autodeterminação e de orientação ao bem. Se o fim de minha ação não é o meu bem, minha ação é *servitus*; se é o meu bem, minha ação é *libertas* [...]. Portanto, necessário nem sempre se opõe a voluntário. Há uma *voluntas necessitatis* e uma *necessitas voluntatis*. A esta necessidade da vontade chama Santo Agostinho de *felix necessitas*[69], contrapondo-la a *dura necessitas* pela qual não podemos, por exemplo, não morrer (1972, 129).

E conclui noutra obra, que "em Santo Agostinho, o progresso consiste em ter menos capacidade de escolha, quer dizer, menos *liberum arbitrium*, e mais necessidade do bem, isto é, mais amor ao bem, o que é o mesmo que mais *libertas*" (1994, 367).

Portanto, concluindo, este caráter "necessitário" da liberdade em Deus, que Agostinho chamará de "necessidade feliz", que é o estágio de liberdade almejado por todo homem, traz em si um paradoxo: quanto mais a vontade humana está submissa a Deus, mais livre ela é, e, consequentemente, mais feliz o homem é. Daí ressaltar o comentador João Marcelo Crubellate que

> para o bispo de Hipona a vontade se liberta completamente (condição perdida pela enfermidade do pecado) por meio de uma relação paradoxal com a submissão: quando a vontade está totalmente submissa à verdade, ela é então plenamente livre. O processo pelo qual a vontade alcança este ponto dá-se mediante o auxílio da graça divina, de modo que, para Santo Agostinho, o livre-arbítrio e a graça não se opõem e sim são aliados na restauração da vontade para o bem. Sem a graça, o ser humano é livre apenas em um sentido precário, isto é, de possibilidade, o que quer dizer que pode escolher o bem, mas não deseja escolhê-lo (2011, 173)[70].

---

69. É a chamada "liberdade evangélica", proclamada pelo apóstolo João: "Se permaneceis na minha palavra, sois verdadeiramente meus discípulos, conhecereis a verdade e a verdade vos libertará" (Jo 8,31-32). O próprio Agostinho, no tratado *Sobre a correção e a graça*, diz de forma paradoxal: "Haverá algo mais livre do que a liberdade de não poder ser escravo do pecado?" (*De corrept. et grat.*, 11, 32)

70. Igualmente aponta este paradoxo o comentador Newton Bignotto, ao dizer que, com a graça, "aquele que é escolhido passa a ter um acesso direto à lei e, portanto, não pode

Estes quatro estágios da liberdade em Agostinho podem ser representados tal como na seguinte tabela[71]:

O homem antes da queda de Adão	O homem depois da queda em Adão	O homem restaurado pela graça divina	O homem glorificado em Deus
Poder pecar e Poder não pecar	Poder pecar e Não poder não pecar	Poder pecar e Poder não pecar	Não poder pecar
Liberdade/ Livre-arbítrio humano	Livre-arbítrio humano	Liberdade/ Livre-arbítrio humano	Verdadeira Liberdade em Deus

Igualmente Santo Anselmo, mais tarde, seguindo as pegadas de Agostinho, define a liberdade humana como o poder de fazer o bem, ou como o poder de não cometer o mal (poder não pecar)[72], que, em

---

fazer nada além de a ela obedecer. A consciência, diante da verdade, conhece apenas um caminho: o da submissão. Diante dessa obrigação, podemos nos perguntar o que resta da liberdade. Uma vontade constrangida a escolher o bem pode ainda ser considerada livre? A verdadeira reviravolta que a problemática da graça opera no texto agostiniano está em que ele afirma que a graça é a verdadeira liberdade" (BIGNOTTO, N., *O conflito das liberdades*, 346). E Franco de Capitani, por sua vez, diz que, para Agostinho, "ser livre não significa fazer o que se quer, mas agir de modo a realizar o fim que Deus pensou para o homem; isto é: submeter-se à vontade divina" (DE CAPITANI, F., *Il De libero arbitrio di S. Agostino*, 135).
71. Tabela esta que Robert Charles Sproul explica da seguinte forma: "Antes da queda, o homem era capaz de refrear-se de pecar; depois da queda, não mais. Isso é o que chamamos de pecado original. Esta incapacidade ou servidão moral é vencida com o renascimento espiritual. O renascimento libera-nos do pecado original. Antes do renascimento ainda temos um livre-arbítrio, mas não temos esta liberação do poder de pecar, que é o que Agostinho chamou de 'liberdade'. A pessoa que é renascida ainda pode pecar. A capacidade de pecar não é removida até que sejamos glorificados no céu. Temos a capacidade de pecar, mas não estamos mais sob a servidão do pecado original. Fomos libertados. Isto, é claro, não quer dizer que agora vivermos vidas perfeitas. Ainda pecamos. Mas não podemos dizer que pecamos porque isso é tudo que nossa natureza decaída tem poder para fazer" (SPROUL, R. C., *Eleitos de Deus. O retrato de um Deus amoroso que providencia salvação para seres humanos caídos*, São Paulo, Cultura Cristã, ²2002, 49).
72. No diálogo *Sobre a liberdade do arbítrio*, diante da pergunta se o anjo e o homem pecaram espontaneamente ou por necessidade, Anselmo assim define a liberdade do homem antes do primeiro pecado: "Pelo livre-arbítrio pecou tanto o anjo apóstata como o primeiro homem, porque pecou por seu arbítrio, o qual era a tal ponto livre que por nenhuma outra realidade poderia ser forçado a pecar [...]" (*De libert. arb.*, II, 2012, 123), o que levaria Paulo Martines a dizer que, em Anselmo, "o poder para não pecar é o que de

ambos os casos, com a queda de Adão, ficou danificada, permanecendo apenas o querer.

Por isso, diante da pergunta se a liberdade que existia no anjo e no homem antes da queda ainda subsiste depois dela, Santo Anselmo, fazendo uma importante distinção entre o conceito de vontade enquanto "instrumento" e enquanto "uso", diz que, embora estes tenham se submetidos ao pecado, "contudo não puderam destruir em si aquela liberdade natural da escolha, *mas puderam fazer com que já não fossem capazes de usar aquela liberdade sem outra graça*, diferente da que tinham tido antes" (*De libert. arb.*, III, 2012, 125. Itálico nosso.)[73], ou seja, permaneceu neles a vontade enquanto instrumento, faltando-lhes o poder de usar, e usar bem, o qual só será restabelecido pela graça divina.

E fazendo uma hierarquia entre estas duas vontades de poder, Anselmo (o mestre) diz em diálogo com seu inominado discípulo:

M. Qual das vontades te parece mais livre: aquela que quer e pode não pecar, ao ponto de nenhum modo ser capaz de se desviar da retidão de não pecar, ou aquela que de algum modo pode se desviar para o pecado?
D. Não vejo por que razão não seja mais livre aquela que é capaz de uma coisa e outra.
M. Então não vês que por vezes quem possui o que convém e o que é útil, de tal forma que não lhe possa ser retirado, é mais livre do que aquele que tem isso mesmo, mas de forma que pode perdê-lo e que é capaz de ser conduzido para o que não convém e não é útil? (Ibid., I, 2012, 121).

Daí conclui Paulo Martines, interpretando Anselmo: "o homem possui sempre um *arbitrium* que nem sempre é livre. Livre neste sentido é o estado daquele que goza da liberdade plena" (MARTINES, in: DE BONI (org.), 1996, 111), ou como define o próprio Anselmo, em sintonia com Agostinho, a "liberdade é o poder de conservar a retidão da vontade por ela própria" (*De libert. arb.,* III, 2012, 129; XIII, 159). Para ambos, foi essa a liberdade que Adão perdeu com o pecado original, e com ele toda a humanidade, necessitando da ajuda da graça divina para a recuperar. Tema este que debateremos amplamente no terceiro capítulo.

---

forma primeira e mais geral definirá a liberdade" (MARTINES, P. R., A noção de liberdade em Anselmo de Cantuária, 110).

73. E mais adiante completa: "Mesmo se a retidão da vontade estiver ausente, contudo, a natureza racional não deixa de ter o que é seu" (*De libert. arb.*, III, 2012, 129).

2
Da relação entre o livre-arbítrio da vontade humana e a presciência divina segundo Santo Agostinho

2.1 Levantamento do problema

Outro importante problema inerente ao conceito de livre-arbítrio da vontade humana é sua suposta incompatibilidade com a soberania divina (providência/presciência/onisciência), que levaria Agostinho a escrever textos memoráveis refutando-a.

Na realidade, no início do livro III do diálogo *Sobre o livre-arbítrio*, Evódio colocava em pauta um importante problema da filosofia e teologia, discutido nas mais variadas versões desde a antiguidade até os dias atuais[1], e que na modernidade/contemporaneidade recebeu o nome de "problema dos futuros contingentes". Para tanto, descreveremos aqui,

---

1. João Rebalde, na introdução ao seu trabalho *Liberdade humana e perfeição divina na Concórdia de Luis de Molina*, diz que estamos aqui diante de "um dos maiores problemas da história da filosofia e da teologia: a compatibilidade entre a expressão autônoma e livre da ação da criatura e a perfeição do poder e conhecimento absolutos próprios de Deus" (REBALDE, J., *Liberdade humana e perfeição divina na Concordia de Luis de Molina*, Vila Nova de Famalicão, Humus, 2015, 11).

resumidamente, a título de introdução, em que consiste o referido problema, como forma de melhor entendermos a importância das respostas de Agostinho a esta problemática. Segundo William Piauí (cf. 2008, 205-232), o "problema dos futuros contingentes" remonta a Aristóteles, quando, num primeiro momento no livro Gama da *Metafísica* (1005b), buscando afirmar a necessidade do Ser (de que tudo é necessário), aceita o princípio parmenídico segundo o qual "o ser é, o não-ser não é", ou que "uma coisa não pode ser e não-ser ao mesmo tempo, ou nas mesmas condições", ou que "não se pode atribuir o mesmo valor-de-verdade a duas coisas contrárias nas mesmas circunstâncias", "ou valores contrários (verdadeiro e falso) a uma só coisa". Porém, o próprio Aristóteles, num segundo momento, no capítulo 9 do *De interpretatione* (também chamado de *Peri hermeneias*), levanta a possibilidade de que existam coisas fora da necessidade, ou que existem fatos incertos na natureza (física) e, principalmente, nos atos da vontade humana (moral), deixando margem para uma discussão entre a necessidade do Ser (determinismo/necessidade) e a possibilidade de eventos futuros contingentes (indeterminismo/liberdade)[2].

Trata-se, pois, da dificuldade lógica de conciliar conceitos deterministas/fatalistas[3], como: destino, fortuna (sorte), providência/presciência/

---

2. Nesta obra, Aristóteles afirma que todas as proposições (ou enunciados) são verdadeiras ou falsas com exceção das proposições que afirmam que algo se passará ou não no futuro, quer dizer, que se referem a um "futuro contingente". Estas proposições não são verdadeiras (porque não aconteceu aquilo de que trata), mas tampouco falsas (porque não afirmam que algo não é, ou não negam que algo é). Todavia, a disjunção de uma dessas proposições com a negação dela é necessariamente verdadeira. Aristóteles dá um exemplo que chegou a ser clássico: "necessariamente haverá amanhã uma batalha naval ou não haverá, mas não é necessário que haja amanhã uma batalha naval e tampouco é necessário que não haja amanhã uma batalha naval. Mas que haja ou não haja, amanhã uma batalha naval, isso é necessário" (ARISTÓTELES, *De interpretatione*, IX 19a 30-32).
3. De acordo com Ana Rieger Schmidt, "determinismo (ou fatalismo) é a visão segundo a qual para tudo o que ocorre, sempre foi necessário ou inevitável que ocorresse, de modo que não podemos fazer nada diferente daquilo que realmente fazemos e, de modo geral, nada poderia ser diferente de como é *agora*. Não somente o nosso presente, mas também o nosso futuro já estaria determinado antes de ser atualizado" (SCHMIDT, A. R., *Contradição e determinismo. Um estudo sobre o problema dos futuros contingentes em Tomás de Aquino*, Dissertação de Mestrado em Filosofia, Porto Alegre, UFRS, 2009, 7). Consequentemente, o indeterminismo é a posição contrária.

onisciência divina etc. com conceitos indeterministas, como: acaso, fatos ou eventos incertos, livre-arbítrio, liberdade humana etc.

As soluções encontradas a este problema ao longo dos tempos se dividem, basicamente, em duas vertentes, cada uma com suas variantes: 1) os incompatibilistas, que, como o nome indica, consideram impossível a conciliação entre os supracitados conceitos, e 2) os compatibilistas, aqueles que de alguma forma os buscam conciliar. Dentro da corrente incompatibilista de pensamento, a solução apresentada para o problema é, basicamente, negar ou anular um dos polos da questão.

Historicamente, principalmente entre os pagãos, prevaleceu a posição incompatibilista, seja por ser uma posição fácil ou cômoda, uma vez que basta negar ou anular um dos polos da questão, conforme veremos mais adiante, seja por não encontrar teologicamente grandes problemas em negar, por exemplo, a providência/presciência/onisciência divina, visto que seus deuses não comportam tais características. Mas, se para os pagãos o "problema dos futuros contingentes" já era de difícil solução, a problemática torna-se ainda maior para os pensadores cristãos[4], que não podiam assumir uma posição declaradamente incompatibilista[5], ou simplesmente negar um dos dois polos da questão, uma vez que,

---

4. A esse respeito diz William Lane Craig: "Para o cristão, então, a questão do fatalismo - mais particularmente o fatalismo teológico - não pode permanecer um assunto indiferente. Se o fatalista está correto, então o cristão deve negar ou a presciência divina ou a liberdade humana" (CRAIG, W. L., *O único Deus sábio. A compatibilidade entre a presciencia divina e a liberdade humana*, Maceió, Sal Cultural, 2016, 17).

5. Dizemos "declaradamente incompatibilista", porque há alguns cristãos, como é o caso de Guilherme de Ockham (1285-1347) e Lorenzo Valla (1407-1457), que mais tarde, na transição entre o Medievo e a Renascença, na dificuldade em conciliar a lógica aristotélica com as verdades de fé, para não ter que negar uma ou outra, buscaram uma posição intermediária, deslocando ou restringindo o problema, e consequentemente a solução, a um dos campos do conhecimento, a saber: do ponto de vista do modo de conhecer racional humano, há incompatibilismo, do ponto de vista do modo de conhecer de Deus, não, ou, do ponto de vista filosófico, sim, e do ponto de vista teológico, não, conforme declara Paula Oliveira e Silva, na introdução à sua tradução do *Diálogo sobre o livre-arbítrio*, de Lorenzo Valla: "Poder-se-ia, então, concluir que, mais do que uma peculiar solução para o problema proposto, a especificidade do modo de Valla se posicionar ante ele reside no fato de considerar que a questão do livre-arbítrio e da sua possibilidade, ou não, de integração numa ordem maior, não é de âmbito filosófico, mas teológico, sendo, por isso – e este é um pressuposto constante no pensamento deste humanista – inacessível à razão" (In: VALLA, L., *Diálogo sobre o livre-arbítrio*, 15).

por um lado, *não é possível negar a liberdade humana*, pois estar-se-ia a pôr em causa a responsabilidade pelos atos pessoais e em consequência também a justiça de Deus (que retribui a cada um o que lhe é devido). Por outro lado, não se pode negar a *presciência divina*, sob pena de pôr em causa o próprio Deus cristão. A conjugação destas duas razões parece significar que não é possível recusar um valor de verdade aos enunciados futuros, já que fazê-lo equivaleria a dizer que Deus não tem um conhecimento certo (determinado) do futuro [...]. Trata-se, portanto, de garantir que as duas teses são conciliáveis. Caso contrário, haveria de abdicar de alguma delas: ou das perfeições próprias do Deus cristão, ou da livre vontade do homem. Ora, nenhuma destas possibilidades é admissível (MENDONÇA; BARBOSA, 2012, 60)[6].

Centrando nossas análises no âmbito das discussões dos chamados "compatibilistas cristãos", pois, como anunciamos na introdução, não podendo aqui descrever o problema em questão desde os primeiros pensadores cristãos até a modernidade/contemporaneidade, fiquemos apenas com Santo Agostinho, mais especificamente centrados em duas partes de duas de suas importantes obras: o livro V do tratado *Sobre a*

---

6. Igualmente Carlos Eduardo de Oliveira, na introdução à obra *Entre a filosofia e a teologia: os futuros contingentes e a predestinação divina segundo Guilherme de Ockham*, destaca essa peculiaridade da questão, que torna mais premente para os pensadores cristãos, em relação aos pagãos, dizer que na versão cristã "havia um elemento não previsto por Aristóteles que poderia complicar duramente a questão: o Deus judaico-cristão, seja ele chamado de Javé, Jeová, 'Senhor' ou mais simplesmente 'Deus'. Se Deus é onisciente, isto é, se Deus sabe tudo, ele sabe o presente, o passado e o futuro. Portanto, mesmo que isso ainda não tenha se dado, Deus sabe certeiramente se Sócrates estará ou não na feira amanhã. Portanto, do ponto de vista divino, o valor de verdade da proposição sobre aquele fato futuro já está determinado. Mas, se já há, de algum modo, alguma determinação, perguntarão os autores medievais: o fato enunciado pode ainda continuar sendo considerado contingente? Em outras palavras, se só podemos conceber como verdadeira ou como falsa uma proposição cujo significado já está determinado e se Deus sabe determinadamente tanto o que é presente, como também o que é passado e, principalmente quanto a esse caso, o que é futuro, resta algum espaço para liberdade humana? [...] Posto tal dilema, temos duas alternativas: ou Deus não pode conhecer o futuro contingente e, portanto, não é onisciente, ou pode e, assim, ao menos aparentemente, a liberdade humana parece ter de ser reduzida a algo inexistente. Ora, se Deus não for onisciente, tampouco é onipotente. Consequentemente, seria ele ainda Deus?" (OLIVEIRA, C. E. de, *Entre a filosofia e a teologia. Os futuros contingentes e a predestinação divina segundo Guilherme de Ockham*, São Paulo, Paulus, 2014, 14-15). Ou seja, o "problema dos futuros contingentes" colocava em xeque o próprio conceito de Deus, daí a necessidade em resolvê-lo por parte dos pensadores cristãos.

cidade de Deus, em que trava uma discussão com a posição incompatibilista defendida pelos movimentos filosóficos helênicos (epicurismo, estoicismo etc.), e principalmente com Cícero, e o livro III do diálogo *Sobre o livre-arbítrio*, em que, de certa forma, retoma-se o debate com os filósofos anteriores a Agostinho, e, daí, com os filósofos seus posteriores, até a modernidade/contemporaneidade, conforme diz William Piauí:

> Nesses dois textos, ou seja, *Sobre a cidade de Deus* e *Sobre o livre-arbítrio*, estão presentes as maiores dificuldades que os filósofos que adotaram a fé cristã terão de enfrentar quanto a possível relação entre o dogma cristão da onisciência divina, a defesa da liberdade humana e a presença do mal no mundo, o que também é o principal problema de Bayle no artigo *Jansenius* (letra G) de seu *Dicionário* (2007, 4).

2.2 Da suposta incompatibilidade entre o livre-arbítrio da vontade humana e a presciência divina no tratado *Sobre a cidade de Deus* de Santo Agostinho

Os dez primeiros livros do tratado *Sobre a cidade de Deus* têm como principal objetivo refutar as acusações político-ideológicas dos pagãos de que a principal causa da derrocada de Roma, em 410, por ocasião da invasão de Alarico, rei dos visigodos, estaria em sua adesão ao cristianismo[7]. Para estes, durante os tempos em que os romanos foram pagãos,

---

7. Essa posição foi amplamente difundida por um grupo que ficou conhecido pelo nome de "Círculo de Volusiano". Volusiano, que era um dos poucos pagãos no grupo, em 421, chegou ao cargo de prefeito de Roma e veio a se converter ao cristianismo, no final de sua vida. Entre as objeções levantadas por Volusiano, destacamos as que Marcelino, em Carta, fez chegar até Agostinho, de que "a pregação e a doutrina de Cristo não são de nenhum modo compatíveis com os costumes da República; pois [...] um dos preceitos cristãos inconcussos é o de não retribuir a ninguém mal por mal (Rm 12,17), de dar a outra face a quem nos esbofeteia, de ceder também o manto a quem nos quer tirar a túnica, de percorrer o dobro de estrada com quem nos constrange a andar uma milha (Mt 5,39-41). Todas essas normas são contrárias aos costumes da República. Quem, de fato, toleraria que o inimigo lhe tirasse algo ou não desejaria que ao saqueador de uma província romana não se reservasse o mal de acordo com o direito de guerra [...]?" (*Ep*. 136, 2). Igualmente, nas *Retratações*, Agostinho cita tais acusações: "Roma foi destruída sob os golpes das invasões dos godos, conduzidos por Alarico: o que foi uma grande desgraça.

isto é, enquanto renderam culto aos deuses e seguiam as orientações dos filósofos pagãos, o Império fora próspero e resistente aos ataques dos inimigos, e que era evidente, portanto, que a causa de tal prosperidade estava em o Império ser culturalmente pagão, e, consequentemente, a sua debilidade estava em sua adesão à cultura cristã.

Mas, além daqueles adeptos da supracitada posição, refutados nos primeiros livros do tratado *Sobre a cidade de Deus* (I-IV), encontravam-se aqueles que intentavam encontrar uma causa filosófico-racional ou natural para a prosperidade e decadência de Roma. É contra estes que Agostinho dedica os últimos livros da primeira parte de sua obra (V-X).

Dentre estes últimos, por sua vez, encontravam-se aqueles que, em primeiro lugar, alicerçados em teorias fatalistas, isto é, na astrologia, ou ciências astronômicas, ou ainda nas matemáticas, procuravam justificar a causa da derrocada do Império romano como sendo obra ou do acaso, ou do destino, ou seja, que tudo já estava programado predeterministicamente nos astros ou estrelas. Em resposta a estes, Agostinho dedica os primeiros capítulos do livro V (capítulos de 1 a 7), em que demonstra serem inconsistentes os seus fundamentos.

Num segundo momento, depois de refutar os astrólogos (ou astrônomos, ou ainda matemáticos), a partir do capítulo 8 do livro V Agostinho inicia suas investidas contra os estoicos, os quais, segundo ele,

> atribuíam a fatalidade não à constituição dos astros, como se encontravam no momento da concepção, do nascimento ou do princípio (o acaso), mas à conexão e série de todas as causas com que se faz quanto se faz [...], ou atribuíam a ordem a concatenação de causas à vontade e ao poder do Deus supremo (Júpiter), que acreditam saber todas as coisas antes que sucedam e não deixar nada desordenado (*De civ. Dei*, V, 8).

Tais pensadores, dentro de uma linha incompatibilista, buscando neutralizar um dos dois polos da questão, negavam a liberdade humana, adotando como máxima as palavras necessitaristas, ou fatalistas, do es-

---

Os cultuadores de uma multidão de deuses falsos, que se chamavam ordinariamente pagãos, esforçaram-se por fazer recair a culpa sobre a religião cristã, começaram a blasfemar contra o verdadeiro Deus mais acerbamente e mais amargamente que de costume" (*Retract.*, II, 43, 1).

toico Sêneca (4 a.C. - 65 d.C.), que diz: "A fatalidade conduz suavemente aquele que quer e arrasta com violência quem não quer" (apud *De civ. Dei*, V, 8)[8].

Já Marco Túlio Cicero (106-43 a.C.), em sua obra *Sobre a adivinhação*[9], contrariando os seus colegas estoicos, nega totalmente o acaso e a fatalidade, e enfatiza o papel da livre vontade do homem. Só que, ao empreender tal tarefa, mantendo-se na mesma linha incompatibilista, ou seja, buscando, também, neutralizar um dos dois polos da questão, acabou por refutar não só o acaso e o fatalismo/destino dos astrólogos e ou matemáticos, mas a presciência divina, quando diz não

> haver a ciência do futuro, e sustentar com todas as forças não existir, em absoluto, nem em Deus nem no homem, e não haver predição de coisas. Essa via nega também a presciência de Deus [...]. Pois, parece, para não admitir a existência da fatalidade e perder a vontade livre, porque está convencido de que, admitida a ciência do futuro, tão indefectivamente se admite a fa-

---

8. A esse respeito diz José Oroz Reta: "Com efeito, os estoicos fizeram do determinismo ou fatalismo universal uma de suas doutrinas capitais. Serão os estoicos que proporão com toda seriedade o problema de Deus, do destino, da providência, com todas suas consequências práticas para a vida dos homens. Os estoicos elevaram o *fatum* ou *heimarméne* até fazer dele um conceito central comparável ao de Deus, Natureza, Providência. E a ideia de providência divina, da liberdade humana, suscitou com tanta força e insistência a atenção dos pensadores que o problema do *fatum* ou da *heimarméne* se converteu, durante muito tempo, em uma das questões mais importantes e transcendentais propostas à reflexão filosófica" (OROZ RETA, J., *San Agustín. Cultura clásica y cristianismo*, Salamanca, Universidad Pontificia de Salamanca, 1988, 89-90).

9. Embora Agostinho faça referência explícita ao *Sobre a adivinhação*, segundo William Piauí, "estudiosos da obra agostiniana costumam defender a opinião que na verdade não se trata nem da obra *Sobre a adivinhação* nem da obra *Sobre a natureza dos deuses*, de Cícero, mas sim do *De fato*; opinião que pode ser justificada graças à seguinte passagem do texto de Cícero: 'Suprime-se tudo isso, se a força e a natureza do destino for estabelecida a partir do argumento da adivinhação (*Quae tolluntur omnia, si uis et natura fati ex divinationis ratione firmabitur*) (CÍCERO, *Sobre o destino*, V, 14 e 69)" (PIAUÍ, W. de S., Boécio e o problema dos futuros contingentes, *Revista Princípios*, Natal, v. 15, n. 23 (2008) 205-232, 6, nota 2). O *Sobre a adivinhação* é uma das obras da trilogia ciceroniana, composta pelo *De divinatione*, o *De natura deorum* e o *De fato*, os quais, segundo María Socorro Fernández-García, "constituem a chamada teologia ciceroniana, enquanto se dedica a analisar, sobretudo, o problema que está entranhado à definição da divindade, assim como o que supõe delimitar a relação existente entre esta e os homens" (FERNÁNDEZ-GARCÍA, M. S., Probabilismo, providencia y libertad en el De fato de Cicerón y su recepción en Lorenzo Valla, *Revista Mediaevalia – Textos e Estudos*, Porto, v. 23 (2004) 163-174, aqui 165).

talidade, que seria de todo em todo impossível negá-la [...]. Assim, como homem ponderado e douto, cujas meditações se devotam aos interesses da sociedade civil, escolhe, entre essas duas coisas, o livre-arbítrio da vontade e, para confirmá-lo, nega a presciência do futuro. Desse modo, querendo tornar livre o homem, fê-lo sacrílego (*De civ. Dei*, V, 9, 2).

Para Cícero era impossível conciliar a livre vontade do homem com a presciência divina[10]. Pois, para este,

se forem conhecidas todas as coisas futuras, sucederão na mesma ordem em que de antemão se soube que sucederiam. E, se sucedem nessa ordem,

---

10. Esse é exatamente o problema que principia, mais tarde, a obra *Sobre a concordância da presciência, da predestinação e da graça divina com o livre-arbítrio*, de Santo Anselmo (1033-1109), em que diz: "Verdadeiramente a presciência de Deus e o livre-arbítrio parecem se contradizer, posto que aquilo que Deus conhece de antemão existirá necessariamente, e, por outro lado, o que é realizado por livre-arbítrio não está submetido a nenhuma necessidade. Portanto, se há nisto contradição, é impossível que a presciência de Deus, que conhece tudo de antemão, coexista com o menor exercício do livre-arbítrio. Se se compreende que esta impossibilidade não existe, a contradição, que parece inerente, desaparece totalmente" (*De concord.*, I, 1, 2006, 17). Igualmente será o problema enfrentado por Guilherme de Ockham (1285-1347), em sua *Exposição ao 'De interpretatione' de Aristóteles*, resumida por Carlos Eduardo de Oliveira, da seguinte forma: "o que fazer quando a opinião de Aristóteles, apesar de parecer bastante sensata, também parece coincidir frontalmente contra aquilo que asseveram 'a verdade e os teólogos'?" (OLIVEIRA, C. E. de, *Entre a filosofia e a teologia*, 15). Este também é o problema que dá ensejo ao *Diálogo sobre o livre-arbítrio*, de Lorenzo Valla (1407-1457), na aurora do Renascimento, buscando refutar o posicionamento de Boécio (480-525), como diz, em diálogo com seu interlocutor António Glarea: "LAV.: Mas qual é o assunto que queres que te explique? ANT.: Se é possível que a presciência de Deus se oponha à liberdade de escolha e se Boécio terá argumentado corretamente sobre esta questão" (VALLA, L., *Diálogo sobre o livre-arbítrio*, 39-40). Por fim, para ficarmos apenas com alguns exemplos, será o problema, mais tarde, já no início da modernidade, com que se defronta Luis de Molina (1535-1600) e inicia sua obra *A concórdia do livre-arbítrio com os dons da graça, a presciência, a providência, a predestinação e a reprovação divinas*, dizendo: "Há um assunto que sempre criou grandes dificuldades aos homens, a saber, de que modo a liberdade do nosso arbítrio e a contingência das coisas futuras, num e noutro sentido, podem ajustar-se e concordar com a presciência, providência, predestinação e reprovação divinas" (MOLINA, L. de, *Concordia* I, 1, 1. Cf. MOLINA, L. de, *La concordia del libre arbítrio con los dones de la gracia y con la presciência, providência, predestinación y reprobación divinas*, Oviedo, Pentalfa, 2007, 35). Problema este que levaria Luis de Molina a refutar Lutero, que para garantir a absoluta eficácia do poder divino sobre as criaturas negava o livre-arbítrio da vontade humana. Para tal, Molina vai buscar em Agostinho, dentre outros autores medievais, as inspirações para a defesa de uma compatibilidade entre o livre-arbítrio da vontade humana e a presciência divina.

é certa a ordem para Deus, que as sabe antes de acontecerem; se é certa a ordem das coisas, é certa a ordem das causas [...]. E, se é certa a ordem das causas, pela qual se faz tudo quanto se faz, tudo quanto se faz, diz, é obra do destino. Se assim é, nada está em nosso poder e não existe livre-arbítrio da vontade humana. Se concordarmos com isto, acrescenta, cai por terra toda a vida humana. Em vão se fazem leis [...]. E ao contrário, se existe o livre-arbítrio da vontade, nem todas as coisas são obra do destino; se nem todas as coisas são obra do destino, não é certa a ordem de todas as causas; se não é certa a ordem das causas, não é certa nem para Deus, que sabe de antemão a ordem das coisas [...]. Por conseguinte, se todas as coisas não sucedem como de antemão soube que haveria de suceder, não há em Deus, presciência de todas as coisas. E por isso pensa que ambas as coisas são incompatíveis, que, se se admite uma, se suprime a outra; se optarmos pela presciência do futuro, destruímos o livre-arbítrio da vontade e vice-versa (Ibid.)[11].

Como se vê, conforme enfatiza William Piauí,

a dificuldade enfrentada por Cícero resulta em sua recusa da possibilidade de haver presciência, recusa que Agostinho não pode aceitar. Essa será uma constante da formulação do problema dos futuros contingentes para os filósofos que adotaram a fé cristã, a presciência divina, na verdade a onisciência, o fato de que o Deus cristão tem de saber tudo o que foi, tudo o que é e tudo o que será, parece fornecer mais um argumento para a tese determinista. Uma série de problemas surge junto com essa *aporia*, por exemplo, se não é permitido negar o dogma cristão que Deus sabe tudo que ocorrerá então não há como Deus não ser responsável pelos pecados dos homens, é essa uma das tantas dificuldades enfrentadas não só no tratado *Sobre a cidade de Deus*, mas também em *Sobre o livre-arbítrio* (2008, 7)[12].

---

11. Como destaca Catalina Velarde, "o jurista romano afirma que isto é impossível porque se destruiria toda a vida humana, e tanto a educação como as leis seriam arbitrárias, já que os atos humanos estariam determinados de antemão, e sua causa não pertenceria ao homem, pelo que exortá-lo a atuar de determinada maneira seria inútil. Então deveriam ser suprimidos os tribunais, já que todo prêmio ou castigo seria injusto. Como as consequências da presciência divina são nefastas, Cícero a suprime, e estabelece que a causa das ações humanas está unicamente no livre-arbítrio da vontade" (VELARDE, C., Liberdad humana y presciência divina. Algunos textos de Boécio y San Agustin como semillas de la teoria de lacto voluntario en Tomás de Aquino, *Intus-Legere Filosofia*, v. 9, n. 2 (2015) 41-60, aqui 46).

12. Igualmente diz María Socorro Fernández-García, referindo-se ao *De fato*: "Cícero, além de negar a existência do destino em termos absolutos e de defender a existência do azar, considerava a existência da liberdade pessoal – desprovida de qualquer causa natural

Para Agostinho, Cícero tem razão quando afirma que nada sucede senão precedido por uma causa eficiente, eliminando por completo a existência do acaso, por isso diz que "ao refutar as conjecturas dos matemáticos, as palavras de Cícero brilham" (*De civ. Dei*, V, 9, 1). Entretanto discorda de Cícero quando este sustenta que, ao afirmar a livre vontade do homem, é preciso necessariamente negar a presciência divina[13]. Visto que, "nem toda causa é fatal, posto existirem a causa natural e a voluntária" (V, 9, 4), daí dizer que "os que estabelecem os destinos siderais são mais toleráveis do que esse filósofo, negador da presciência do porvir. Porque confessar a existência de Deus e negar que é presciente do futuro é a extravagância número um" (V, 9, 1). E, conclui: "Seja qual for o modo de ser dos labirínticos (*tortuosissimae*) debates e discussões dos filósofos, nós, convencidos da existência de um Deus supremo e verdadeiro, confessamos também que possui potestade, vontade e presciências soberanas" (Ibid.).

Quanto às causas naturais, Agostinho não as nega, apenas discorda dos pagãos que as atribuem aos deuses, e ou aos astros, mas que tais causas encontrem-se, necessariamente, no Deus verdadeiro dos cristãos. Bem como explica em que sentido devemos entender essas causas. Quando se aplica ao nível da natureza física, da existência de todos os seres do universo, por exemplo, Agostinho não tem dúvidas de que se possa aplicar a palavra "causa" como um termo duro e necessário. Pois, primeiro, tudo quanto existe na natureza não tem sua causa senão em

---

antecedente – como uma espécie de necessidade indispensável para que a moral possa dispor de seu único fundamento possível: a responsabilidade do indivíduo em relação às suas próprias atuações. Sua opinião parte mais de uma convicção e de um postulado que de um argumento provado. Cícero preferiu que a vontade tivesse livre-arbítrio" (FERNÁNDEZ-GARCÍA, M. S., Probabilismo, providencia y libertad en el De fato de Cicerón y su recepción en Lorenzo Valla, 166).

13. Mais tarde, como veremos no último capítulo, muitos comentadores, dentre eles Calvino, negarão que a predestinação agostiniana esteja assentada no conceito de presciência divina, por entender que o que está na presciência acontecerá necessariamente, conforme comenta Ebenezer Oliveira: "Pela semântica, 'presciência', na Bíblia, não é o mesmo que 'preordenação'. Como vimos, Calvino propôs a interpretação de que a presciência divina era fruto da preordenação, como se Deus fosse incapaz de prever os atos humanos que não tivesse preordenado. Porém, pelo estudo do significado das palavras (semântica), não existe fundamento algum que venha a certificar que presciência, na Bíblia, signifique preordenação" (OLIVEIRA, E., *A doutrina da predestinação em Calvino e o caráter moral de Deus*, Recife, Bereia, 2016, 50).

Deus, e, segundo, nada há, no universo físico, que não seja governado pela providência divina.

No tratado *Sobre o Gênesis, contra os maniqueus*, por exemplo, em que argumenta a favor da afirmativa bíblica de que "Deus fez o mundo a partir do nada", ou melhor, sem precisar de nada, ou seja, sem necessitar de nenhuma matéria pré-existente[14], Agostinho mostra que tudo quanto existe no universo está incluído na criação de Deus, que, segundo ele, aconteceu de forma progressiva, dividida em três momentos ontológicos: No primeiro momento (*creatio prima*), Deus criou a matéria informe *ex nihilo*, segundo está escrito no livro do Gênesis: "A terra era vazia e vaga", os maniqueus, contudo, questionavam essa afirmação dizendo: "Como é que Deus fez no princípio o céu e a terra, se antes existia vazia e vaga?" (*De Gen. contra man.*, I, 3, 5). Agostinho responde:

> Querendo antes censurar que conhecer as divinas Escrituras, não entendem as coisas mais evidentes. Que coisa pode dizer-se mais clara que esta, "no princípio fez Deus o céu e a terra, e a terra era vazia e vaga"? Quer dizer, no princípio Deus fez o céu e a terra, e aquela mesma terra que fez era vazia e vaga antes que Deus a adornasse, com distinção concentrada, em seus lugares e tempo, com as formas de todas as coisas (Ibid.).

Ou seja, "primeiramente a matéria foi feita confusa e sem forma, para que dela mais tarde se fizessem todas as coisas que hoje estão distintas e formadas" (Ibid., I, 5, 9). A matéria informe é, pois, o substrato do qual, na sequência da criação, sairão os seres[15].

---

14. Para José Azcone, a noção judaico-cristã de criação é o que torna a cosmologia agostiniana diferente das que a antecederam, pois, "no pensamento grego, o mundo é eterno ou pelo menos a matéria de que foi formado é pré-existente e independente da divindade [...]. O cristianismo defende que o mundo foi criado, vale dizer, sua origem não se encontra em um ser pré-existente e independente de Deus, mas no nada" (AZCONE, J. L., A importância da natureza como lugar da ação de Deus. Noção de criação em Santo Agostinho, *Ecoteologia Agostiniana, Simpósio de reflexão sobre a ecoteologia agostiniana a partir da América Latina*, São Paulo, Paulus, 1996, 27-81, aqui 30). Portanto, criar a partir do nada não significa criar a partir de alguma coisa já existe chamada nada; significa, ao contrário, conforme está bem colocado por Jean Guitton, que "Deus criou o mundo sem matéria pré-existente" (GUITTON, J., *Le temps et l'éternité chez Plotin et saint Augustin*, Paris, Librairie Philosophique J. Vrin, 1971, 175).

15. Aqui, vale observar que o conceito de "matéria informe" de Agostinho em muito se afasta da noção de "matéria informe" de Plotino, que este denominava de "nada". Pri-

O segundo momento (*creatio secunda*) consiste na informação do informe por parte de Deus, isto é, a formação dos seres a partir da matéria informe. E aqui se tem os famosos seis dias da criação, quando Deus fez surgir os seres particulares a partir da matéria informe. Na sequência, há o terceiro momento, o da multiplicação dos seres a partir dos já criados através das *rationes seminales*[16]. Ou seja, Deus colocou no mundo algumas coisas apenas em potência, ou os germes invisíveis das coisas, para que, no decurso dos séculos e debaixo da sua divina providência, pudessem se desenvolver, dando continuidade às suas espécies. E assim Deus continua sua criação através dos tempos[17]. Por isso, Agostinho diz:

---

meiro, porque o "nada" de Plotino não é um "nada absoluto", pois é identificado com a matéria. Segundo, pelo contrário, o "nada absoluto" ou o *ex nihilo* da Bíblia é um momento anterior à "matéria informe", da qual Deus plasmou tudo. Ou seja, essa matéria informe, que não é um nada absoluto, é também criação de Deus, que Agostinho identificou como o céu e a terra mencionados no primeiro versículo do Gênesis como sendo a primeira criação (*creatio prima*).

16. Para Josep-Ignasi Saranyana, através das razões seminais se dá a materialização das "razões eternas" ou "ideias divinas", sobre as quais repousa a teoria do exemplarismo medieval, da qual trataremos mais adiante. Cf. SARANYANA, J.-I., San Agustín (354-430), 65). Cf. também, Agostino Trapè, que diz: "Deus cria do nada, e cria segundo as razões eternas, que outra coisa não são senão ideias exemplares, existentes na mente divina, por cuja participação todas as coisas são o que são. O exemplarismo é uma das teses fundamentais do agostinismo e tem um valor metafísico e gnosiológico" (TRAPÈ, A., Introduzzione generale, in: AGOSTINHO, Santo. *Dialoghi: La grandezza dell'anima, Il libero arbitrio, La musica, Il maestro*, Roma, Città Nuova, 1992, v. II, 394). Ver, também, Lope Cilleruelo, que diz: "Os seres representam a Ideia que Deus tem deles. Antes de existir em sua própria natureza, existem como ideias em Deus, e são vida e luz no Verbo" (CILLERUELO, L. La memorie Dei según San Agustín, in: *Congrès International Augustinien, Augustinus Magister*, Paris, Études Augustiniennes, 1954, 499-509, aqui 499).

17. Sobre as *rationes seminales*, através das quais Deus continua a obra da criação, José Azcone traz à tona uma série de discussões entre os intérpretes de Agostinho, que se perguntam se este teria assumido uma posição determinista ou, ao contrário, evolucionista (cf. AZCONE, J. L., A importância da natureza como lugar da ação de Deus, 48-51). Charles Boyer, por exemplo, defende que Agostinho foi evolucionista: "A cosmologia de Santo Agostinho é um evolucionismo" (BOYER, C., *L'idée de vérité dans la philosophie de Saint Augustin*, Paris, Beauchesne et ses fils, 1941, 152). Cf. também, do mesmo autor, ID., *Essais anciens et nouveaux sur la doctrine de Saint Augustin*, Milano, Marzorati, 1970, 35-69. Outros autores, dentre eles Eugène Portalié, não veem nenhuma evidência de evolucionismo no pensamento de Agostinho (cf. PORTALIÉ, E., Saint Augustin, 2353). Frederick Copleston é mais moderado, e diz que tal discussão não cabe em Agostinho, pois trata-se de uma interpretação exegética da Bíblia, e não de um tratamento científico do

"Ainda mesmo o que não foi criado e todavia existe nada tem em si que não existisse" (*Conf.*, XI, 4, 6). Ou, como diz Frederick Copleston, interpretando Agostinho: "Deus criou certamente, no princípio, todas as coisas juntas, mas não criou todas nas mesmas condições; muitas coisas foram criadas invisivelmente, latentemente, potencialmente, em germes, em suas *rationes seminales*" (1983, 83).

Entretanto, afirmar o segundo e terceiro momentos da criação não significa negar o princípio segundo o qual "Deus fez todas as coisas do nada num só instante", mas tão somente que estes momentos já estavam incluídos no primeiro, ou que tudo já estava em potência na primeira criação, a da matéria informe, de modo que os momentos sejam ontológicos, não cronológicos. A matéria informe é a matéria-prima ou o substrato do qual sairá tudo. Por isso Agostinho diz: "E, portanto, retissimamente se crê que Deus fez todas as coisas do nada, porque se todas as coisas foram tiradas com suas particularidades desta primeira matéria informe, esta mesma matéria foi criada do nada absoluto" (*De Gen. contra man.*, I, 6, 10)[18].

Em suma,

se considerarmos a semente da árvore dizemos estarem ali as raízes, o tronco, os ramos, as folhas e os frutos, não porque já apareçam ali, senão

---

problema. Para esse autor, "na realidade, santo Agostinho não supôs nunca que as razões seminais fossem objeto da experiência, que pudessem ser vistas ou tocadas: são invisíveis" (COPLESTON, F., San Agustín, in: ID., *Historia de la filosofia*. v. II. *De San Agustín a Escoto*, Barcelona, Ariel, 1983, 50-95, aqui 83). Por isso, "está claro que o Santo Agostinho não considerava primordialmente um problema científico, senão mais um problema exegético, de modo que realmente está fora de questão citá-lo como uma autoridade a favor ou contra a teoria evolucionista no sentido darwiniano ou lamarckiano".

18. Igualmente diz no tratado *Sobre a verdadeira religião*: "Mesmo supondo que o mundo seja feito de alguma matéria informe, essa mesma matéria foi tirada totalmente do nada. Pois, mesmo o que ainda não está informado, sem dúvida alguma, de algum modo já tem iniciada a sua formação. Ser susceptível de forma (*capacitas formae*) é benefício de seu autor, e possuí-la é bem. A simples capacidade de forma é, pois, certo bem. Por conseguinte, o autor de todas as formas – que é o doador de toda forma – também é o fundamento da possibilidade de algo ser formado. E assim, tudo o que é, enquanto é, e tudo o que não é, enquanto pode vir a ser, tem em Deus sua forma ou possibilidade de ser formado. Dito de outro modo: todo ser formado, enquanto formado, e tudo o que ainda não é formado, enquanto formável, encontra seu fundamento em Deus" (*De vera rel.*, 18, 36).

porque dali hão de nascer, assim se diz: *no princípio fez Deus o céu e a terra*, como se fosse o sêmen do céu e da terra, estando ainda confusa a matéria do céu e da terra. Chamou-se àquela matéria de céu e terra, porque era seguro que dali haviam de proceder o céu e a terra que vemos (Ibid., I, 7, 11).

Em síntese: a) para o santo Doutor, todas as criaturas foram tiradas do nada num só momento, por simples ato da vontade, estando tudo já presente potencialmente na matéria informe; b) no instante da criação (na formação a partir da matéria informe), alguns seres foram formados completos e perfeitos, como é o caso dos anjos, dos astros, do primeiro homem etc.; c) outros, como os vegetais, os animais (os peixes, as aves e até o corpo dos descendentes do primeiro homem etc.) foram criados em potência, em suas *rationes seminales*[19].

Igualmente, noutra obra, o *Sobre a ordem*, ao defender o princípio segundo o qual Deus providência/presciência/onisciência criou tudo e tudo governa, de tal forma que nada acontece no universo por acaso (cf. *De ord.*, I, 5, 14; 6, 15), Agostinho diz que no universo, criado e governado por Deus, não há espaço para desordem, ou acaso. Pois, "como pode existir contrário ao que tudo ocupa, ao que tudo governa? Pois o que é contrário a ordem deveria existir fora da ordem. E nada veio posto fora da ordem, nem se pode pensar que haja nada contrário a ele" (Ibid., I, 6, 15). Assim sendo, para Agostinho, há uma perfeita ordem ou harmonia no universo, visto estar tudo submetido à divina providência.

Quanto ao nível de Deus e do homem, é possível afirmar a existência do livre-arbítrio, e ou liberdade. Quanto ao primeiro, Agostinho não tem dúvida de que não há necessitarismo algum em Deus. Para este, Deus não criou o mundo por um princípio necessário, como nos neoplatônicos, mas por um ato livre de amor. Deus poderia ter feito o mundo de outra maneira e até não ter feito de jeito nenhum e isso em nada alteraria sua essência[20].

---

19. Não iremos expor aqui estes três momentos de forma aprofundada, pois tornaria nosso texto muito extenso, o que julgamos inconveniente, afinal este não é nosso objetivo primeiro. Para um maior aprofundamento do tema, cf., além da obra supracitada, a leitura do livro XII das *Confissões*, intitulado "A Criação" e o *De Gen. ad litt.*, Livros IV a VI.
20. Anselmo, em seu diálogo *Por que Deus se fez homem?* assim explica a não necessidade em Deus: "Já dissemos que quando expressamos que Deus não pode fazer algo ou que faz por necessidade, falamos de uma maneira imprópria, pois toda necessidade, ou

Quanto ao segundo nível, o do homem, encontramos neste uma dupla situação: por um lado ele é natureza física, corpo, sobre o qual recai o princípio necessitário (como é necessidade se a dor e a morte não são naturais, mas filhas do pecado?), assim como em todos os seres do universo; mas também alma racional, dotada de livre-arbítrio, que é um dom de Deus, graças à qual o homem é o único ser no universo que é livre[21], que não age necessariamente conforme regras predeterminadas, como os demais seres naturais.

E, para Agostinho, contrariamente ao que pensava Cícero, não existe nenhuma contradição em afirmar, ao mesmo tempo, a presciência divina e o livre-arbítrio da vontade humana. Pois,

> de ser certa para Deus a ordem de todas as coisas não se segue, contudo, não haver coisa alguma no arbítrio da vontade, *porque também nossa própria*

---

impossibilidade, está sujeita a sua vontade, e esta não se encontra sujeita a nenhuma necessidade ou impossibilidade, já que não há nada necessário ou impossível, a não ser que Deus o queira, e que ele queira ou não queira algo por necessidade ou impossibilidade é um erro. E como ele faz tudo que quer e nada mais do que o que quer, assim como nem a necessidade nem a impossibilidade precedem o seu querer ou não querer, da mesma forma, tampouco, se dá com o seu agir ou não agir, ainda que queira muitas coisas infalivelmente e as faça [...]. Pois, toda necessidade ou é uma coação ou uma proibição, que, ainda que contrárias, reduzem-se ao mesmo, como o necessário e o impossível. Tudo que existe por força se encontra impedido de não existir, e tudo que forçosamente não existe se encontra impedido de existir, do mesmo modo que o que necessariamente existe é impossível que não exista. E quando dizemos que é necessário que uma coisa exista ou não em Deus, não queremos dizer que haja nele uma necessidade que lhe obrigue ou que lhe proíba, mas que em todas as outras coisas existe uma necessidade que as impede de agir e que as obrigue a não agir, ao contrário do que ocorre em Deus" (*Cur Deus hom.*, II, 17, 2003, 139-140).

21. No tratado *Sobre o livre-arbítrio*, II, 18, 47–20, 54, Agostinho mostrará que o livre-arbítrio é um bem, que ele chama de "bem médio", visto que o homem pode usar tanto para o bem como para o mal. Contudo, ainda que usando-o mal, este não deixa de ser um bem, ou dom de Deus, uma vez que é graças a ele que o homem é livre. Ali, rebatendo as interrogações daqueles que dizem: "Explica-me agora, se é possível, por que razão Deus concedeu ao homem o livre-arbítrio da vontade [...]. Não seria melhor que ele não o recebesse, visto que é unicamente por ele que pecamos?"(*De lib. arb.*, II, 1, 1), Agostinho responde: "Entre os bens do corpo deparamos com alguns bens – as mãos, por exemplo –, que o homem pode usar sem retidão, e nem por isso afirmamos que eles não deviam ser dados, visto reconhecermos que são bens. Sendo assim, que admira haver igualmente no espírito certo bem [o livre-arbítrio], de que também podemos usar sem retidão, mas que, graças a existência dele, também, podemos usá-lo com retidão, e assim merecermos o justo prêmio?" (Ibid., II, 18, 48).

vontade se inclui na ordem das causas, certa para Deus e contida em sua presciência, visto ser causa das ações humanas. E, por conseguinte, quem sabe antemão todas as causas de todas as coisas não pode, sem dúvida, ignorar, entre as causas, nossa vontade, que soube de antemão ser causa de nossas ações (*De civ. Dei*, V, 9, 3. Itálico nosso)[22].

Por isso, Agostinho declara com muita convicção:

Contra todos esses sacrílegos e ímpios atrevimentos, afirmamos que Deus sabe todas as coisas antes de sucederem e que fazemos por nossa vontade quando sentimos e conhecemos não se fazer sem que o queiramos (*De civ. Dei*, V, 9, 1.3).

Raciocínio este que reaparece no diálogo *Sobre o livre-arbítrio*, que será examinado por nós no próximo tópico, mas que adiantaremos aqui para corroborar com as supracitadas palavras do tratado *Sobre a cidade de Deus*:

Realmente, só quando não está à nossa disposição o que queremos, é que podemos negar que temos o poder. Ora, quando queremos, se nos falta a mesma vontade, na realidade não queremos. A nossa vontade nem sequer seria vontade, se não estivesse em nosso poder. Ora, por isso mesmo que está em nosso poder, é livre para nós. Donde se segue que não neguemos que Deus é presciente de todos os acontecimentos futuros, e que apesar disso nós queiramos aquilo que queremos. Na verdade, uma vez que é presciente do ato da nossa vontade, esse ato de que Ele está presciente existirá. Por conseguinte, o ato da vontade existirá, porque Ele é presciente desse ato. Ora não poderá ser ato da vontade, se não estiver em nosso poder. Logo, também Deus é presciente desse nosso poder. Logo, esse poder não me é tirado pela presciência divina; será até mais certo para mim, pois aquele cuja presciência não se engana, antes conheceu que esse poder não me faltaria (*De lib. arb.*, III, 3, 8)[23].

---

22. Anselmo corrobora com esse argumento quando diz: "uma coisa que deve ser necessariamente, não segue sempre a presciência de Deus, posto que este conhece todos os futuros; no entanto, não os conhece todos como necessários, pois sabe de antemão que algumas coisas virão da vontade livre da criatura racional" (*De concord.*, I, 3, 2006, 28-29). E Lorenzo Valla, que diz: "LAV.: De facto, se Deus prevê que algo será feito pelo homem, não há nenhuma necessidade em que este o faça, porque o faz voluntariamente. E o que é voluntário não pode ser necessário" (VALLA, L., *Diálogo sobre o livre-arbítrio*, 41).
23. Jefferson Alves de Aquino ressalta que "a dissociação feita por Agostinho entre conhecimento dos efeitos e determinação dos efeitos é crucial à compreensão de sua ar-

E como exemplo de algo que é fruto exclusivamente de nossa vontade, sem que com isto não faça parte da presciência de Deus, Agostinho coloca o pecado – o mal:

> Não peca o homem precisamente por que Deus soube de antemão que haveria de pecar; diria mais, não se põe em dúvida que o homem peca quando peca, justamente porque aquele cuja presciência não pode enganar-se soube de antemão que nem o destino, nem a fatalidade, nem outra coisa havia de pecar, senão o próprio homem, que, se não quer, com certeza não peca; mas, se não quer pecar, também isto ele soube de antemão (*De civ. Dei*, V, 10, 2)[24].

Como se vê, Agostinho não nega que nossa vontade esteja dentro da ordem das causas criadas por Deus, ou da presciência divina, mas isso não implica que esta não seja livre, pelo contrário, ser livre é sua essência, ou sua necessidade, e Deus a conhece antecipadamente enquanto tal. Por isso, diz:

> É necessário que, se queremos, queiramos com livre-arbítrio, indubitavelmente dizemos verdade e não sujeitamos, por isso, o livre-arbítrio à necessidade, que suprime a liberdade. Pertence-nos, pois, a vontade e ela mesma faz tudo quando, querendo, fazemos, o que não se faria, se não quiséssemos (*De civ. Dei*, V, 10, 1).

---

gumentação perante a objeção de Evódio. A força de sua indagação conclama o esforço do mestre e amigo à formulação de uma dissociação entre conhecer o que devêm, e coagir o devir a vir a ser. Com efeito, para o bispo de Hipona o conhecimento das determinações seguintes à causa atuante primeira não exige a absolutidade dos efeitos como necessidade: que Deus tivesse conhecimento prévio da queda humana, em nenhum momento significa que seja seu causador, posto não tê-la forçado a acontecer. Assim, se Deus-causa primeira é isento da responsabilidade do mal, a que se deve este? Já o vimos: ao livre-arbítrio humano, que em sua autonomia de julgamento é capaz de inclinar-se à perfeição ou corrupção" (AQUINO, J. A. de, Leibniz e a teodiceia. O problema do mal e da liberdade humana, *Revista Philosophica*, Lisboa, v. 28 (2006) 49-66, aqui 52).

24. Igualmente diz Anselmo: "posto que pecar não é outra coisa senão querer o que não se deve, o pecado da vontade não é necessário, como não o é a vontade mesma; no entanto, é certo que, se o homem quer pecar, é necessário que peque, porém, com essa necessidade que, segundo disse acima, nem força nem impede. De sorte que, o que a vontade livre quer, pode e não pode não querê-lo, e é necessário que o queira. Ela pode, com efeito, não querê-lo antes de querê-lo, pois é livre; porém, uma vez que quer, não pode não querê-lo e é necessário que o queira, posto que é impossível que, por sua vez, queira e não queira ao mesmo tempo" (*De concord.*, 1, 3, 2006, 30).

E conclui:

Logo, não porque Deus soube o que havia de depender de nossa vontade, algo deixa de depender dele, pois quem o soube de antemão soube de antemão alguma coisa. Por conseguinte, se aquele que de antemão soube o que dependeria de nossa vontade não soube de antemão nada, mas soube alguma coisa, mesmo que ele seja presciente, algo depende de nossa vontade. Pois isso, de maneira alguma nos vemos constrangido, admitida a presciência de Deus, a suprimir o arbítrio da vontade ou, admitido o arbítrio da vontade, a negar em Deus a presciência do futuro, o que é verdadeira impiedade. Abraçamos, isso sim, ambas verdades, confessamo-las de coração fiel e sincero; uma, para que nossa fé seja reta, a outra, para nossa vida ser santa. Longe de nós negar a presciência, por querermos ser livres, visto que com seu auxílio somos livres ou seremos livres (*De civ. Dei*, V, 10, 2)[25].

Anselmo trabalha na mesma linha de raciocínio, quando, no opúsculo *Sobre a concordância da presciência, da predestinação e da graça*

---

25. Temos aqui um importante argumento que será usado mais tarde por Agostinho para justificar a não contradição entre graça/predestinação e livre-arbítrio humano; pelo fato de Deus predestinar ou conceder a alguns a chamada "graça eficaz", ou "irresistível", não significa que não reste mais nada a fazer, pelo contrário: o predestinado continua com a livre vontade para aceitar este tão grandioso convite e, em última instância, a não aceitar de jeito nenhum, pois, como veremos mais adiante, segundo Agostinho, podemos obrigar alguém a ser infeliz, mas feliz ele só será se quiser. Esta é a posição daqueles que classificam Agostinho como "compatibilista", que segundo Eleonore Stump é "a posição de que um ato que está sendo causalmente determinado é compatível com o fato de ser um ato pelo qual um agente é moralmente responsável ou um ato que um agente fez de vontade livre" (STUMP, E., Agostinho sobre o livre-arbítrio, 209, nota 1). Igualmente William Lane Craig, ao comentar acerca dos casos da traição de Judas e a negação de Pedro, como não podendo serem colocados na conta do que Deus predestinou para que acontecesse, diz: "Portanto, mesmo se admitirmos que muitas das profecias bíblicas estão baseadas em predestinação, no entanto, parece claro que a presciência de Deus de muitos outros eventos futuros não pode ser explicada assim. Porque a Bíblia ensina que os seres humanos têm liberdade genuína, e vem em muitos casos o que Deus faz depender de como eles respondem a suas iniciativas. Sua presciência do futuro não pode basear-se apenas na predestinação, dado que conhece de antemão os nossos pensamentos e intenções e até mesmo os nossos atos pecaminosos. Uma vez que Deus não é responsável por essas atividades humanas, segue-se que ele não as causou. Elas são, portanto, verdadeiramente, atos livres, ou contingentes, e a presciência de Deus deles é, portanto, presciência de ações futuras livres" (CRAIG, W. L., *O único Deus sábio*, 45). Daí conclui: "Em particular, ele conhece os atos futuros livres; um conhecimento essencial para a visão bíblica da história. Qualquer negação, portanto, de que Deus conhece os atos futuros livres é sub-bíblico e deve ser rejeitada pelo teólogo cristão e pelo filosofo da religião" (Ibid.).

divina com o livre-arbítrio, vê na questão uma "dupla necessidade"[26], o que significa que "o que Deus sabe de antemão existirá necessariamente, conforme sua presciência; todavia, é pois, necessário que ocorra algo sem necessidade" (*De concord.*, I, 1, 2006, 18), ou seja "é necessário, por um lado, que o que Deus conhece de antemão aconteça e, por

---

26. Anselmo, no seu diálogo *Por que Deus se fez homem?*, se utiliza do argumento da "dupla necessidade" para explicar a liberdade/necessidade da morte de Cristo, ao dizer que "se se diz que era necessário que ele morresse por sua própria vontade, porque a fé ou a profecia que a anunciava era verdadeira, não é outra coisa que dizer que era necessário que assim fosse porque assim havia de ser; porém, esta necessidade não cria a coisa, mas que a existência da coisa faz com que esta seja necessária, pois há uma necessidade precedente, que é a causa de que exista algo, e há uma necessidade subsequente, criada pela coisa mesma. Necessidade precedente e eficaz existe quando dizemos que o céu se move, pois é necessário que se mova; necessidade subsequente e ineficaz, quando digo que tu falas por necessidade no momento em que falas, já que, ao dizer isto, significa que é impossível que, se falas, não fales, porém não que outro te obrigues a falar. A violência da condição natural obriga o céu a mover-se; já em relação a ti, nenhuma necessidade te obriga a falar. Onde quer que haja uma necessidade precedente haverá também uma seguinte; porém, onde haja uma seguinte nem sempre existirá de fato uma precedente. Assim podemos dizer que é necessário que o céu se mova, porque de fato se move; porém, por outro lado, não é certo que tu falas porque é necessário que fales. Esta necessidade subsequente se aplica a todos os tempos nessa forma: o que existiu é necessário que tenha existido, o que existe é necessário que exista, o que tem de acontecer é necessário que aconteça. Esta é a necessidade que, segundo disse Aristóteles ao tratar das proposições singulares e futuras, parece fazer com que tudo seja necessário. Posto que, segundo a profecia relacionada a Cristo, este devia morrer voluntariamente e não forçosamente, e que era necessário que assim fosse em virtude desta necessidade consequente. Por sua própria vontade ele se fez homem, por ela fez e sofreu tudo quanto fez e sofreu, por ela quis o quanto quis. O que foi feito o foi por necessidade porque havia de ser, e havia de ser porque o foi, e foi porque foi; e se queres saber a verdadeira necessidade de todas as coisas que ele fez e sofreu, te direi que tudo foi feito por necessidade porque ele assim o quis; porém, a sua vontade não foi precedida por nenhuma necessidade; pelo que, sendo sua vontade a razão de ser dessas coisas, se ele não tivesse querido, nada se teria feito. Por isso, ninguém lhe tirou a vida sem sua permissão, voltando a retomá-la, pois tinha poder para deixá-la e para voltar a tomá-la, como ele disse" (*Cur Deus hom.*, II, 17, 2003, 142-143). Este argumento é usado também por Anselmo no referido diálogo para diluir a aparente contradição entre a salvação pela graça e a salvação pelos méritos (cf. Ibid., II, 5, 2003, 103), problema este que trataremos no último capítulo. Comentado a referência feita a Aristóteles, Paulo Ricardo Martines diz que "Anselmo teve acesso a essa discussão pelo próprio texto de Aristóteles e pelo comentário de Boécio ao *Peri Hermeneias*. Neste, Boécio descreve a dupla necessidade segundo os termos *simples* e *condicional* [...]. A mesma distinção aparece no *Consolação da filosofia* (V, pr. 6)" (MARTINES, P. R., *A liberdade em Anselmo de Cantuária*, Tese de Doutorado em Filosofia, Campinas, UNICAMP, 2000, 135-36, nota 15).

outro, que Deus sabe, também previamente, que há futuros que estão fora de toda necessidade" (Ibid.), distinção esta que mais adiante, no capítulo 3, chamará respectivamente de "necessidade precedente" e "necessidade subsequente", quando afirma que "os futuros livres não são necessários por uma necessidade precedente, mas subsequente", ou seja, "Deus conhece todos os futuros, mas sabe de antemão que alguns deles virão da vontade livre da criatura racional" (Ibid., I, 3, 2006, 28-29)[27].

Ou seja, no caso do pecado, por exemplo, Deus *sabia* de antemão que o homem haveria de pecar (1ª necessidade), mas *sabia* também que este pecaria voluntariamente contra a Sua vontade (2ª necessidade), caso contrário não estaria pecando, mas cumprindo a vontade de Deus. Daí conclui Anselmo:

> Se qualifico de futuro necessário o fato de que peques ou não peques, e unicamente por tua vontade, como Deus o prevê, não temos de entender a partir disto que haverá algo que impeça a vontade de realizar o ato ou que o obrigará a estabelecê-lo; o que Deus conhece de antemão, ele que prevê que uma coisa será feita só pela vontade, é que a vontade não é nem forçada nem impedida por nada, nem ninguém, e que o que ela realizará o faz livremente. Se se compreende bem isto, penso que nenhuma contradição impede a coexistência da presciência divina e o livre-arbítrio (Ibid., I, 2, 2006, 21-22)[28].

---

27. E mais adiante, afirma Anselmo: "Deus, que sabe toda a verdade e nada mais que a verdade, vê estas coisas como são, espontâneas ou necessárias, e como as vê, assim são. Esta consideração torna evidente que, sem nenhuma contradição, Deus conhece tudo de antemão, e que muitas coisas são feitas pela vontade livre, coisas que antes de existir podem não existir nunca; porém que, de certo modo, existem por necessidade, essa necessidade que, como já disse, deriva da vontade livre" (Ibid., I, 3, 2006, 31), ou seja, resta algo que depende da vontade livre para existir.

28. Juan Pegueroles vê uma mesma "dupla necessidade" em Agostinho, quando diz haver neste "uma *voluntas necessitatis* ou uma *necessitas voluntatis*" (PEGUEROLES, J., La libertad para el Bien en San Agustín, 103), e cita como exemplos uma passagem de Agostinho acerca da felicidade que diz: "Não se deve culpar a vontade, ou dizendo que não existe, ou que não é livre, pois de tal forma desejamos ser felizes que não só não queremos ser infelizes, como não desejamos de modo algo assim" (*Enchir. ad Laurentium*, 28, 105). Por isso conclui o supracitado comentador: "A necessidade, por mais paradoxal que pareça, é um elemento essencial na concepção agostiniana de liberdade. O ato plenamente livre (com *libertas*) é *necessariamente* voluntário, é amor *necessário* ao bem-para-mim, é amor *necessário* ao bem-em-si. Logo, a liberdade agostiniana não é *immunitas a necessitate*, senão *immunitas a servitute*" (PEGUEROLES, J., La libertad para el Bien en San Agustín, 105).

Outro argumento levantado por Anselmo no opúsculo *Sobre a concordância da presciência, da predestinação e da graça divina com o livre-arbítrio*, mais especificamente no capítulo 5, da questão I, centra-se no conceito de eternidade de Deus, ao que chamará de "sempre presente" ou "presente eterno" ou "presente contínuo". Ali o autor defende que, "enquanto muitas coisas são necessárias e imutáveis em relação com a eternidade, no tempo são livres e contingentes" (Ibid., I, 5, 2006, 37)[29], posto que, se em Deus não há tempo, a presciência divina as vê não como futuros para ela, mas como presentes em razão de sua eternidade.

Agostinho voltaria a enfrentar o problema em muitas outras obras e situações, como, por exemplo, no livro III do diálogo *Sobre o livre-arbítrio*, que, como vimos no início deste trabalho, em relação aos dois livros anteriores, é uma obra tardia, de um Agostinho já bispo, em confronto com os pelagianos[30], em que Evódio, seu interlocutor no Diálogo, levantaria a suspeita de haver incompatibilidade entre a livre-vontade humana e a presciência divina, conforme veremos no tópico seguinte.

2.3 Da suposta incompatibilidade entre o livre-arbítrio da vontade humana e a presciência divina no diálogo *Sobre o livre-arbítrio* de Santo Agostinho

Já no início do livro III do diálogo agostiniano *Sobre o livre-arbítrio*, o problema é levantado por Evódio, que, depois de ter sido convencido (livros I e II) de que a origem do mal está única e exclusivamente no livre-arbítrio da vontade humana, que se move, afastando-se do bem imu-

---

29. Esta será a base, mais adiante, das argumentações de Leibniz, na modernidade, para solução do que chamou de "problema dos futuros contingentes", ao afirmar que, em Deus, há "total simultaneidade" das coisas, passadas, presentes e futuras, isto é, que Deus conhece "virtualmente" os eventos futuros, porque nele não há tempo.

30. Acerca da importância do debate com os pelagianos, diz Marlesson Castelo Branco do Rêgo: "foi no contexto da controvérsia pelagiana que o tema sobre a liberdade e a necessidade alcançou maior vulto dentro do cristianismo, por causa das decisões conciliares, tomadas no decorrer da polêmica, servindo como uma espécie de 'balizamento' do pensamento cristão até os dias atuais. O cerne da discussão, dessa feita, não foi o problema do destino, mas os desdobramentos do 'pecado original'" (RÊGO, M. C. B. do, *Liberdade e graça*, 20).

tável, em direção aos bens mutáveis, busca agora uma causa para esse movimento. Ou seja, "de onde procede a inclinação pela qual a mesma vontade afasta-se daquele bem universal e imutável, para voltar-se em direção a bens particulares, alheios e inferiores, todos, aliás, sujeitos a mutações?" (*De lib. arb.*, III, 1, 1)[31]. Não seria ela uma causa necessitária, já que pelo pecado original o livre-arbítrio tem em si a inclinação natural para o mal? Se assim for, então o homem não é responsável pelo mal, uma vez que nasceu com tal disposição natural. Em outras palavras, resta a dúvida: o homem é verdadeiramente livre?

Para tentar comprovar sua suspeita, Evódio apresenta a complicada relação entre o livre-arbítrio da vontade humana e a presciência divina, a saber: se Deus conhece antecipadamente todas as coisas futuras, ou se acontece necessariamente o que ele prevê, como pode o homem ser verdadeiramente livre, se tudo quanto faz Deus já sabia de antemão que haveria de fazer? Não seria o homem um ser programado a fazer necessariamente o que Deus sabia que haveria de fazer? Nesse caso o homem não é responsável pelos seus pecados, já que Deus sabia que o primeiro homem havia de pecar. Ou "como, pois, pode existir uma vontade livre onde é evidente uma necessidade tão inevitável?" (*De lib. arb.*, III, 2, 4). Em caso contrário, Deus não é presciente, e o homem é responsável por seus atos.

Ou seja, Evódio traz à tona a mesma problemática de Cícero, apresentada por Agostinho no livro V do tratado *Sobre a cidade de Deus*, no sentido de ver uma contradição entre a livre vontade do homem e a presciência divina, conforme um trecho do diálogo entre Evódio e Agostinho:

> Ag. Com efeito, eis o que é causa de preocupação e admiração: como não admitir contradição e repugnância no fato de Deus, por um lado, prever todos os acontecimentos futuros e, por outro, nós pecarmos por livre vontade e não por necessidade? Tu dizes: realmente, se Deus prevê o pecado do homem, este há de pecar necessariamente. Ora, se isso é

---

31. Ou seja, Evódio continua preocupado em encontrar uma resposta à pergunta que fez no início da obra, quando, no início do livro I, como vimos, interrogava de forma similar: "Unde male faciamus"?, de onde vem o praticarmos o mal? (*De lib. arb.*, I, 2, 4)

necessário, não há, portanto, decisão voluntária no pecado, mas sim irrecusável e imutável necessidade. E desse raciocínio, receias precisamente chegarmos a uma das duas seguintes conclusões: ou negar em Deus, impiamente, a presciência de todos os acontecimentos futuros; ou bem, caso não possamos negá-lo, de admitir que pecamos, não voluntária, mas necessariamente. Mas haverá outro motivo de tua perplexidade?

Ev. Não, nada mais, no momento.

Ag. Então, tudo o que Deus prevê acontece, ao teu parecer, necessariamente, e não de modo voluntário ao homem?

Ev. É bem essa a minha opinião (Ibid., III, 3, 6).

Ao que continua Agostinho:

Ag. Assim sendo, sinto-me sumamente preocupado com uma questão: como pode ser que, pelo fato de Deus conhecer antecipadamente todas as coisas futuras, não venhamos nós a pecar, sem que isso seja necessariamente? De fato, afirmar que qualquer acontecimento possa se realizar sem que Deus o tenha previsto seria tentar destruir a presciência divina com desvairada impiedade. É porque, se Deus sabia que o primeiro homem havia de pecar – o que deve concordar comigo aquele que admite a presciência divina em relação aos acontecimentos futuros –, se assim se deu, eu não digo que por isso ele não devesse ter criado o homem, pois o criou bom, e o pecado em nada pode prejudicar a Deus. Além do que, depois de Deus ter manifestado toda a sua bondade criando, manifestou sua justiça punindo o pecado, e ainda digo que ele não devia ter criado o homem, mas, já que previra seu pecado como futuro, afirmo que isso devia inevitavelmente realizar-se. Como, pois, pode existir uma vontade livre onde é evidente uma necessidade tão inevitável? (*De lib. arb.*, III, 2, 4)[32].

---

32. Analisando esta passagem, diz Jefferson Alves de Aquino: "A discussão acerca da liberdade humana implica a avaliação da ação como causa de si ou efeito de outra causa. Se efeito de outra causa, vale perguntar acerca da possibilidade de inexistência da própria liberdade de ação, uma vez poder ser vista como mera reprodução de forças que sobre ela atuam; neste caso, a consideração da determinação causal significaria a exclusão da liberdade humana como causa primeira de sua ação. Porém, se não a admitimos como simples efeito de causalidade exterior, como estabelecer sua validade ante a postulação de causa anterior mediante a qual o agir humano mostra-se como consequência, efeito de determinação antecedente? Em outras palavras, se o homem é livre, que dizer de sua liberdade quando da consideração da existência de princípios atuantes anteriores à sua

Contudo, contrariamente a Cícero, que, como vimos no tópico anterior, negava a presciência do porvir e afirmava a liberdade do homem, Evódio, não podendo negar a existência de Deus como ser onipotente, onisciente e providente – premissa dada como evidente no livro II de *Sobre o livre-arbítrio* –, acaba por duvidar da liberdade do homem, o que leva Agostinho a buscar uma resposta que concilie ao mesmo tempo o livre-arbítrio da vontade humana e a presciência divina, que faz dele um pensador original em relação aos seus predecessores[33].

E para mostrar a Evódio que não existe contradição alguma entre a presciência divina e o livre-arbítrio da vontade humana, Agostinho, em *Sobre o livre-arbítrio*, cita, como exemplo, o caso da felicidade humana, quando, em diálogo, diz:

> Ag. Ainda que Deus preveja as nossas vontades futuras, não se segue que não queiramos algo sem vontade livre. Pois, ao dizer, a respeito da felicidade, que tu não te tornas feliz por ti mesmo, disseste isso como se talvez o tivesses negado. Ora, o que eu disse foi: quando chegares a ser feliz, tu não o serás contra a tua vontade, mas sim querendo-o livremente. Pois se Deus prevê tua felicidade futura, nada te pode acontecer senão o que ele previu, visto que, caso contrário, não haveria presciência. Todavia, não estamos obrigados a admitir a opinião, totalmente absurda e muito afastada da verdade, que tu poderás ser feliz sem o querer (Ibid., III, 3, 7)[34].

---

atuação?" (AQUINO, J. A. de, Leibniz e a teodiceia, 50). Esta visão necessitarista de Lutero o levará, mais tarde, a ser adepto da chamada "dupla predestinação incondicionada supralapsariana", ambas deterministicamente preordenada unicamente pela vontade divina, conforme veremos no quarto capítulo.

33. William Piauí destaca que "solucionar o problema dos futuros contingentes para os autores medievais que adotaram a fé cristã se torna ainda mais obrigatório, pois, se não for possível conciliar a presciência divina e a liberdade humana, não é só o universo da ética e da política, mas também o da religião cristã que acabam perdendo todo seu sentido. Assim, o problema dos futuros contingentes associado à figura de Deus cristão assumirá um nível de dificuldade e importância muito maior do que o que assumiu para os filósofos antigos; afinal de contas, não representaria o fim da crença em um determinado deus grego afirmar que ele não é onisciente ou que foi o responsável por determinado pecado cometido por um homem, casos que vários mitos narram e que de forma nenhuma poderia ser considerado como o fim da religiosidade dos gregos" (PIAUÍ, W. de S., Boécio e o problema dos futuros contingentes, 209).

34. Daí ter dito Étienne Gilson que o "livre-arbítrio é um bem, e mesmo a condição do maior dos bens, a beatitude: ser feliz é o objetivo final de todo ser humano; para sê-lo,

Para Agostinho, nada é mais livre do que o nosso próprio querer, que até para não querer é preciso querer: pois se queremos é porque queremos, e, caso não queiramos, é porque não queremos querer:

> Ag. De modo maravilhoso a verdade se manifestou por tua voz! Pois não poderias, de fato, encontrar nada que esteja em nosso poder senão aquilo que fazemos quando o queremos. Eis por que nada se encontra tão plenamente em nosso poder do que a própria vontade. Pois esta, desde que o queiramos, sem demora, estará disposta à execução. Assim, podemos muito bem dizer: não envelhecemos voluntariamente, mas por necessidade. Ou: não morremos voluntariamente, mas por necessidade. E outras coisas semelhantes. Contudo, que não queiramos voluntariamente aquilo que queremos, quem, mesmo em delírio, ousaria afirmar tal coisa? (Ibid., III, 3, 7).

Daí, respondendo aqueles que, contraditoriamente, questionavam que "se Deus previu de antemão a minha vontade futura, visto que nada pode acontecer senão o que ele previu, é necessário que eu queira o que ele previu de antemão. Ora, se é necessário que eu o queira, já não é mais voluntariamente que eu quis, mas necessariamente" (Ibid.), dizer ironicamente Agostinho:

> Ag. Ó insólita loucura! Pois como é possível acontecer exatamente aquilo que foi previsto por Deus, se a vontade, que ele previu a existência futura, não é vontade livre? [...] pois, se quando queremos, nos falta a própria vontade, certamente não queremos. Mas se, por impossível, acontecer que queiramos sem o querer, está claro que a vontade não falta a quem quer. E nada mais está tanto em nosso poder, quanto termos à nossa disposição o que queremos. Consequentemente, nossa vontade sequer seria mais vontade, se não estivesse em nosso poder. Ora, por isso mesmo, por estar em nosso poder, é que é livre para nós. Pois é claro que aquilo que não é livre para nós é o que não está em nosso poder, ou que não se encontra à nossa disposição. Eis por que, sem negar que Deus prevê todos os acontecimentos futuros, entretanto nós queremos livremente aquilo que queremos. Porque, se o objeto da presciência divina é a nossa vontade, é essa mesma vontade assim prevista que se

---

lhe é preciso voltar-se para o soberano bem, querê-lo e apreendê-lo. Portanto, precisa ser livre" (GILSON, É., *A filosofia na Idade Média*, 154).

realizará. Haverá, pois, um ato de vontade livre, já que Deus vê esse ato livre com antecedência. E por outro lado, não seria ato de nossa vontade, se ele não devesse estar em nosso poder. Portanto, Deus também previu esse poder. Logo, essa presciência não me tira o poder. Poder que me pertencerá tanto mais seguramente, quanto mais a presciência daquele que não pode se enganar previu que me pertenceria (Ibid., III, 3, 8).

Ou seja, semelhante ao que vimos no tópico anterior, quando do embate com Cícero, por não admitir acaso, Agostinho diz que na ordem das causas de tudo quanto acontece temos as "causas naturais" e as "causas volitivas". E é dentro desta segunda que devemos incluir o livre-arbítrio da vontade humana que Deus conhece de antemão[35].

E da mesma forma que acontece com a vida reta ou feliz, assim é com a vida perversa ou má, em que, "também, a vontade culpável, se acaso estiver em ti, não deixará de ser vontade livre, pelo fato de ter Deus previsto a existência futura dela" (*De lib. arb.*, III, 3, 7), pois, o fato de Deus prever seus pecados não significa que o obrigue ou o force a cometê-los, conforme diz Agostinho:

> Ag. De fato, a não ser que eu esteja enganado, tu *não obrigarás* de imediato a pecar aquele que *conheces de antemão* que haverá de pecar, e a tua

---

[35]. Claro que a questão poderia ser resolvida por outra via: pela defesa da onisciência divina, dado que a explicação reside no fato de que em Deus não há tempo, de forma que não tem sentido falar de um antes (passado) e um depois (futuro) em Deus, mas de um eterno presente. Logo, uma coisa que para nós homens acontecerá daqui a mil anos, em Deus já é agora, daí saber de antemão o que haverá de acontecer o que para nós se dará no futuro. E nesta teoria se basearão, mais tarde, outros pensadores, como Boécio, que, seguindo Agostinho, buscam superar a dificuldade com o conceito de *eternidade sempre presente de Deus*: Deus está em um lugar sem espaço, nem tempo, nem duração, daí tem uma *praenotio* (noção prévia, notícia) das coisas que acontecem necessariamente e das que acontece eventualmente ou voluntariamente. Tomás de Aquino segue Agostinho e Boécio, afirmando que em Deus há uma *total simultaneidade* das coisas, passadas, presentes e futuras. Leibniz, já na modernidade, segue Agostinho, Boécio e Tomás de Aquino, dizendo que Deus conhece os eventos necessários e futuros "virtualmente", porque nele não há tempo. Mas, no diálogo *Sobre o livre-arbítrio*, Agostinho e Evódio abandonam esta via, de forma que, como ressalta Marta Mendonça e Diogo Barbosa, "o termo *omniscientia* nunca figura no diálogo: não é adotado nem mesmo quando, alegadamente, Agostinho já conciliou os dois enunciados" (MENDONÇA, M.; BARBOSA, D. M., É possível conciliar presciência divina e liberdade humana? A resposta de Agostinho no De libero arbitrio, *Revista Civitas Augustiniana*, Porto, v. 1, n. 1 (2012) 59-78, aqui 70).

própria presciência *não o obriga* a pecar, embora *indubitavelmente* ele venha a pecar. Com efeito, de outro modo não conhecerias de antemão isso que virá a acontecer. Assim, tal como estas duas realidades não se opõem entre si – o fato de, pela tua presciência, conheceres o que outro virá a fazer com a sua vontade –, também Deus, sem forçar ninguém a pecar, prevê, contudo, os que hão de pecar por própria vontade (Ibid., III, 4, 10. Itálico nosso)[36].

Dito isto, Agostinho mostra que o livre-arbítrio é a única causa do pecado, e não existe uma causa da causa. Não existe nem uma força determinística extramundana (seja o destino/fatalismo natural ou a presciência divina), nem uma força mundana exterior a si mesmo (os condicionamentos sociopolíticos, por exemplo) que impulsione o livre-arbítrio a cometer o mal. A vontade é livre, antes de tudo, em relação consigo mesma[37]. Por isso Newton Bignotto, comentando a liberdade individual em Agostinho, diz: "Nele, o querer é uma faculdade interior, que não precisa se expressar em ação para possuir sua essência. Podemos obrigar alguém a fazer alguma coisa, mas nunca a querê-la" (1992, 333).

Assim sendo, para Agostinho, é sem sentido a pergunta: "Sendo a livre vontade a causa do pecado, qual é a causa do mesmo ato da vontade?" (*De lib. arb.*, III, 17, 48). Se buscarmos uma causa de onde vem a má vontade, não vamos encontrar senão a própria má vontade:

Ag. Mas enfim, anteriormente à vontade, qual poderia ser a causa determinante da vontade? Realmente, ou bem é a vontade ela mesma, e não se sai da raiz da vontade; ou bem não é a vontade, e então não há pecado algum. Logo,

---

36. Daí José Teixeira Neto dizer que "a presciência 'incluiria' a necessidade, mas não 'excluiria' o ato de vontade" (TEIXEIRA NETO, J., *O De libero arbítrio de S. Agostinho e o problema do mal*, Dissertação de Mestrado em Filosofia, Roma, Pontifícia Universidade Gregoriana, 2001, 29).

37. Agostinho admite sim, além do pecado espontâneo, o pecado por persuasão, mas, mesmo esse é fruto da vontade, pois ninguém é obrigado a querer o que não quer, conforme diz: "Apesar de que são duas as origens do pecado: uma, o pensamento espontâneo; outra, a persuasão de outrem [...]. Todavia, em um e outro caso, o pecado é sem dúvida voluntário. Isso porque, assim como ninguém ao pensar espontaneamente vem a pecar contra a própria vontade, do mesmo modo, ao consentir a uma má sugestão, certamente não consente sem por vontade própria. Todavia, pecar por si mesmo sem ser induzido a isso por ninguém, e persuadir a outrem a cometer pecado, por inveja e dolo, é certamente mais grave do que ser levado ao pecado por persuasão alheia" (*De lib. arb.*, III, 10, 29).

ou a vontade é a causa primeira do pecado, e nenhum pecado será causa primeira do pecado, e nada se pode imputar o pecado senão ao próprio pecador. Logo, não se pode imputar justamente o pecado a não ser a quem seja dono da vontade. Ou, afinal, a vontade não será mais a causa do pecado e, assim, não haverá mais pecado algum (Ibid., III, 17, 49).

Algo semelhante encontra-se no tratado *Contra Fortunato, maniqueu*:

Se queres buscar a raiz de todos os pecados, tens, pois, as palavras do Apóstolo: "A soberba é raiz de todos os males; seguindo a ela muitos se apartaram da fé e foram dar em muitos sofrimentos" (1Tm 6,10). Entretanto, não podemos buscar a raiz da raiz; ou, se há outro mal que não tenha por raiz a soberba, não é esta a raiz de todos os males. Se, pelo contrário, é verdade que ela é a raiz de todos os males, em vão buscaremos algum outro gênero de mal (*Contra Fort. man.*, 1, 21)[38].

Em síntese, a má vontade (o pecado) é ao mesmo tempo causa e efeito do mal (o pecado). Não como causa positiva, já que ambos (causa

---

38. Cf. também no tratado *Sobre a cidade de Deus*: "Ninguém procure, pois, a causa eficiente da má vontade, porque essa causa não é eficiente, mas sim deficiente, porque a vontade má não é uma eficiência mas uma deficiência [...]. Querer, portanto, descobrir uma causa desta defecção quando ela é, como disse, não eficiente mas deficiente, é como se se quisesse ver as trevas e ouvir o silêncio. [...] São duas coisas que conhecemos, mas nem uma pelos olhos nem a outra pelos ouvidos – não na espécie, mas na privação da espécie. Ninguém, portanto, procure saber de mim o que sei que não sei, salvo talvez o aprender a ignorar o que é preciso saber que não se pode saber. Efetivamente, o que se conhece, não pela substância, mas pela sua privação, de certo modo conhece-se, ignorando-a – se assim podemos falar e compreender – e ignora-se, conhecendo-a" (*De civ. Dei*, XII, 7). Apesar da aparente desculpa de não poder explicar racionalmente a questão neste texto, Italo Sciuto diz que "não se pode dizer que Agostinho tenha recorrido aqui a 'argumentos racionais sofísticos ou sofisticantes'. Na realidade, neste caso ele aplica rigorosamente o princípio aristotélico da impossibilidade do regresso causal ao infinito: o princípio do mal é a vontade livre mesma, que não pode ter uma alguma causa fora de si mesma" (SCIUTO, Í., Se Dio, perché il male?, in: PERISSINOTTO, L. (org.), *Agostino e il destino dell'Occidente*, Roma, Carocci, 2000, 61-78, aqui 73). Portanto, conclui Mariana Sérvulo da Cunha: "Agostinho baseia-se na tradição platônica para tratar do problema do mal; o mal é apresentado como *priuatio boni*, ausência do bem. Mas introduz modificações no conceito da tradição platônica: a *privação de bem* é atribuída à vontade causadora do mal. A causa do mal está na vontade corrompida, e esta não tem causa: provém antes de uma falta de causa (*causa deficiens*). No *De ciuitate Dei* lemos que não há *causa eficiente* (*causa efficiens*) para a má vontade, mas somente uma causa deficiente" (CUNHA, M. P. S. da, *O movimento da alma. A invenção por Agostinho do conceito de vontade*, Porto Alegre, Edipucrs, 2001, 74).

e efeito) se manifestam ontologicamente na vontade do homem, não como ser, mas como não-ser: defecção, privação ou distanciamento do bem – de Deus.

Portanto, está demonstrado que não existe necessitarismo algum, nem em Deus nem no homem, e que a má vontade é a única causa do pecado, o qual aparece, ao mesmo tempo, como causa e efeito do mal. Em síntese: o homem não está deterministicamente programado nem para o bem, nem para o mal.

Temos, pois, no diálogo entre Evódio e Agostinho acima exposto, um exemplo clássico do incompatibilismo teológico, cuja solução é eliminar um dos dois polos da questão, a saber: afirmar a presciência divina e negar o livre-arbítrio da vontade humana, que aqui seria assumida por Evódio, conforme resume Agostinho neste trecho do diálogo. Isto viria a acontecer também, mais tarde, na modernidade, quando Martinho Lutero, ao combater o "libertarismo incompatibilista" de Erasmo de Roterdã, o qual, a exemplo de Cícero, que afirmava o livre-arbítrio humano em detrimento da presciência divina, fazia um movimento contrário, negando o livre-arbítrio humano, pelo menos em relação ao homem depois da queda, ao que chama de "vontade cativa", e exaltava a vontade divina. Eis o que diz Lutero na obra *De servo arbitrio*, escrita em resposta a obra de Erasmo *De libero arbitrio diatribe sive collatio*, que ficaria conhecido simplesmente por *Diatribe*:

> [...] este é ponto capital de nossa disputa, em torno disso gira o grau dessa questão. Pois tratamos de investigar do que o livre-arbítro é capaz, o que sofre, de que modo se relaciona com a graça de Deus [...]. Assim, pois, em primeiro lugar é necessário e salutar que o cristão também que Deus de nada tem presciência de modo contingente; antes, ele prevê, se propõe e faz tudo com vontade imutável, eterna e infalível. Com este raio o livre-arbítrio é totalmente derrubado e destruído. Por isso, os que querem defender o livre-arbítrio devem negar esse raio, ou dissimulá-lo, ou afastá-lo de si de alguma outra maneira" (LUTERO, 1993, 29-30).

E continua com diversas passagens em que defende seu "fatalismo religioso incompatibilista", como, por exemplo:

> [...] certamente seria um Deus ridículo – ou melhor: um ídolo – aquele que previsse de modo invertido aquilo que há de acontecer ou que fosse enga-

nado pelos eventos; já que até os gentios concederam aos seus deuses um "destino inelutável". Porém, admitidas a presciência e a onipotência, segue-se naturalmente, por meio de uma lógica irresistível, que nós não fomos feitos por nós mesmos, e não vivemos nem fazemos coisa alguma que não [ocorra] através de sua onipotência [...]. Por isso, a presciência e a onipotência de Deus opõem-se diametralmente ao nosso livre-arbítrio. Pois, ou Deus se enganará em sua presciência e errará também ao agir (o que é impossível), ou nós agiremos e seremos conduzidos segundo a sua presciência e ação [...]. Digo que esta presciência e onipotência de Deus abolem completamente o dogma do livre-arbítrio (ibid., 137).

Em síntese, para Lutero, "Deus opera tudo em todos". E os incompatibilistas religiosos levam suas posições para além de questões mais sérias ou finais, como é o caso da eleição ou não dos salvos por Deus, incluindo também nos decretos de Deus questões corriqueiras.

O comentador William Craig cita o caso do escritor Nelson Pike, o qual, em um artigo famoso, a título de exemplo, para mostrar até onde vai o determinismo divino (a que chama de fatalismo teológico), cria um personagem fictício, chamado Jones, que estaria cortando a grama de seu jardim numa tarde de sábado. Para Pike,

uma vez que Deus é onisciente, ele sabia a 80 anos que Jones cortaria o seu gramado na tarde de sábado. E já que Deus não pode estar enganado, quando chega sábado à tarde, Jones não é capaz de abster-se de cortar seu gramado. A crença de Deus de que Jones cortaria o seu gramado está "oculta" no passado e não pode ser alterada, de modo que Jones não pode afetá-la de forma alguma. Desde que as crenças de Deus são infalíveis, Jones não tem em seu poder fazer qualquer coisa que não seja o que Deus acredita que ele fará (2016, 49)[39].

Para demonstrar a veracidade de sua tese, Nelson Pike sintetiza-a em 10 pontos lógicos, donde, no ponto 6, diz que, por sua vez, Jones só poderia abster-se de cortar seu gramado apenas se uma das seguintes alternativas for verdadeira:

i. Jones tem o poder de fazer que a crença de Deus seja falsa;
ii. Jones tem o poder de apagar a crença passada de Deus; ou

---

39. O artigo citado pelo supracitado comentador é: PIKE, N., Divine omniscience and voluntary action, *Philosophical Review*, v. 74 (1965) 27-46.

iii. Jones tem o poder de apagar a existência de Deus no passado (PIKE apud CRAIG, 2016, 50).

Ao que conclui no ponto 10:

10. Portanto, se Deus acredita que Jones cortará seu gramado no sábado à tarde, Jones não tem o poder de se abster de cortar seu gramado no sábado à tarde; ou seja, Jones não é livre (Ibid.).

William Craig, por sua vez, diz que o fatalismo lógico/teológico de Nelson Pike é falso, acrescentando-lhe uma quarta alternativa, que ele não pensou, no ponto 6, segundo a qual é mantida ao mesmo tempo a infalibilidade de Deus e a liberdade de Jones, a saber:

iv. Jones tem o poder de agir de uma maneira diferente, e se ele *agisse* dessa forma, Deus teria crido de forma diferente (2016, 68).

Ou seja, para o supracitado comentador,

Pike certamente está correto que a infalibilidade de Deus o impede de ter uma falsa crença. Mas essa mesma infalibilidade garante que se Jones *fosse* se abster, Deus teria uma crença *diferente*. Uma vez que Deus não pode ser confundido ou enganado, ele teria conhecido de antemão desde a eternidade se Jones *fosse* se abster. Deus não pode ter uma falsa crença. Portanto, o que quer que seja que Jones fará Deus conhece de antemão [...]. O que se segue unicamente que Jones *agirá* de uma determinada maneira, não que ele *deve* agir dessa maneira [...]. Ou seja, Pike, aparentemente pensou que o poder de Jones para agir de forma diferente, como previsto na alternativa (iv), significava que Jones tem o poder de apagar a crença passada de Deus e a substituir por outra. Mas este é um mal-entendido da alternativa. Uma vez que a presciência de Deus existente no passado (ou presente), é inalterável e imutável. Jones não tem o poder de apagar a presciência de Deus. Antes, a alternativa (iv) afirma que, se Jones *fosse* se abster (como ele realmente é capaz de fazer), então Deus *teria sempre* conhecido de antemão diferentemente [...]. [Conclusão]: Da presciência de Deus de uma ação livre, pode-se inferir somente que essa ação *irá* ocorrer, não que ela *deva ocorrer* [...]. O homem é livre para agir ou abster-se, e conforme o que ele escolher, Deus terá conhecido de antemão. Porque o conhecimento de Deus, embora *cronologicamente* anterior a ação, é *logicamente* posterior a ação e determinado por ela. Portanto, a presciência divina e a liberdade humana não são mutuamente exclusivas (2016, 68-69.71. Itálico nosso)[40].

---

40. William Lane Craig também defende o compatibilismo lógico-teológico noutra obra, desta feita escrita em conjunto com J. P. Moreland, notadamente na parte 3, capítulo 13. Cf. MORELAND, J. P.; CRAIG, W. L., *Filosofia e cosmovisão cristã*, São Paulo, Vida Nova, 2005, 333-354.

3
Da concordância entre o livre-arbítrio da vontade humana e a graça divina segundo Santo Agostinho

Como vimos, quando da distinção entre livre-arbítrio e liberdade, trabalhada por nós no primeiro capítulo, a partir do livro III do diálogo *Sobre o livre-arbítrio*, Agostinho apresenta o livre-arbítrio da vontade humana como algo frágil, danificado pelo pecado original, portanto incapaz de por si mesmo praticar o bem que quer, e ou a não fazer o mal que não quer (cf. Rm 7,19), daí a necessidade da introdução em seu sistema teológico/filosófico do conceito teológico de graça divina[1] como o elemento

---

1. Italo Sciuto ressalta o caráter teológico/filosófico da argumentação usada por Agostinho para resolver o último estágio do problema do mal, a saber: a questão da restauração do livre-arbítrio humano, cujo problema é restabelecer suas formas para que o homem não venha a cometer o mal: "Agostinho insiste continuamente sobre o significado moral do mal, mas revela a insuficiência dessa explicação, que pode resultar convincente só à luz de uma adequada interpretação teológica. Só a esse nível, de fato, é adequadamente possível colocar, não só a pergunta *quid sit?* e *unde malum?*, mas também e sobretudo aquela sobre o *cur?*. A visão ético-moral do mal é insuficiente enquanto não explica a totalidade do mal, não explica o fato de do mal em si preceder o ato voluntário. Há, no entanto, uma radicalidade que atinge a origem mesma das coisas e que, por isso, vai além da simples vontade. A explicação dessa radical originalidade, que Agostinho subtrai das

– antídoto ou remédio – capaz de restaurar o livre-arbítrio da vontade humana, restituindo-lhe a liberdade perdida com o pecado original.

Assim, ao apresentar o conceito de graça divina como o elemento responsável pela restauração do estado de decadência em que se encontram os descendentes de Adão, se, por um lado, Agostinho encerrava sua polêmica com os maniqueus, por outro, tocava em outro ponto que seria o motivo de mais uma grande polêmica envolvendo o problema do livre-arbítrio da vontade humana, desta vez com os pelagianos. Esses questionavam profundamente o conceito de pecado original, em especial a sua transmissão aos demais descendentes de Adão, e, consequentemente, a necessidade da graça redentora de Cristo[2]. Iniciava-se, assim, aquela que seria a última, e talvez a mais pesada tarefa a ser enfrentada por Agostinho antes de sua morte, conforme diz Federico Sciacca:

> Antes do descanso sabático, que não conhecerá o seu fim, o bispo de Hipona, já quase aos setenta anos, tinha que empreender, por Cristo e por sua

---

revelações bíblicas, se pode sintetizar, como é notado, no conceito de pecado original" (SCIUTO, Í., Se Dio, perché il male?, 74). Cf. também Franco de Capitani, que diz: "Com este último estágio sobre a causa da *voluntas improba* se fecha toda a série de dificuldades sobre a origem do pecado que tinham atormentado Evódio desde o princípio do diálogo" (DE CAPITANI, F., *Il De libero arbitrio di S. Agostino*, 164). Da mesma forma Gillian Evans, apontando as consequências que o conceito de pecado original provocou no pensamento futuro de Agostinho em relação ao problema do mal, diz: "Não resta dúvida de que a posição pessoal de Agostinho em relação ao problema do mal se modificou durante o período em que escreveu contra os pelagianos. Ele mesmo o reconhece nas *Retractationes*, ao reconsiderar o seu primeiro tratado sobre a liberdade da vontade, o *De libero arbitrio*. Quando o escreveu, queria entender como o mal surge na vontade. A controvérsia pelagiana fê-lo pensar sobre o processo de corrigir o dano" (EVANS, G. R., *Agostinho sobre o mal*, São Paulo, Paulus, 1995, 189).
2. Analisando a concepção de liberdade em Agostinho frente às duas polêmicas, Carlos Gardeazábal diz que "primeiro, contra os maniqueus, a liberdade humana aparece sólida, para logo depois, ao confrontar-se com os pelagianos, diminuir quase a ponto de negar a liberdade" (GARDEAZÁBAL, C., Libre arbítrio y libertas em San Agustin, *Saga*, n. 1 (1999) 21-31, aqui 22), motivo que levou os pelagianos a acusarem Agostinho de maniqueísmo, por diminuir a liberdade e supervalorizar o pecado original a ponto de o mal apresentar-se nos descendentes de Adão como uma quase-matéria, ou algo necessitário, conforme vimos em nosso primeiro capítulo. Mas, replica o mesmo comentador: "Santo Agostinho sabia da importância do livre-arbítrio para lograr uma correta definição de ser humano, por isso nunca chegou a anular essa propriedade em sua antropologia, ainda que a tenha diminuído profundamente" (Ibid.).

Igreja, a última grande e duríssima batalha, aquela que ficaria conhecida na história como "luta antipelagiana" (1955, 91)[3].

Era a controvérsia pelagiana que batia à sua porta. Frente a qual, conforme Agostino Trapè,

no início permaneceu às margens. Não conheceu os fatores das novas ideias, não tomou parte do Sínodo episcopal que em Cartago condenou Celéstio, discípulo de Pelágio, acusado por Paulino. Se limitou a refutar aquelas ideias com discursos e colóquios. O seu interesse, então, estava voltado à grande Conferência com os donatistas. Mas não tardou muito quando foi chamado pessoalmente à causa. Para tal, o chamou nos anos seguintes – 412 – o representante imperial Marcelino, preocupado com o crescente turbamento que a nova controvérsia provocava. As questões de Marcelino estão contidas na obra: *Sobre os méritos e a remissão dos pecados*, a primeira contra os pelagianos e a mais importante (2017, 295).

O que não foi de todo ruim para ele, pois, graças às provocações dos pelagianos, este se fez merecedor do título *Doutor da Graça*, de forma que, diz Luiz Cadiz, "desde 412 até os dias de hoje é Agostinho o escritor indispensável quando se quer tratar as questões relativas à graça. Depois do que ele disse, bem pouco se poderá acrescentar. Repete-se, sistematiza-se, mas nada além disso" (1944, 183).

E o próprio Agostinho, parafraseando o apóstolo Paulo (1Cor 9,19), agradece as provocações dos heréticos, visto que, diz ele, "a divina Providência permite que haja muitos hereges com diversos erros, para que, quando nos insultam e nos perguntam coisas que ignoramos, sacudamos

---

3. Victorino Capánaga, por sua vez, em sua introdução geral ao volume I da tradução espanhola da obra de Agostinho, publicada pela BAC e dedicada aos chamados *Tratados da graça*, diz que "nenhum teólogo, antes ou depois dele [Agostinho], se viu em circunstâncias mais difíceis nem com problemas tão árduos, e nem se propôs em resolvê-los com maior penetração e profundidade" (In: Agustín, San, *Tratados sobre la graça*, v. I, Madrid, La Editorial Católica/BAC, 1956, 4). Igualmente Peter Brown diz que "pela primeira vez em sua carreira de bispo, [Agostinho] viu-se confrontado com adversários de calibre igual ao seu, perante uma plateia capaz de julgar um caso puramente com base em seus méritos intelectuais" (Brown, P., *Santo Agostinho, uma biografia*, 430). E esse é uma declaração de confissão do próprio Agostinho, que em Carta diz: "Pois, o que grandes e agudas inteligências foram capazes de pensar, é inapropriado tanto evitar pelo silêncio, quanto por arrogância ignorar" (*Ep. 186*, 5, 13).

a preguiça e nos aguce o desejo de conhecer as Letras divinas. Por isso disse o Apóstolo: 'É necessário que haja heresias, para que entre vós se manifestem os bons'" (*De Gen. contra man.*, I, 1,2).

No cerne da polêmica com os pelagianos estava a graça divina, vista por estes como incompatível com o livre-arbítrio da vontade humana. Problema este que levaria Agostinho a escrever diversas obras, como, por exemplo, o tratado *Sobre a graça e o livre-arbítrio*, em resposta a uma Carta do irmão Valentino, do mosteiro de Adrumeto, em que, no início do capítulo I, declara o problema em pauta a ser resolvido:

> Já nos demos ao trabalho de falar e escrever sobejamente – quanto o Senhor nos permitiu – contra aqueles que advogam e defendem a liberdade do homem a ponto de se atreverem a negar e omitir a graça de Deus, com a qual ele nos chama e somos libertados de nossos deméritos e pela qual podemos alcançar a vida eterna. Mas, como há também alguns que, ao defenderem a graça de Deus, negam a liberdade ou que, ao defenderem a graça, julgam estarem negando a liberdade, levado pela caridade, decidi escrever-te a esse respeito, ó irmão Valentim, assim como aos outros que contigo estão a serviço de Deus (*De grat. et lib. arb.*, 1, 1)[4].

Como se vê, Agostinho pretende, com a referida obra, e não só nela, mas em todas as obras antipelagianas, enfrentar ou refutar os incompatibilistas pelagianos, os quais, para resolver o problema da suposta contradição entre o livre-arbítrio humano e a graça divina, optaram por excluir ou negar um dos polos da questão (a graça divina), afirmando, ou escolhendo, unicamente a livre vontade humana[5].

---

4. Questão essa igualmente levantada pelo discípulo de Anselmo, no início da obra *Sobre a liberdade do arbítrio*, assim resumida por Paulo Martines: "Ou o homem tem a capacidade de decidir a alternativa, e a graça não é mais indispensável para fazer o bem, ou o homem está privado de fazer o bem e a imputabilidade do pecado não tem cabimento" (MARTINES, P. R., A noção de liberdade em Anselmo de Cantuária, 107).

5. Anselmo, no início da questão III do opúsculo *Sobre a concordância da presciencia, da predestinação e da graça divina com o livre-arbítrio*, depois de apresentar citações bíblicas a favor e contra a ação do livre-arbítrio no processo de salvação do homem, anuncia o problema e sua resposta: "Assim como na Sagrada Escritura encontramos textos que parecem não levar em consideração senão a graça e outros que parecem apoiar somente o livre-arbítrio sem a graça, se tem encontrado pessoas orgulhosas que julgam que todo o valor das virtudes reside unicamente na liberdade; e ainda em nossos dias há

Pelágio (350?-428)⁶ havia lido alguns dos escritos de Agostinho, principalmente as *Confissões*, que circulavam amplamente pela Itália e aqueles que, por outro lado, se desesperam quanto à questão de se o livre-arbítrio é realmente algo. E, quanto a isso, por conseguinte, nossa questão, nossa finalidade, será a de demonstrar que o livre-arbítrio existe com a graça e coopera com ela em muitos casos, como o temos demonstrado no que se refere à presciência e à predestinação" (*De concord.*, III, 1, 2006, 71-72).

6. Apesar de ser costumeiro fazer-se referência a Pelágio como um monge irlandês ou da Bretânia, segundo Serafino Frete, "se tem discutido muito sobre a pátria de origem de Pelágio, e não está claro se nasceu na Irlanda ou na Inglaterra [...]. Há uma hipótese que tratou de conciliar as soluções opostas fazendo-o nascer na Inglaterra, de família irlandesa que havia emigrado deste país [...]. Ademais, nada sabemos dos primeiros anos de Pelágio, nem de sua educação" (FRETE, S., *Pelágio y el pelagianismo*, Barcelona: Litúrgica Española, 1962, 12). João Baptista Insuelas, por sua vez, diz que "o nome verdadeiro de Pelágio era Morgan. Do seu país de origem chamaram-lhe, mais tarde, Bretão, Brito e, por ser de além do mar, chamaram-lhe Marinho, em latim *Pelagius*, homem do Mar, pelo qual ficou conhecido na história" (INSUELAS, J. B., *Curso de patrologia. História da literatura antiga da Igreja*, Braga, Seminário de Braga, 1943, 443). Pelágio chegou a Roma em data incerta, para fazer seus estudos jurídicos e seguir a carreira que era habitual a todos os jovens daquela época. Ali se fez batizar entre 375-380 e, provavelmente influenciado por algum grupo espiritual da época, iniciou uma vida ascética e a pregação de sua doutrina, a qual entraria em choque com os intelectuais cristãos de Roma, especialmente com Hilário de Siracusa, o qual fez chegar até Agostinho as primeiras informações sobre a nova heresia. Durante o saque de Roma, em 410, Pelágio fugiu e se refugiou na África e de lá partiu para Jerusalém onde fixou residência e propagou suas ideias. Isso levaria Federico Sciacca a dizer: "Os profanos que desembarcaram na África não levaram a Agostinho somente os sofrimentos e queixas, que foram o ponto de partida para sua mais importante obra, *A cidade de Deus*, senão também vinha com eles um monge britânico, Pelágio" (SCIACCA, M. F., *San Agustín*, t. 1, Barcelona, Luis Miracle Editor, 1955, 91). Foi justamente em sua passagem pela África que Agostinho e Pelágio se conheceram pessoalmente, mais especificamente na Conferência de Cartago em 411, em que foi resolvida a questão donatista. Antes de o conhecer pessoalmente, Agostinho já o conhecia através de cartas dos amigos que reclamavam de suas pregações em Roma. Mas só dois anos depois, em 413, Agostinho recebeu e leu a obra de Pelágio, *Sobre a natureza*, contra a qual, em 415, escreveu uma refutação, o tratado *Sobre a natureza e a graça* (Sobre as poucas relações entre Agostinho e Pelágio, e como tomou conhecimento dos seus erros, cf. do próprio Agostinho a obra *De gestis Pelagii* 22, 46 e a *Ep.* 186, 1, 1; 8, 29). Aliás, por falar em suas obras, segundo João Baptista Insuelas, Pelágio era um homem vigoroso e sutil, mas sua produção literária era escassa. Têm-se notícias apenas de três obras: a) uma carta a Demetríade, escrita em 412; b) o tratado *Sobre a natureza*, de 413, e c) um *Comentário sobre as treze epístolas de São Paulo*, dirigido ao papa Inocêncio I, em 417 (cf. INSUELAS, J. B., *Curso de patrologia*, 443). Contrariamente a Insuelas, Angelo Paredi diz ser Pelágio "um escritor brilhante, que sabia ler e falar também em grego" (PAREDI, A., *Vita di sant'Agostino*, Milano, OR, 1989, 73,). O certo é que foi Celéstio, advogado, e mais tarde ordenado sacerdote em Éfeso, que se fez seu infatigável propagador, quem sistematizou e divulgou o pelagianismo. Mais do que isto, as ideias de Pelágio (e Celéstio) ganharam força no Oriente, recebendo a adesão de

África, e concordava com este quando afirma que, ao buscarmos uma solução para o problema do mal, é essencial que se mantenha o princípio de que Deus é o sumo bem. Assim, para ambos, qualquer explicação que implique diminuição da bondade de Deus deve-se considerar insatisfatória. E é aí que erravam os maniqueus, tanto para Agostinho como para os pelagianos, ao postularem que a infinitude de Deus era limitada pelo mal. Pelágio, assim como Agostinho, acreditava que no livre-arbítrio da vontade está a chave para a solução de todas as perguntas que envolvem a problemática do mal. Entretanto, a teoria pelagiana diferencia-se da agostiniana em pelo menos dois pontos, em torno dos quais gira toda a polêmica entre os dois supracitados pensadores.

---

padres e bispos, o que levou o bispo metropolita Eulólio de Cesareia a convocar um Sínodo entre os 14 bispos da região, que foi realizado em Dióspolis, no dia 20 de dezembro de 415. Os bispos não conseguiram refutar as teses pelagianas, e Pelágio foi absorvido e mantido na comunhão católica. A notícia da absolvição provocou dor e estupor no bispo de Hipona, o qual mandou buscar as *Atas* do Sínodo, as examinou atentamente e escreveu uma obra para demonstrar que os 14 bispos daquele Sínodo tinham, sim, absorvido Pelágio, não sem condenar o pelagianismo: Pelágio de fato foi absorvido porque habilmente não tinha reconhecido para si a doutrina contestada. A obra, dirigida ao bispo de Cartago, Aurélio, tem por título *De gestis Pelagii*. Alarmados com a proliferação do pelagianismo no Oriente, os bispos africanos, dentre eles Agostinho, convocaram um Concílio que foi realizado em Cartago, em 416, em que, além de condenarem o pelagianismo, assinaram um documento, elaborado por Agostinho, apresentando os erros de Pelágio e pedindo a condenação das teses pelagianas junto ao papa Inocêncio I. Como resposta, o papa condenou explicitamente Pelágio e Celéstio no dia 27 de janeiro de 417. Entretanto, ainda em 417, o papa Inocêncio I faleceu, sendo sucedido pelo papa Zósimo. Pelágio e Celéstio intercedem junto a este, para que suas condenações fossem revistas. Num primeiro momento, Zósimo repreendeu os bispos africanos, especialmente Agostinho, por suas acusações a Pelágio e Celéstio, que, a seu ver, pareciam-lhe excessivas. Mas, com o tempo, reconheceu que Agostinho tinha razão e confirmou a decisão do seu antecessor e enviou carta de condenação, a *Epistola tractoria*, a todos os bispos da região. Confirmada a condenação, Pelágio e Celéstio desapareceram de cena. Entretanto, deixaram como adepto o bispo Juliano de Eclano, o mais encarniçado e vigoroso adversário de Agostinho, o que, sem o querer, concorreu, mais do que ninguém, para que o santo doutor aprofundasse, com tanto vigor, a doutrina da justificação da graça e nos deixasse as mais importantes obras sobre o assunto que a humanidade pode ter, recebendo o merecido título de Doutor da Graça. Juliano, bispo de Eclano, na Itália, foi certamente o mais imponente dos pelagianos. Recusou-se a assinar a *Epistola tractoria* do papa Zósimo e foi deposto canonicamente do cargo de bispo e exilado pelo imperador. Foi do exílio que Juliano escreveu, durante 12 anos, contra Agostinho. Depois de Juliano, o pelagianismo foi continuado por muitos seguidores de Pelágio e só veio a ser condenado, definitivamente, no Concílio de Orange II, em 529, ou seja, cem anos após o falecimento de Agostinho.

Primeiro, para Pelágio e seus seguidores, o livre-arbítrio da vontade é a única e exclusiva causa do pecado tanto no primeiro homem (Adão) como em todos os homens, individualmente falando, negando toda e qualquer possibilidade do pecado por hereditariedade, ou seja, que a humanidade seja pecadora por causa do pecado original, conforme diz Agostinho na *Carta 190, a Optato* (de 418), citando o próprio Pelágio, que havia usado os argumentos de Agostinho e de Jerônimo[7] contra o traducionismo de Tertuliano para se defender, perante o papa Zósimo, da não necessidade do batismo das crianças:

> Se a alma não se propaga, senão que é unicamente a carne que recebe a transmissão do pecado, então somente ela merece o castigo. Portanto é injusto que uma alma que hoje nasce, e não da massa de Adão, leve um pecado alheio tão antigo; por isso não podemos admitir com razão alguma que Deus, que perdoa os pecados pessoais, impute um pecado alheio (*Ep. 190*, 6, 22).

Em segundo lugar, como defensor de um cristianismo enérgico, ou de uma Igreja de perfeitos[8], não no sentido donatista[9] mas que levasse os homens a não encontrarem nenhuma desculpa para permanecerem no pecado, os pelagianos vão buscar na livre vontade humana não só a

---

7. Jerônimo era um dos que refutava veementemente a propagação das almas por geração, contra o traducionismo, defendendo que "as almas são criadas individualmente, um de cada vez" por Deus à medida que do necessário, coisa que Agostinho não era tão convicto assim, tal como em relação ao traducionismo.

8. Cf. Angelo Paredi afirma: "Em Roma, Pelágio exerceu uma imensa sedução. Ensinava um rigoroso ascetismo, que procurava tornar absolutos os preceitos evangélicos da pobreza e da castidade" (PAREDI, A., *Vita di sant'Agostino*, 73), e com isto adquiriu fama de santidade, atraindo para seu grupo pessoas da alta classe social e autoridades civis e eclesiásticas.

9. O donatismo foi um movimento cismático no seio da Igreja, liderado por Donato, o qual pregava uma Igreja (no sentido eclesiástico da palavra, ou seja, de clérigos) só de santos ou perfeitos, radicalizando sua tese ao ponto de defender a exclusão do seio da Igreja de todos os clérigos que por ventura viessem a ser declarados impuros e, consequentemente, a anulação de todos os sacramentos por eles ministrados. Antes do advento do pelagianismo, Agostinho enfrentou os donatistas, defendendo que a Igreja Católica, apesar de fundada por Cristo, em seu peregrinar aqui na terra é formada por homens, comportando, portanto, em seu seio santos e pecadores, e que os sacramentos celebrados independem da conduta moral de cada um, pois são apenas instrumentos do verdadeiro ministrante, a saber, Cristo, ou seja, embora o homem celebre os sacramentos, é Cristo quem verdadeiramente batiza, absolve, abençoa, consagrada etc.

causa, mas o remédio ou antídoto do mal. Para eles, do mesmo modo que o homem peca voluntariamente, pode também livrar-se do pecado por suas próprias forças, conforme diz Agostinho acerca deles no tratado *Sobre a natureza e a graça*:

Pelágio faz atribuirmos a misericórdia e a ajuda medicinal do Salvador somente ao perdão dos pecados e nega a necessidade da ajuda para se evitar os futuros. Neste ponto se engana com funestas consequências e, embora sem perceber, proíbe-nos a oração e a vigilância, para não cairmos na tentação, ao defender que o resistir-lhe está em nosso poder (*De nat. et grat.*, 34, 39).

Ora, a ideia agostiniana de que a natureza humana, descendente de Adão, está de tal forma viciada pelo pecado original a ponto de não poder valer-se a si mesma, pois cairá inevitavelmente no pecado, pareceu a Pelágio uma desculpa[10]. O homem, sustentava ele, foi feito bom pelo Deus bom, e não pode haver defeito inerente à sua natureza.

Para os pelagianos, a ideia agostiniana de uma natureza decaída, ou de um livre-arbítrio fraco, cheirava a fatalismo maniqueu, daí ter sido acusado por eles de preservar em seu coração "um maniqueísmo in-

---

10. A esse respeito, Agustinho Belmonte, comentando a obra de Pelágio *De natura*, que deu origem, como resposta, ao tratado *Sobre a natureza e a graça*, diz: "Nesta obra, Pelágio desenvolve um ensino fundando-se numa concepção de uma natureza humana sadia, vigorosa, íntegra, capaz de cumprir a lei, levando vida imaculada. O homem pelagiano goza de perfeito equilíbrio moral. O pecado não atinge sua natureza, mas seu mérito. Quando peca, torna-se culpável de sua má ação. Perdoado, volta à sua perfeição. Não é prisioneiro de uma inclinação mórbida para o mal. Pelágio tem preocupações morais, ascéticas, não metafísicas. Considera o homem em suas possibilidades morais. Enaltece o vigor da natureza contra os cristãos indolentes, mórbidos, que queriam viver ao seu modo, não seguindo os métodos necessários para alcançar as virtudes, alegando a fraqueza humana, a impossibilidade de cumprir os mandamentos, de seguir o Evangelho. Pelágio era exigente com os que queriam seguir sua direção espiritual. Sua ética leva o germe de um idealismo moral rígido e seco. Exalta o primado e a eficácia do esforço voluntário na prática da virtude. Julga que está em poder do homem a eficácia da virtude, basta para isso seguir o livre-arbítrio e a lei moral" (BELMONTE, A., Introdução, in: AGOSTINHO, Santo, *A graça*, v. I. *A natureza e a graça*, São Paulo, Paulus, 1998a, 103-110, aqui 105). Ou seja, segundo Gerhard Schwarz, "Pelágio queria que nada limitasse a liberdade. Essa bastava até para justificar o homem e, portanto, a graça se tornava supérflua. A graça estava exclusivamente no fato de que o homem foi feito livre" (SCHWARZ, G., *Che cosa ha veramente detto S. Agostino*, Roma, Ubaldini, 1971, 136).

consciente"[11]. E não só para os pelagianos de seu tempo, mas ainda hoje há intérpretes que defendem tal hipótese, como é o caso de Agustinho Belmonte, que na introdução à sua tradução do *Sobre a graça de Cristo e o pecado original* diz:

> As obras de Agostinho, não obstante seu abandono do maniqueísmo, conservam inegáveis traços da sua experiência maniqueia, sobretudo pelo profundo pessimismo quanto à natureza humana, considerando-a eternamente corrompida. Pois, como consequência do pecado de Adão, sustenta que o homem é por si mesmo incapaz de fazer e, até mesmo, de querer o bem. Sua salvação depende, por isso, inteira e somente da graça que Deus lhe quiser conceder, independentemente dos seus méritos pessoais (In: AGOSTINHO, 1998b, 207)[12].

Tese esta que refutada de antemão por Carlo Terzi, que rebate com veemência aqueles que acusam Agostinho de permanecer maniqueu:

> a concepção agostiniana não se pode absolutamente confundir com aquela dos maniqueus, porque, enquanto para Agostinho o homem também de-

---

11. O próprio Agostinho nos traz informações de que era acusado de maniqueísmo pelos pelagianos. Ao lermos os motivos que o levaram a escrever a obra *Contra Juliano, obra incompleta,* encontramos o seguinte trecho em que Juliano usa de palavras duras para com Agostinho: "Jul.: Que diferença há entre o juízo de Mani sobre a natureza e o teu? Declara ele, dizes, que é má. Se tu o negas, confessas que é boa, e a discussão está terminada; e cairias então nas redes da verdade para a salvação. Mas tu protestas. Escutemos, ó Aristóteles dos cartagineses!, qual é a tua fala: 'Tão grande é o mal incrustado na natureza, que se converte em posse do diabo e merece o fogo eterno'" (*Contra Jul. op. incomp.,* III, 199).
12. Igualmente diz Joan O'Grandy: "Quando Agostinho se tornou cristão, sua devoção ao maniqueísmo e sua subsequente rejeição a ele exerceram certa influência sobre a maneira como expôs a doutrina cristã" (O'GRANDY, J., *Heresia. O jogo de poder das seitas cristãs nos primeiros séculos depois de Cristo,* São Paulo, Mercuryo, 1994, p. 82). E Jaroslav Pelikan, que diz: "A teoria de Agostinho da transmissão do pecado de geração a geração por meio da 'procriação carnal', como se fosse algum tipo de doença hereditária, parecia lembrar suspeitosamente a doutrina maniqueísta, o suficiente para provocar a acusação de um de seus contemporâneos que 'alguém que defende [a doutrina do] mal original é um completo maniqueísta'" (apud ALMEIDA, R. M. de, Vontade e liberdade no cristianismo. De São Paulo a Santo Agostinho, *Controvérsia,* São Leopoldo, v. 13, n. 1 (2017) 31-40, aqui 39). Bem como Robert Charles Sproul, que diz: "Embora Agostinho tenha sido um forte defensor do cristianismo bíblico, ainda podem-se encontrar traços do pensamento neoplatônico e maniqueísta em sua obra" (SPROUL, R. C., *Sola gratia,* 15).

pois do pecado original pode sempre operar o bem e conta com a ajuda da graça divina para cumprir isto com maior facilidade, para os maniqueus, ao contrário, o homem opera necessariamente o mal (1937, 63)[13].

Quanto a nós, seguimos aqueles que refutam a ideia de que Agostinho tenha permanecido maniqueu, pois, primeiro, não encontramos em nenhum momento do seu pensamento a defesa de um segundo princípio ontológico originante do mundo, ou duas naturezas originantes, uma boa e outra má (dualismo ontológico materialista), tal como defendiam os maniqueus. Ontologicamente, Agostinho é monista. Para ele, tudo deriva, por criação (*ex nihilo*), de um único princípio originante, Deus, que fez todas as coisas boas, de forma que não há mal ontológico, ou substancial ou material. Portanto, em segundo lugar, no que se refere à concepção de natureza humana em questão aqui, embora fale de duas naturezas, conforme vimos no capítulo anterior ("natureza primeira", antes da queda de Adão, e "natureza segunda", depois da queda de Adão)[14], mas trata-se de uma única natureza, que foi feita boa por Deus, no prin-

---

13. Defesa igualmente feita por outros agostinólogos da contemporaneidade, como Gregorio Armas, que diz: "Apesar de o santo ter sido acusado de determinismo por algumas frases suas em que afirma que 'há pecados necessários' e que 'o homem, pelo primeiro pecado, perdeu a liberdade', estas frases, entretanto, têm sido mal interpretadas. Por *pecados necessários* entende Santo Agostinho a ignorância e a concupiscência, enquanto incitam veementemente o pecado. Nenhuma delas – adverte o Santo Doutor – imputa a culpa. Quando fala de *liberdade perdida*, ele se refere à liberdade humana, livre de toda inclinação pecaminosa; tal liberdade foi perdida por Adão ao desobedecer" (ARMAS, G., *La moral de San Agustín*, Madrid, Asilo de Huérfanos del Sagrado Corazón de Jesús, 1955, 93). Da mesma forma argumenta Italo Sciuto: "De fato, o processo prevê momentos nos quais parece se afirmar um terrível determinismo negativo, sobretudo quando Agostinho expõe a sua célebre gradação triádica: o homem originário, adamítico, estava na condição de *poder não pecar*, porém, seguido do primeiro pecado, o homem histórico *não pôde não pecar*, enquanto a situação final prevê, para os eleitos, a condição de *não poder pecar*. Como se vê, no momento mediano, o homem parece determinado a pecar: de fato, Agostinho fala difusamente de *necessitas peccandi* para indicar o estado presente. Talvez, porém, o termo *necessitas* aqui não vai entendido no sentido rigorosamente lógico-metafísico, mas muito mais, como diz Leibniz, no sentido de necessidade moral que não é oposto a contingência" (SCIUTO, Í., Se Dio, perché il male?, 74).

14. A esse respeito diz Agostinho, no diálogo *Sobre o livre-arbítrio*: "Quanto ao termo 'natureza', entendemos de um jeito quando falamos em sentido próprio, isto é, a respeito da natureza humana, na qual o homem foi primeiramente criado inculpável em seu gênero; e de outro, quando dela tratamos como consequência da condenação [do primeiro homem],

cípio, mas que depois foi danificada em Adão, ou tornou-se má por livre vontade humana, conforme vimos no capítulo anterior. E que pode voltar a ser boa com a ajuda da graça divina. Portanto, não há dualismo ontológico, muito menos materialista.

Voltando aos pelagianos, estes, ao contrário de Agostinho, não acreditavam que o pecado de Adão houvesse manchado seus descendentes. Para eles, o homem é, ainda hoje, naturalmente bom[15], e por um ato de vontade pode retornar ao bem, sem precisar absolutamente da assistência divina para tal. Nesse caso, a graça divina não precisa entrar em cena para livrar o homem do mal que faz, pois encontra-se em si mesmo o antídoto do mal, mais especificamente na vontade[16]. Ou seja, pelo mesmo ato da vontade que leva o homem ao mal, tem-se o caminho de volta para o bem[17]. Assim sendo, Agostinho e os pelagianos estavam concordes quanto à causa do mal, mas discordavam quanto ao antídoto ou remédio contra o mal.

Não que os pelagianos negassem totalmente a graça, mas a entendiam num sentido diferente do que defendia Agostinho. Para os pelagianos, mantendo-se numa linha naturalista, a graça foi concedida a todos os homens naturalmente no momento do nascimento, e isto basta, ou

---

pois nascemos mortais, ignorantes e escravos da carne, tal como disse o Apóstolo: 'temos sido, como os demais, filhos da ira por natureza' (Ef 2,3)" (*De lib. arb.*, III, 19, 54).

15. Comparando as posições do maniqueísmo, do pelagianismo e de Agostinho, Saturnino Alvarez Turienzo, diz: "A natureza em Mani está demasiado malfeita; em Pelágio, demasiado boa; em Santo Agostinho é boa, mas desfalecida. Com efeito, pecou, e é desfalecida" (ALVAREZ TURIENZO, S., Entre los maniqueus y los pelagianos. Iniciación al problema del mal en San Agustín, *Revista La Ciudad de Dios*, Madrid, v.166 (1954) 87-125, aqui 117).

16. A esse respeito, Joaquim de Souza Teixeira diz que "Pelágio está na linha do voluntarismo dos antigos maniqueus, sendo mais consequente: cada um peca por si; Deus não pode me castigar pelos pecados dos outros; 'em Adão' significa 'como Adão'; mais radicalmente, o homem não deve invocar a sua fraqueza ou impotência para se desculpar de *querer* não pecar, já que lhe pertence uma estrutural *posse non peccare*" (TEIXEIRA, J. de S., Será o agostinismo um pessimismo?, 95-96).

17. Teoria esta que receberia o nome de *inpeccantia*, não por Agostinho, mas por São Jerônimo, que, nos *Dialogi adversus pelagianos*, se utiliza deste termo para definir a tese pelagiana de que o homem pode, por conta própria, viver sem pecar (cf. MARAFIOTI, D., *L'uomo tra legge e grazia. Analisi teologica del De spiritu et littera di S. Agostino*, Brescia, Morcelliana, 1983, 56-57).

é suficiente para que o homem se liberte do pecado (é a chamada graça genérica, ou criadora, ou natural, ou inicial, ou suficiente[18]), negando a necessidade de uma "graça sobrenatural". Para eles, todos nós temos este dom, ele está inerente à nossa natureza, que é essencialmente boa. Portanto, como observa Paul Gilbert, segundo os pelagianos,

para ascender à santidade, não precisamos de uma graça diferente da que nos foi obtida, de uma vez por todas, pelo Salvador. A boa vontade é suficiente, se ao menos se apropria dos meios. Ou seja, a graça específica de

---

18. Agostinho não nega a "graça natural", conforme veremos mais adiante, apenas nega que esta seja suficiente, pregando a necessidade de uma ajuda sobrenatural maior, a que chama de "graça redentora de Cristo". Inclusive, é com base neste primeiro tipo de graça, como dom natural extensivo a todos os homens, que Agostinho refutará mais tarde a ideia de uma "predestinação para o inferno", uma vez que, a princípio, o homem é um ser para Deus, ou seja, todos foram chamados desde o princípio, conforme diz no início das *Confissões*: "Fizeste-nos para ti, e inquieto está o nosso coração, enquanto não repousa em ti" (*Conf.*, I, 1, 1). Ao que comenta Franklin Leopoldo e Silva: "Na expressão 'Fizeste-nos para ti' este *para* indica que, na produção divina da criatura, está posta a aspiração ao retorno como característica essencial da criação divina. O contato como aspiração ao retorno está, portanto, primeiramente colocado como marca divina, imagem de Deus, lembrança de Deus, memória do Absoluto, não apenas impressa, mas incluída por Deus na própria dinâmica da relação, o que faz com que a capacidade de Deus, o *homo capax Dei*, deva ser entendida no modo de uma divinização característica da *obra divina* quando dela resulta a criatura (apud OLIVA, L. C. G., Antecedentes filosóficos e teológicos do conceito pascaliano de natureza humana, *Revista Kriterion*, Belo Horizonte, n. 114 (2006) 367-408, aqui 379. Itálicos do original). Ou seja, para Agostinho só há predestinados para o céu. Ademais, como se não bastasse, como o homem caiu na pessoa de Adão, Deus manda-lhe uma segunda graça, a graça sanante, ou redentora, na pessoa de Cristo e continuada na ação evangelizados da(s) Igreja(s), para restaurar a primeira condição perdida. Mas como nem todos respondem aos dois tipos de chamados, alguns, são condenados por conta própria, mas não predestinados ao inferno como interpretaram alguns, de que haveria uma "massa de condenados" em Agostinho. Enquanto outros, por razões que não sabemos, recebem um chamado especial para serem salvos independentemente dos méritos que venham a ter, recebendo a chamada "graça eficaz", ou "irresistível". São os chamados "eleitos ou predestinados à santidade", escolhidos por Deus para tal; por isso, segundo Paul Ricoeur, "para Agostinho, o mistério divino permanece totalmente, mas é o mistério da eleição: ninguém sabe porque Deus concede a graça a este ou àquele e não a outro. Pelo contrário, não há mistério da reprovação: a eleição é por graça, e a perdição é por direito, e é para justificar esta perdição de direito que Agostinho construiu a ideia de uma culpabilidade de natureza, herdada do primeiro homem, efetiva como um ato, e punível como um crime" (RICOEUR, P., *O pecado original*, 17).

Cristo torna-se inútil, sendo idêntica à graça genérica da criação; essa graça é suficiente para a santidade (1999, 49)[19].

Agostinho reconhece os princípios defendidos pelos pelagianos, de que toda natureza em si é boa, uma vez que todo ser vem de Deus, e que o livre-arbítrio da vontade é um bem, conforme vimos no capítulo anterior. Entretanto, para não ter que negar o caráter sobrenatural da graça

---

19. Saturnino Alavrez Turienzo, chama a essa "graça genérica" de *prima creatio*, quando diz: "Para Agostinho, em virtude do pecado de origem, o homem é natureza decaída. Por isso necessita ser socorrido de fora, algo como ser 'recriado', gratuitamente reposto em sua dignidade. Só na graça vê possibilidade do retorno à natureza boa. Ao pelagiano basta a *prima creatio*. O maniqueu ignora inclusive esta [...]. Ou seja, para Agostinho, a *prima creatio* salva a natureza para o bem, mas exige uma *recreatio* que redima da desnaturalização padecida com o pecado de origem" (ALVAREZ TURIENZO, S., Entre los maniqueus y los pelagianos, 112-113). Cf. também Nello Cipriani: "Pelágio não foi o campeão de uma moral sem a graça *tout court*. Todavia, a graça, para ele e os pelagianos de hoje, é uma ajuda divina para acrescentar um ideal que poderia dar-se também se Jesus Cristo não tivesse ressuscitado em seu verdadeiro corpo" (CIPRIANI, N., Lo stupore della Grazia non si può imporre, in: *Il potere e la grazia. Attualità di Sant'Agostino*, Roma, Nuova Òmicron, 1998, 115-123, aqui 116). E Maria Manuela Carvalho, que diz: "A ética pelagiana, ao afirmar a bondade da criação, declara que o homem é dotado de livre-arbítrio para cumprir o que Deus manda. Para tal, Deus educa o homem pela lei, pela palavra e vida de Jesus, e tudo isto é graça, isto é: é mediação exterior que leva o homem para o bem, para seguir o exemplo de Cristo. O bem é obra da liberdade do homem, e é naturalmente possível, porque Deus criou todas as condições para que o bem do homem se possa realizar. A graça não é negada, nem é afirmada a autonomia do homem frente a Deus, mas fica-se numa graça de criação incompatível com o livre-arbítrio, e numa ética onde germina um moralismo rígido e seco, que encontrará digno sucessor no formalismo kantiano. É a ética da lei, e é a salvação sem Salvador" (CARVALHO, M. M., Relação entre natureza e graça em Santo Agostinho, *Atas do Congresso Santo Agostinho. O Homem, Deus e a Cidade*, Leiria-Fátima, Centro de Formação e Cultura, 2005, 57-66, aqui 62). Daí, na página seguinte, chama a ética de Pelágio de "moralismo voluntarista", uma vez que, "de tal modo exaltou as forças na natureza, que rejeitou a misericórdia do médico e considerou supérfluo o salvador" (Ibid., 63). Esta será a doutrina que defenderá mais tarde o jesuíta Luís de Molina (1535-1600), pai do molinismo/naturalismo, que defendia de maneira radical a existência da graça suficiente em todos os homens, o que faria deles seres dotados suficientemente da graça natural para poder agir de acordo com os desígnios de Deus, conforme ressalta Diego Ramirez Luciano: "De acordo com o molinismo, todos os homens são dotados da graça suficiente, sem que nada falte ao homem para ele agir segundo os desígnios de Deus. Exclui-se, portanto, a graça eficaz, que corresponde ao socorro divino eficaz nas ações humanas livres e corretas" (LUCIANO, D. R., *A miséria como condição humana anterior ao socorro da graça divina em Santo Agostinho e Blaise Pascal*, 32).

redentora de Cristo, ou, como diz por diversas vezes no tratado *Sobre a natureza e a graça*, "para não tornar inútil a cruz de Cristo" (*De nat. et grat.*, 6, 6; 7, 7; 9, 10; 19, 21; 40, 47)[20], como fizera Pelágio[21], Agostinho é forçado a defender que a natureza humana se encontra decaída, danificada, impossibilitada de levantar-se por conta própria, necessitando, portanto, da graça divina para se reerguer[22]. E para não ter que cogitar

---

20. E explica: "Eis o que significa dizer 'tornar inútil a cruz de Cristo': sustentar que alguém possa ser justificado sem essa, justificado por meio da lei natural e do livre-arbítrio" (*De nat. et grat.*, 9, 10). Igualmente no tratado *Contra as duas epístolas dos pelagianos*, afirma: "Que coisa adianta aos noviços heréticos, inimigos da cruz de Cristo, opositores da graça divina, em dizer que estão salvos do erro maniqueu, se depois morrem pela doença do seu próprio erro?" (*Contra duas ep. pel.*, IV, 4, 4)

21. A esse respeito diz Philip Schaff, referindo-se ao sistema pelagiano: "Se a natureza humana não é corrupta, e a vontade natural é competente para todo bem, não precisamos de um redentor para criar em nós uma nova vontade e uma nova vida, mas apenas de alguém que nos melhore e enobreça; e a salvação é, essencialmente, obra do homem. O sistema pelagiano realmente não tem lugar para as ideias de redenção, expiação, regeneração e nova criação. Ele a substituiu pelos nossos próprios esforços de aperfeiçoar nossos poderes naturais e a mera adição da graça de Deus como suporte e ajuda valiosa. Foi somente por uma feliz inconsistência que Pelágio e seus adeptos permaneceram nas doutrinas da Igreja sobre a Trindade e da pessoa de Cristo. Logicamente, seu sistema conduzia a uma cristologia racionalista" (apud SPROUL, R. C., *Sola gratia*, 43).

22. Não podemos esquecer que Agostinho havia experimentado na própria pele a ação da graça redentora de Cristo, por ocasião de sua conversão. Por isso Paul Gilbert diz: "Durante os anos que precederam o batismo, Agostinho conheceu uma intensa luta entre as paixões dos sentidos e as exigências do Espírito. Esta luta terminou quando ele aceitou o sacramento do batismo [...]. As *Confissões* atribuem a Deus o mérito dessa libertação espiritual. Agostinho era demasiado consciente do peso de suas 'velhas amigas' para atribuir a si mesmo seu nascimento no Espírito" (GILBERT, P., Santo Agostinho, in: ID., *Introdução à teologia medieval*, São Paulo, Loyola, 1999, 43-58, aqui 48). Por isso, Louis Berkhof, fazendo uma comparação entre as personalidades de Agostinho e Pelágio, e, consequentemente, as posições delas decorrentes frente à necessidade da graça, diz: "Pelágio foi um monge britânico, um homem de vida austera, de um caráter impecável e temperamento constante, em parte talvez por esta mesma razão, alheio aqueles conflitos da alma, aquelas lutas com o pecado, e aquelas profundas experiências de uma graça renovadora, a qual teve tão profunda influência em moldar o pensamento de Agostinho" (BERKHOF, L., Las doctrinas del pecado y de la gracia según Pelagio y Agustin, in: ID., *História de las doctrinas cristianas*, Barcelona, El Estandart de la Verdad, 1995, 165-177, aqui 166). Igualmente diz Paul Ricoeur: "Agostinho é levado, pela própria experiência da sua conversão, pela experiência viva da resistência do desejo e do hábito à boa vontade, a recusar com todas as suas forças a ideia pelagiana de uma liberdade sem natureza adquirida, sem hábito, sem história e sem bagagens, que seria em cada um de nós um ponto singular e isolado de absoluta indeterminação da criação; o fim do livro VIII das *Confissões* é o testemunho

da possibilidade de que Deus tenha feito a natureza viciada, devemos concluir que alguma coisa a danificou. E este "algo" que a danificou não pode ser senão o pecado original cometido voluntariamente por Adão, o primeiro homem, e transmitido aos seus descendentes, conforme palavras de Agostinho, no tratado *Sobre a graça de Cristo e o pecado original*, citando o apóstolo Paulo:

> Com efeito, desde o tempo em que por meio de um só homem o pecado entrou no mundo e, pelo pecado, a morte, e assim a morte passou a todos os homens, porque todos pecaram (Rm 5,12), toda a "massa de perdição"[23] tornou-se possessão do corruptor (*De grat. Christi et pecc. orig.*, II, 29, 34. Itálico nosso)[24].

Daí a necessidade da graça de Cristo como remédio capaz de curar a humanidade das consequências do pecado original cometido por Adão e transmitido a seus descendentes, a esta se dá o nome de graça sanante[25], conforme diz no tratado *Sobre os méritos e a remissão dos pecados*:

---

desta experiência, que lembra São Paulo e anuncia Lutero, de uma vontade que escapa a si mesma e obedece a uma outra lei diferente de si" (RICOEUR, P., *O pecado original*, 15).

23. O termo *massa* é a tradução latina de *phyrama* que aparece em Romanos 9,21. Agostinho usa-a na questão 68, 3 do tratado *Sobre as oitenta e três questões diversas*, como "*massa* de pecado" (*massa peccati*), uma consequência do pecado original, a qual serve para justificar a vinda de Cristo para julgar os salvos e os condenados.

24. Alertamos que o termo "massa de perdição" aqui não significa que Agostinho venha a defender uma "predestinação dos condenados", ou seja, que alguns tenham sido predestinados naturalmente para o inferno, como defende alguns interpretes seus. Para o bispo de Hipona só existe predestinado para o bem, os que por acaso forem para o inferno irão por conta própria, conforme veremos mais adiante. O que Agostinho chama aqui de "massa de perdição", são todos os descendentes de Adão, lançados no mal pelo pecado de seu primeiro pai, mas que podem vir a ser salvos pela graça de Deus, daí o concluir a citação com "tornou-se possessão do corruptor", ou seja, a condenação não está "predestinada na natureza", mas é consequência do pecado voluntário (cf. OROZ RETA, J.; GALINDO RODRIGO, J. (org.), *El pensamiento de San Agustín para el hombre de hoy*, 331-332).

25. Além deste nome, nas obras agostinianas ela aparece também com outras nomenclaturas, como: graça assistencial, operativa ou operante, cooperante, preveniente, redentora, medicinal, eficaz etc., mas sempre no sentido de ajuda, auxílio ao pecador para que retorne ao seu estado de liberdade natural (natureza primeira), que era o de poder não pecar, perdida com o pecado original, ficando apenas com o querer, que, com pena pelo primeiro pecado, encontra-se também em estado de ignorância/deficiência, de forma que para querer o bem necessita igualmente da ajuda divina. Este é o sentido próprio da graça, ou verdadeira graça, adquirida unicamente por Cristo. O outro sentido – graça

O Senhor Jesus Cristo não por outro motivo veio ao mundo em carne e, depois de tomar a forma de escravo, se fez obediente até à morte na cruz [...], senão para vivificar, salvar, libertar, redimir, iluminar os que antes, aqui embaixo, sob a tirania do demônio, príncipe dos pecadores, estavam condenados à morte do pecado, à enfermidade, à escravidão, às trevas; e deste modo se fez mediador entre Deus e os homens, acabando, com a paz de sua graça, com a inimizade originada pela culpa e nos reconciliando com Deus para a vida eterna, depois de nos ter libertado da morte perpétua que nos ameaçava (*De pecc. mer. et rem. pecc.*, I, 26, 39)[26].

Entretanto, reiteramos, ao defender que a natureza humana está decaída ou manchada, não se quer afirmar que o homem tenha perdido totalmente sua liberdade com o pecado original, ou que nada se possa fazer em prol de sua salvação, o que seria puro determinismo (posição que defenderá mais tarde o calvinismo radical), mas tão somente que se perdeu a liberdade de ser plenamente justo ou perfeito. O homem continua agindo por livre vontade, conforme vimos no primeiro capítulo, em que tratamos da distinção entre livre-arbítrio e liberdade.

---

genérica –, como algo inerente à natureza humana, visto por Pelágio como a verdadeira graça, na realidade, segundo Luís Oliva, "trata-se de um sentido impróprio de graça. A verdadeira graça não é aquela pela qual fomos criados, mas aquela pela qual recebemos o dom da perseverança na fé" (OLIVA, L. C. G., Antecedentes filosóficos e teológicos do conceito pascaliano de natureza humana, 372).

26. Aqui gostaríamos de observar que apesar de parecer que tenhamos colocado o pecado original como condição da necessidade da graça redentora de Cristo, deve-se entender justamente o oposto, como ensina Agostino Trapè: "Da teologia da redenção Agostinho deduz a teologia do pecado original, e não ao contrário como geralmente se pensa" (TRAPÈ, A., Santo Agostino, in: BERARDINO, A. di (org.), *Patrologia*, v. III. *Dal Concilio di Nicea (325) al Concilio di Calcedonia (451)*, Roma, Marietti, 1983, 325-434, aqui 409). E mais adiante, na página 411: "Pela doutrina da redenção chega-se àquela, como foi dito, do pecado original, e, além disso, àquela da justificação, da graça e da predestinação". Na mesma linha de raciocínio diz Agustín Martínez: "Temos estas conclusões definitivas sobre o fato necessário da graça: a necessidade da graça é evidente para elevar o homem à ordem sobrenatural; [...] [ademais,] é necessária dada as dificuldades de o homem se conservar no bem depois do pecado original; e, finalmente, é *necessariamente existente* pelo sacrifício de Jesus, que, do contrário, se não nos fosse necessária, seria inútil a encarnação e o sangue do Verbo de Deus feito homem" (MARTÍNEZ, A., *San Agustín, ideario. Selección y estudio*, Buenos Aires, ESPASA/CALPE, ²1946, 58). Da mesma forma, Gerhard Schwarz, ao iniciar o capítulo VII de sua obra, intitulado *O pecado original*, diz: "Não é possível captar o pecado original senão recorrendo-se à encarnação do Verbo" (SCHWARZ, G., *Che cosa ha veramente detto S. Agostino*, 69).

O que Agostinho defende é que o livre-arbítrio é, por si mesmo, insuficiente para o homem alcançar a verdadeira perfeição, alcançável apenas por intermédio da graça divina[27]. Mas, mais uma vez, Agostinho diz que não há determinismo algum nisto, ou seja, que a graça não anula o livre-arbítrio, mas, ao contrário, devolve-lhe a plena liberdade adâmica[28]. Por isso, contra as acusações de haver contradição entre o livre-arbítrio da vontade e a graça divina[29], Agostinho diz, no tratado *Sobre o espírito e a letra*:

---

27. Cf. María del Carmen Dolby Múgica, que diz: "Deus pede ao homem que se esforce em renovar-se, em restituir-se como imagem que reflete a divindade [...]. Mas devido ao estado de natureza decaída em que se encontra o homem, este, por suas próprias forças, não pode encontrar com facilidade o sentido último das questões existenciais nem tampouco triunfar frente ao despotismo das paixões. A partir deste pressuposto, Agostinho defende a necessidade da fé, da graça divina para curar o homem, tanto de seu obscurantismo intelectual como de sua ruptura moral" (DOLBY MÚGICA, M. del C., *El hombre es imagen de Dios. Visión antropológica de San Agustín*, 148-149).

28. Na realidade, conforme observa Gillian Evans, com o pecado original o homem perdeu apenas a liberdade para o bem, pois, quanto ao mal, continua praticando-o voluntariamente, ou seja, o homem é livre apenas para o mal, pois para o bem precisa, necessariamente, da ajuda da graça divina. Ou seja, o que Adão perdeu e transmitiu aos seus descendentes foi a liberdade, não o livre-arbítrio (cf. EVANS, G. R., *Agostinho sobre o mal*, 189). Daí dizer Étienne Gilson: "A diferença entre o homem que tem a graça e aquele que não tem não está na posse ou não do seu livre-arbítrio, mas em sua eficiência. Aqueles que não têm graça reconhecem-se pelo fato de seu livre-arbítrio não se aplicar em querer o bem ou, se eles querem, em serem incapazes de realizá-lo; ao contrário, aqueles que tem a graça querem fazer o bem e obtêm sucesso nisso. Assim a graça pode ser definida: o que confere à vontade seja a força para querer o bem, seja para realizá-lo" (GILSON, É., *Introdução ao estudo de Santo Agostinho*, São Paulo, Discurso-Paulus, 2006, 303). E, noutra obra: "É a graça de Deus, e só ela, que nos torna verdadeiramente livres. Mas nem por isso a liberdade deixa de supor o livre-arbítrio, pois ela não é senão o livre-arbítrio libertado. É de Deus que vem a força para fazer o bem, mas é ao livre-arbítrio que incumbe fazê-lo" (BOEHNER, Ph.; GILSON, É., *História da filosofia cristã. Desde as origens até Nicolau de Cusa*, Petrópolis, Vozes, ²1982, 192).

29. Este é, segundo Étienne Gilson, "o problema mais temível, em meios aos quais a doutrina agostiniana da graça levanta: o de sua conciliação com o livre-arbítrio. Ora, é literalmente exato dizer que, do ponto de vista de Santo Agostinho, esse problema não existe" (GILSON, É., *Introdução ao estudo de Santo Agostinho*, 298). Igualmente diz Régis Jolivet: "Defende mal a graça aquele que [...] sacrifica o livre-arbítrio, e [...] defende mal o livre-arbítrio aquele que pretende sacrificar a graça. A Escritura nos impões um e outro, e a razão não nos diz nada contra a possibilidade de seu acordo" (JOLIVET, R., *El problema del mal en San Agustín*, Librería Nueva, 1941, 50). E Juan Pegueroles: "Todo ato da vontade é necessariamente voluntário. A vontade nunca quer *invita*; seria contraditório

Anulamos a liberdade pela graça? De forma alguma; consolidamo-la. Assim como a lei se fortalece pela fé, a liberdade não se anula pela graça, senão que é fortalecida por esta. Posto que assim como a mesma lei não se pode cumprir senão mediante o livre-arbítrio, pela lei se verifica o conhecimento do pecado; pela graça, a cura da alma dos males da concupiscência; pela cura da alma, a liberdade; pela liberdade, o amor à justiça; pelo amor à justiça, o cumprimento da lei. Desse modo, assim como a lei não é abolida, mas é fortalecida pela fé, visto que a fé implora a graça, pela qual se cumpre a lei, assim a liberdade não é anulada pela graça, mas consolidada, já que a graça cura a vontade, pela qual se ama livremente a justiça (*De spirit. et litt.*, 30, 52)[30].

Assim, diz Agustín Martínez, interpretando Agostinho,

a graça é uma ajuda, e temos de pensá-la como tal. O ajudado é a vontade, é o livre-arbítrio, para que se torne liberdade. Pois bem: se é ajuda, se é um dom que se recebe, na recepção mesma desse dom não se suprime a nossa autodeterminação: pelo contrário, o fato mesmo de ser a graça algo recebido supõe a vontade que recebe. Deus quer que recebamos seu convite livremente. A graça é, pois, convite, é apresentação a uma vontade livre. O homem pode livremente consentir ou rechaçar esta ajuda. Porque a graça não viola nem constrange, convida (1946, 63)[31].

---

querer sem querer. A mesma graça não força ao que não quer, mas faz com que queira: *ex nolente volentem facit*" (PEGUEROLES, J., La libertad para el Bien en San Agustín, 101).
    30. Igualmente no tratado *Contra Juliano, obra incompleta*, diz: "*Ag*.: Se entre as diferentes espécies de graças divina puseres o amor que vem do Pai, não o de nós mesmos, e que Deus outorga a seus filhos, segundo se lê na Escritura, e sem o qual ninguém vive em piedade, e com o qual ninguém vive sem piedade, sem o qual não existe boa vontade e com o qual ninguém tem senão a boa vontade, defenderias o livre-arbítrio e não o rechaçarias. No entanto, se entendes por necessidade uma força que te oprime contra teu querer, não há justiça, pois ninguém pode ser justo se não quer; mas faz a graça de Deus querer aquele que não queria. Se alguém pecasse em querer não estaria escrito: 'Selaste num saco meus pecados e tens anotado o que cometi contra minha vontade'" (*Contra Jul. op. incomp.*, III, 122). Mais do que isto, Agostinho escreveria uma obra específica, o tratado *Sobre a graça e o livre-arbítrio*, para combater aqueles que dizem haver contradição entre a graça divina e o livre-arbítrio da vontade humana, conforme está escrito logo no primeiro capítulo: "Há alguns que ao defender a graça de Deus negam o livro-arbítrio, ou que, quando defendem a graça, creem negar o livre-arbítrio" (*De grat. et lib. arb.*, 1, 1).
    31. Cf. também Argimiro Turrado, que diz: "Pela graça, atração, deleitação e caridade do Espírito Santo, fazemos necessariamente o bem, mas livre e voluntariamente, porque o que se faz com prazer e deleite é o mais voluntário e está conforme com o livre-arbítrio,

Ou seja, Deus dá a graça, mas não obriga o homem a recebê-la[32], conforme diz Agostinho no tratado *Sobre o espírito e a letra*:

do mesmo modo que o desejo da felicidade é inato ou necessário em todos os homens, e, no entanto, é assim mesmo o mais voluntário" (TURRADO, A., El problema del mal y la responsabilidad moral de las personas especialmente en la Ciudad de Dios de S. Agustín, *Revista Agustiniana*, v. 36 (1995), 733-789, aqui 769). E o comentador Paul Gilbert: "O renovar-se da criação do homem por meio da graça de Cristo não ocorre sem encontrar uma disposição espiritual que lhe seja aberta, ou mesmo que a antecipe formalmente" (GILBERT, P., Santo Agostinho, 51). Cf. também, Étienne Gilson: "sem a graça, o livre-arbítrio não quereria o bem, ou, se o quisesse, não poderia consumá-lo. Portanto, a graça não tem por efeito suprimir a vontade, mas, tendo esta se tornado má, fazê-la boa. Esse poder de utilizar direito o livre-arbítrio (*liberum arbitrium*) é precisamente a liberdade (*libertas*) (cf. Jo 15,5). Poder fazer o mal é inseparável do livre-arbítrio, mas poder não fazê-lo é um sinal de liberdade, e encontrar-se confirmado pela graça a ponto de não mais poder fazer o mal é o grau supremo de liberdade. O homem em que a graça de Cristo domina da maneira mais completa é, pois, também o mais livre: *libertas vera est Christo servire*" (GILSON, É., *A filosofia na Idade Média*, 155). E noutra obra: "A graça agostiniana pode, portanto, ser *irresistível* sem ser *constrangedora*, pois ou ela se adapta à livre escolha daqueles que ela decidiu salvar, ou, transformando internamente a vontade à qual se aplica, a graça faz a vontade se deleitar livremente com isso que seria repugnante sem a graça" (GILSON, É., *Introdução ao estudo de Santo Agostinho*, 295. Itálico nosso). Igualmente diz Juan Pegueroles: "O fim do homem é Deus, [...] mas para amar eficazmente a este Deus que é por sua vez paz e ordem, bem e verdade, necessito que me seja deleitável, que me agrade mais que os bens finitos. Esta é a ação da graça: fazer com que o fim, meu fim, me agrade, de modo que o queira eficazmente [...]. Santo Agostinho insiste: a graça não me arrasta (contra a minha vontade), me atrai. Não é que Deus queira no lugar do homem. É o homem quem quer, sob o influxo da graça [...]. Uma consequência importantíssima se deduz de todo o exposto: ação do homem é necessária, o homem tem de cooperar ativamente com a graça: *qui fecit sine te, non te iustificat sine te* (*Serm.* 169, 11, 13)" (PEGUEROLES, J., *El pensamiento filosófico de San Agustín*, Barcelona, Labor, 1972, 140-141). E John Feinberg falando acerca da "graça irresistível": "Embora os homens possam resistir à graça de Deus, ela é, todavia, infalível: acaba convencendo o pecador de seu estado depravado, convertendo-o, dando-lhe nova vida, e santificando-o. O Espírito Santo realiza isto sem coação. É como o rapaz apaixonado que ganha o amor de sua eleita, ela não acaba casando-se com ele, livremente. Deus age e o crente reage, livremente. Quem se perde tem consciência de que está livremente rejeitando a salvação. Alguns escarnecem de Deus, outros se enfurecem, outros adiam a decisão, outros demonstram total indiferença para com as coisas sagradas. Todos, porém, agem livremente" (FEINBERG, J. et al., Prefácio à edição brasileira, in: FEINBERG, J. et al, *Predestinação e livre-arbítrio*, São Paulo, Mundo Cristão, ³2000a, 5-18, aqui 8).

32. A esse respeito diz Ignacio L. Bernasconi: "É preciso dizer que os benefícios da graça não se restringem no mero oferecimento do auxílio divino, mas que dependem também de seu recebimento por parte da criatura. Precisamente porque o obrar divino não atua por imposição, mas por convite; Deus atrai, mas não arrasta, e inclui sua obra

[...] ninguém pode crer em algo apenas com o uso da liberdade sem a influência de uma persuasão ou chamado em relação em quem deve crer –, não há dúvida de que Deus opera no homem o próprio querer e sua misericórdia nos precede em tudo. Mas o consentimento ou o dissentimento ao chamado de Deus, conforme já afirmei, é obra da vontade própria (*De spirit. et litt.*, 34, 60)[33].

---

sempre 'com mão suavíssima e cheia de misericórdia' (*Conf.*, VI, 5, 7), é o homem quem deve dar sua aprovação para que, verdadeiramente, a graça divina possa oferecer-lhe todos seus benefícios" (BERNASCONI, I. L., *Libertad y gracia en San Agustín*, 990). Igualmente diz Benedict M. Guevin: "O dom da fé corresponde à preparação da vontade, de forma que possa crer; mas a vontade do crente não crê contra sua própria vontade. Neste sentido, o ser humano é um companheiro não obrigado no processo salvífico. Noutras palavras, há uma dupla gerência de ação: uma divina e outra humana" (GUEVIN, B. M., San Agustín y la cuestión de la doble predestinación. ¿Un protocalvinista?, *Augustinus*, v. 52 (2007) 89-94, aqui 91). E, finalmente, Norman Geisler: "A *origem* da salvação está na natureza de Deus, que é um ser amoroso (na sua onibenevolência), já a *base* da vontade divina em salvar os seres humanos pecadores encontra-se na sua onipotência e na capacidade concedida por Deus do livre-arbítrio humano [...]. Teologicamente, portanto, a salvação se origina na onibenevolência divina e é recebida mediante uma livre-decisão da parte dos seres humanos. A salvação é *concedida* por um ato de liberdade divina, e é *recebida* por um ato de liberdade. Francamente falando, este ato de liberdade conta com a ajuda da graça de Deus, mas a sua graça não efetua a salvação sem a cooperação da vontade humana" (GEISLER, N., *Teologia sistemática*, v. 2. *Pecado – salvação*, Rio de Janeiro, Casa Publicadora da Assembleia de Deus, 2010b, 163).

33. E antes já havia dito: "Deus, porém, quer que todos os homens se salvem e cheguem ao conhecimento da verdade, mas não ao ponto de lhes tirar a liberdade, da qual, usando bem ou mal, serão julgados com justiça" (*De spirit. et litt.*, 33, 58). Uma alusão a 1 Timóteo 2,4. Igualmente no *Manual sobre a fé, a esperança e a caridade, a Laurêncio*, diz: "Não basta só a vontade do homem, se não a acompanha a misericórdia de Deus; tampouco seria insuficiente a misericórdia de Deus se não vier acompanhada da vontade do homem" (*Enchir. ad Laurentium*, 9, 32). Daí ter dito João Marcelo Crubellate que, em Agostinho, "a graça não é força que se impõe de modo irresistível, senão precedida por um chamado ao qual se pode resistir" (CRUBELLATE, J. M., O intinerário da vontade na antropologia de Agostinho, *Revista Acta Scientarium - Human and Social Sciences*, Maringá, v. 33, n. 2 (2011) 173-179, aqui 176, nota 4). Ao que completa Carlos Gardeazábal: "A graça é irresistível nos poucos ou muitos escolhidos não porque submeta e controle a vontade humana, fazendo-a de escrava, mas porque pede uma resposta que corresponde ao mais profundo desejo e motivação do homem, com sua verdadeira identidade e, sendo o homem uma criatura de Deus, é capaz de responder a ela com liberdade (*libertas*), ou o que é igual, faz com todo coração e de acordo com a graça. O justo não o é por força, mas porque assim o deseja" (GARDEAZÁBAL, C., Libre arbítrio y libertas en San Agustin, 28). Igualmente diz Fabiano Oliveira: "A partir do ano 396, a começar pela obra *De diversis quaestionibus ad Simplicianum*, Agostinho passa a sustentar de maneira enfática que a fé é resultado do chamado gracioso de Deus (*De diver. quaest. ad Simplicianum*, I, 2, 10),

Pelas supracitadas palavras, pode-se perceber, comenta Ignacio L. Bernasconi, que "se a posição inicial do homem, em relação ao bem, é indefectivelmente passiva e receptiva, porque por si mesmo não pode senão possuir uma má vontade [...], é do homem que depende aceitar o convite divino para deixar-se conduzir efetivamente até ali" (2013, 98). "Por isso", completa, "em reiteradas ocasiões, o vínculo de associação entre a graça divina e a vontade humana é representado como um ato de colaboração mútua" (Ibid.). É o que defende Agostinho no tratado *Sobre a graça e o livre-arbítrio*, referindo-se à relação de cooperação entre a graça divina e o livre-arbítrio humano no processo de salvação do homem: "nem a graça de Deus só, nem ele só, senão a graça de Deus com ele" (*De grat. et lib. arb.*, 5, 12). E no tratado *Sobre diversas questões, a Simpliciano*: "O querer [o bem] quis que fosse obra sua e nossa: sua, chamando; nossa, seguindo seu chamado" (*De diver. quaest. ad Simplicianum*, I, 2, 10)[34].

---

um dom divino, sem que isso implique na supressão do livre-arbítrio, pois a graça opera habilitando o homem a desejar crer em Deus e em sua Palavra sem que isso deixe de ser um ato voluntário e livre resultante do amor que agora nutre por Deus (*Enchir. ad Laurentium*, 32; *De spirit. et litt.*, 30, 52)" (OLIVEIRA, F. de A., *João Calvino e Santo Agostinho sobre o conhecimento de Deus e o conhecimento de si. Um caso de disjunção teológico-filosófica*, Dissertação de Mestrado em Filosofia, São Paulo, USP, 2010, 101).

34. A esse respeito, diz José Antônio Galindo Rodrigo: "A graça e a liberdade atuam como dois coprincípios, constituídos por dois seres pessoais que levam a cabo a realidade única da ação moralmente boa. Com mais precisão, todavia: o coprincípio divino é por sua vez princípio permanente do coprincípio humano; e não o invalida, mas o sustenta e fortifica" (GALINDO RODRIGO, J. A., *La libertad como autodeterminación en San Agustin*, 303). E Luis F. Ladaria: "O influxo da graça para obrar o bem não elimina o livre-arbítrio do homem; as afirmações de Agostinho são claras a esse respeito; para ele o mais importante na liberdade humana não é a capacidade de eleição, mas a possibilidade de fazer o bem por termos sido libertados do mal e do pecado. A graça possibilita, portanto, a liberdade humana, e está longe de menosprezá-la" (LADARIA, L. F., *Antropología teológica*, Madrid, UPCM, 1987, 284). E, finalmente, Étienne Gilson: "A graça é um socorro que Deus põe à disposição do livre-arbítrio do homem; portanto, não o elimina, senão que coopera com ele, restituindo-lhe a eficácia para o bem de que o pecado lhe havia privado. Para fazer o bem se requerem duas condições: um dom de Deus, que é a graça, e o livre-arbítrio. Sem o livre-arbítrio, não haveria problema; sem a graça, o livre-arbítrio não quereria o bem ou, em caso de querê-lo, não poderia realiza-lo. Consequentemente, o efeito da graça não é suprimir a vontade, senão convertê-la de má – como se havia dito – em boa. Este poder de usar o bem do livre-arbítrio (*liberum arbitrium*) é precisamente a liberdade (*libertas*)" (GILSON, É., *A filosofia na Idade Média*, 127). Daí concluir Ignacio L. Bernasconi que "o nexo de colaboração entre Deus e o homem guarda muitas seme-

Temos aqui uma síntese do "compatibilismo/sinergismo agostiniano"[35], muito bem expresso em sua máxima "Deus, apesar de nos criar sem nós, não nos salvará sem nós" (cf. *Serm. 169*, 11, 13), contrariando aqueles que, mais tarde, na modernidade/contemporaneidade, acreditando numa suposta "depravação total"[36] do homem pelo pecado original, defendem uma salvação centrada exclusivamente em Deus, sem nenhuma participação do homem, a que ficará conhecida pelo nome de "monergismo", contra o "sinergismo", que defende a participação do homem no processo de salvação, conforme veremos no último capítulo[37].

---

lhanças à relação estabelecida entre o médico e o seu paciente: o primeiro atua sobre o segundo, mas só com o consentimento e a cooperação deste último" (BERNASCONI, I. L., *Libertad y gracia en San Agustín*, 102).

35. O "sinergismo", contrariamente ao "monergismo", defende que o homem participa do processo de salvação, reagindo positivamente ao chamado da graça divina. Encontramos um exemplo de sinergismo no tratado *Sobre diversas questões, a Simpliciano*, em especial quando Agostinho faz o seguinte questionamento: "Por que essa misericórdia foi recusada a Esaú, de modo que não foi chamado, para, chamado, receber a fé, crendo, praticar a misericórdia, e para bem agir? Terá sido por que não quis?". Responde: "De um modo, Deus concede que queiramos, de outro, o que queremos. Pois, para que queiramos, ele quis e nós quisemos, ele chamando, nós seguindo. Pois somente ele concede o que queremos, isto é, poder agir bem e viver sempre feliz" (*De diver. quaest. ad Simplicianum*, I, 2, 10). E mais adiante completa: "De fato, se se diz 'não de quem quer nem de quem corre, mas de Deus misericordioso', somente porque não basta só a vontade do homem para vivermos reta e justamente, se não formos ajudados por Deus, então pode-se também dizer: 'portanto não é de Deus misericordioso se não se acrescentar o consentimento da nossa vontade'" (Ibid., I, 2, 12).

36. Segundo John Feinberg et al, pela doutrina da depravação total defende-se que "o homem natural não pode apreciar sequer as coisas de Deus. Menos ainda salvar-se. Ele é cego, surdo, mudo, impotente, leproso espiritual, morto em seu pecado, insensível à graça comum. Se Deus não tomar a iniciativa, infundindo-lhe fé salvadora, e fazendo-o ressuscitar espiritualmente, o homem natural continuará morto eternamente" (FEINBERG, J. et al., Prefácio à edição brasileira, 7). Essa é a doutrina de Lutero, o qual, "valendo-se da experiência que o fez estremecer até o âmago de seu ser – Deus é o autor único da salvação. Apenas Deus, inteiramente e absolutamente: pois o homem pode realmente entravar a obra de justificação, secundá-la ou ajudá-la, mas colaborar para ela no que quer que seja, jamais [...]" (apud FEBVRE, L., *O problema da incredulidade no século XVI. A religião de Rebelais*, São Paulo, Companhia das Letras, 2009, 248).

37. Corroborando com o sinergismo, Lina Boff, em artigo contrapondo o libertarismo reencanacionista do espiritismo à ressurreição/redenção cristã, diz que "a fé na ressurreição redime toda a criação e salva toda a espécie humana. Essa salvação vem unicamente de Deus, sim, mas inclui a abertura e a colaboração do ser humano ao dom da salvação, ao longo de sua vida terrena, as quais passam pelo arrependimento a fim de

Voltando à questão anterior, é bom salientar que, mesmo quando Agostinho diz que a graça tem o poder de restaurar ou devolver ao livre-arbítrio o poder da liberdade perdida em Adão, não significa que o homem alcance uma liberdade plena, ou a "verdadeira liberdade", existente unicamente em Deus e que consiste em querer e fazer unicamente o bem, conforme vimos no primeiro capítulo, quando falamos da igualdade e da diferença entre livre-arbítrio e liberdade.

Os pelagianos, ao contrário, pregavam que o homem goza de plena liberdade, independente do pecado de Adão, e mais do que isto, segundo Francisco Weissmann, para eles

> *a liberdade humana é posta no mesmo nível da liberdade de Deus*. Esta liberdade se origina em Deus e, portanto, é feita à imagem e semelhança de Deus [...]. Para Pelágio [a liberdade dada aos homens] é, essencialmente, uma liberdade absoluta. Em contrapartida, para Agostinho, a liberdade é relativa e é semelhante (não igual) à liberdade de Deus, estando sempre condicionada por sua causa, que é Deus (1994, 98. Itálico nosso).

Ao que reage Agostinho dizendo que até mesmo a liberdade de Adão, no paraíso, antes do pecado, não era igual à liberdade de Deus, que Adão, em última instância, dependia da graça (da ajuda) de Deus para querer e realizar o bem. Do mesmo modo, os bem-aventurados, na vida eterna, terão uma liberdade inferior àquela de Deus[38]. Ora, se a liberdade de

---

receber o perdão dos pecados" (BOFF, L., A fé na ressurreição e a crença na reencarnação, in: MIRANDA, M. de F. (org.), *A pessoa e a mensagem de Jesus*, São Paulo, Loyola, 2002, 125-142, aqui 135). Norman Geisler, por sua vez, diz que, por conta do pecado original, "o pecador é incapaz de fazer estas coisas por *si mesmo* (por suas próprias forças); por ter perdido a sua vida espiritual, ele necessita da ajuda da graça de Deus que age em cooperação com a vontade do pecador em aceitar a Cristo. *A depravação total,* portanto, significa a 'total incapacidade de alcançar/obter a solução para os nossos pecados por nós mesmos', *e não* a 'total incapacidade de aceitá-la da parte de Deus'" (GEISLER, N., *Teologia sistemática*, v. 2, 107).

38. Isto é que vemos na passagem do tratado *Sobre a cidade de Deus,* já citada por nós no primeiro capítulo: "Nem mesmo os bem-aventurados serão privados de *liberum arbitrium,* por não poderem deleitar-se nos pecados. Pelo contrário serão tanto mais livres quanto mais libertos estejam do prazer de pecar até alcançarem o prazer indeclinável de não pecar. O primeiro *liberum arbitrium,* que foi dado ao homem quando Deus o criou na retidão, consistia em poder não pecar, mas também podia pecar; mas este último será superior aquele de forma que já não poderá pecar. Mas isto também é dom de Deus, e não

Adão e dos bem-aventurados na vida eterna não são nem serão iguais à liberdade em Deus, quanto mais a do homem atual, que não tem sequer a liberdade que tinha Adão. De forma que todos, Adão e seus descendentes, dependem da graça divina para alcançarem a "verdadeira liberdade" em Deus[39]. É a tão conhecida máxima paulina/agostiniana de que "não há salvação fora da graça", popularizada pelo protestantismo histórico ao longo dos últimos séculos por "só Jesus salva"[40]. Daí ter dito Agostinho no tratado *Sobre a correção e a graça*:

> Assim, o desejo da graça é início da graça, da qual fala o salmista: "Então eu digo: agora começo: está mudada a destra do Altíssimo" (Sl 76,11). Consequentemente, devemos confessar que temos liberdade para fazer o mal e o bem; mas para fazer o mal, é mister libertar-se da justiça e servir ao pecado, ao passo que na prática do bem, ninguém é livre se não é libertado por aquele que disse: "Se, pois, o Filho vos libertar; sereis, realmente, livres" (Jo 8,36). Mas ninguém pense que, uma vez libertado da sujeição ao pecado, não lhe é mais necessário o auxílio do libertador. Pelo contrário, ouvindo

---

um poder natural. Porque uma coisa é ser Deus, e outra é participar de Deus. Deus por natureza não pode pecar, mas o participante em Deus recebe dele o dom de não poder pecar" (*De civ. Dei*, XXII, 30, 3).

39. No final do tratado *Sobre o espírito e a letra*, respondendo à pergunta do tribuno Marcelino, que havia lido uma obra anterior, intitulada *Sobre os méritos e a remissão dos pecados*, em que fala "sobre a possibilidade de o homem viver sem pecado", Agostinho diz: "'Se me perguntarem se o ser humano pode viver nesta vida sem pecados, confessarei que o pode pela graça de Deus e o bom uso da sua liberdade, não duvidando de que a liberdade pertence também à ordem da graça, isto é, aos dons de Deus, não somente quanto à sua existência, mas também enquanto pratica o bem, ou seja, enquanto se converte ao cumprimento dos mandamentos do Senhor. Assim, a graça de Deus não somente manifesta o que há de fazer, mas também o ajuda para que possa fazer o que a graça manifesta'" (*De spirit. et litt.*, 35, 62). E no tratado *Sobre a graça e o livre-arbítrio*: "Pode-se concluir que não só o ímpio se justifica pela graça, ou seja, de ímpio se torne justo, quando recebe o bem pelo mal, a graça de acompanhá-lo e nela se apoie para não cair" (*De grat. et lib. arb.*, 6, 13). Como se vê, a vida de um cristão, "segundo Agostinho, é marcada do início ao fim pela graça. Seja para iniciar o processo de inclinação da vontade para os bens eternos, seja para manter o convertido firme e perseverante até o último dia de sua vida" (GUIMARÃES, E. de M., *O conceito de vontade em Agostinho*, Dissertação de Mestrado em Filosofia, Brasília, UnB, 2008, 77-78).

40. Eis mais um forte sinal da necessidade da graça redentora de Cristo como condição indispensável para a salvação, contra os pelagianos, e, na modernidade, contra os libertaristas, defensores da autonomia da vontade como sujeito moral autossuficiente capaz de alcançar a salvação.

dele: "Sem mim nada podeis fazer" (Jo 15,5), responda-lhe: "Tu és minha ajuda; não me deixes" (Sl 26,9) (*De corrept. et grat.*, 1, 2)[41].

Entretanto, vale salientar, o fato de dizer que, "em última instância", quem salva é a graça, não significa afirmar que os méritos, que são filhos do livre-arbítrio da vontade humana, sejam totalmente desnecessários para a salvação, como entenderam alguns interpretes de Agostinho ao longo dos tempos[42], mas tão somente que tais méritos são já um sinal da graça, uma espécie de "bola de neve", em que ambos se ajudam mutuamente, a que Agostinho chama de "graça sobre graça", conforme vemos no tratado *Sobre a graça e o livre-arbítrio*:

> O próprio Apóstolo, ao dizer: "Pela graça fostes salvo. Por meio da fé, e isso não vem de vós, é um dom de Deus; não vem das obras, para que ninguém se encha de orgulho", percebeu que os homens poderiam interpretar que as boas obras não são necessárias, mas basta-lhes a fé, como também que os homens poderiam se orgulhar das boas obras, como se se bastasse a si mesmos. Por isso acrescentou em seguida: "Pois somos criaturas dele, criadas em Cristo Jesus para as boas obras que Deus já antes tinha preparado para que nelas andássemos" (Ef 2,8-10) [...]. Assim, caríssimos, se a vida reta nada mais é que a graça de Deus, a vida eterna, recompensa da vida reta, é, sem dúvida, a graça de Deus, a qual é outorgada gratuitamente, porque é dada

---

41. E no tratado *Sobre o espírito e a letra*: "Esta é a fé pela qual se salvam aqueles a quem se diz: 'Pela graça fomos salvos, por meio da fé, e isso não vem de vós, é dom de Deus; não vem das obras, para que ninguém se encha de orgulho' [...] (Ef 2,9-10). Finalmente, esta é a fé que age pela caridade (Gl 5,6), não por temor, não tendo o castigo, mas amando a justiça. Portanto, de onde procede esta caridade, ou seja, a caridade pela qual age a fé, senão daquele do qual a própria fé o suplicou? Pois, não se encontraria em nós em nenhum grau, se não fosse difundida em nosso coração pelo Espírito Santo, que nos foi dado (Rm 5,5)" (*De spirit. et litt.*, 32, 56).

42. Chamamos a atenção para o fato de que na modernidade surge uma grande discordância de interpretações acerca deste assunto, quando, em nome de Agostinho, alguns entenderam que só a graça (ou a fé) salva, enquanto outros, que a salvação se dá pelos méritos. Inclusive por ser Agostinho a referência entre Reformadores e Contrarreformadores, como já acenado, o comentador italiano Gaetano Lettieri chega a classificar o século XVII como "o século de Santo Agostinho", quando, principalmente em relação à polêmica relação entre a graça e a liberdade humana, nele se apoiaram grandes pensadores católicos e protestantes, como Luis de Molina, Miguel Baio, Cornélio Jansênio, Descartes, Antonie Arnauld, Pascal, Malebranche, Bayle, Leibniz, Lutero, Calvino etc. (cf. LETTIERI, G., *Il método della grazia*, 7-8).

gratuitamente a quem é outorgada. Somente esta, a quem se dá, é chamada graça; a vida eterna, outorgada a quem viveu na graça, como é prêmio, é graça sobre graça, a modo de recompensa pela prática da justiça. Assim é para que seja verdade, porque é verdade, que Deus retribui a cada um conforme suas obras (*De grat. et lib. arb.*, 8, 20)[43].

Nesta perspectiva, segundo Maria da Graça Coutinho (cf. 2001, 44), a graça vai muito além de uma dimensão meramente sanante; de apagar os efeitos do pecado no homem. Ela é, também, preveniente ou preventiva, na medida em que evita que o homem peque, conforme diz Agostinho, no tratado *Sobre a natureza e a graça*:

> Vedes como [Pelágio] não admite a necessidade da misericórdia para que não pequemos, mas somente por termos pecado? [...] Pois assim como o olho do corpo, ainda quando está perfeitamente são, não pode ver os objetos senão com a ajuda do esplendor da luz, assim também o homem, ainda que perfeitamente são, não pode viver bem sem a ajuda divina da luz eterna da justiça. Cura, pois, Deus não só apagando os pecados cometidos, mas também dando-nos ajuda para não cairmos no futuro (*De nat. et grat.*, 26, 29)[44].

Mas, uma vez defendida a tese de que a natureza humana foi modificada ou desnaturalizada pelo pecado original, Agostinho se deparava com mais um grande problema: como o pecado original foi transmitido de Adão aos seus descendentes, pelo corpo, e deste transmitido à alma, ou, ao contrário, pela alma, e desta ao corpo?

---

43. Por isso, no tratado *Sobre diversas questões, a Simpliciano*, já advertia: "Em muitos lugares se afirma, muitas vezes, que a graça da fé vem antes das obras não para acabar com estas, mas para ficar claro que as obras não precedem, mas seguem a graça; a fim de que ninguém pense ter recebido a graça porque agiu bem, mas que não pode agir bem se não tiver recebido a graça pela fé" (*De diver. quaest. ad Simplicianum*, I, 2, 2).
44. Daí dizer Matheus Jeske Vahl que "a graça atua no espírito humano como luz que abre os olhos do homem, antes obscuros porque voltados unicamente ao sensível, para a beleza da criação e para o sumo bem. Trata-se, portanto, de uma ação libertadora de Deus, que consuma a liberdade da vontade humana, possível de ser realizada apenas por aquele que é mais íntimo do homem do que ele mesmo, ou seja, por Deus, que antecipando o conhecimento da própria autocondenação do homem, pode também antecipar sua salvação" (VAHL, M. J., O paradoxo da liberdade em Santo Agostinho e o estatuto ontológico da vontade frente à presciência divina, 44).

O problema poderia ser de fácil solução, se colocássemos o pecado original no corpo de Adão, e deste passando para os seus descendentes materialmente[45]. Tal foi a posição, por exemplo, de Vicente Vítor, um dos separatistas donatistas, oriundo da Mauritânia, ao defender que o pecado original corrompeu fisicamente o corpo de Adão e que e tal corrupção foi transmitida naturalmente, ou materialmente, para seus descendentes, através da reprodução dos corpos. Mais do que isso, Vicente Vítor defende que o corpo corrompido transmite suas enfermidades para a alma criada individualmente em cada corpo.

Mas Agostinho não podia aceitar a posição de Vicente Vítor, porque, durante toda sua vida, havia defendido que toda natureza, inclusive o corpo humano, é um bem, inferior, mas ainda assim um bem, e como tal não pode ser a fonte primeira do mal. Portanto, a única fonte do mal é a vontade livre do homem, ou seja, uma faculdade da alma, e não do corpo. Logo, o ponto de partida para a explicação de como se deu a transmissão do pecado original de Adão aos seus descendentes só pode estar na alma, uma vez que, como vimos noutra ocasião, o corpo é um bem neutro, um elemento passivo ou um mero instrumento a serviço da alma, que pode servir-se dele tanto para o bem como para o mal[46].

Pelágio concordava com Agostinho quando afirmava que o mal não é um ser, mas um não-ser, ou o "nada", entretanto, questionava: se o pecado não é uma coisa, não é substância, não tem existência ontológica, "como pode debilitar a natureza humana o que carece de substância?" (*De nat. et grat.*, 19, 21)[47].

---

45. Posição que ficou conhecida pelo nome de "traducionismo", acerca do qual falaremos mais adiante.
46. A esse respeito diz Egidio Masutti: "O pensamento de Agostinho é uma síntese de estoicismo, do qual rejeita o emanatismo materialístico, e de neoplatonismo, do qual refuta a negatividade ou impureza do corpo. Para ele, o corpo é simples instrumento da alma. O corpo em Agostinho não tem nenhuma influência sobre a alma, seja no sentido positivo ou negativo. A sua instrumentalização está nas mãos da alma" (MASUTTI, E., *Il problema del corpo in S. Agostino*, Roma, Borba, 1989, 121). E, mais adiante, completa: "A concupiscência é fruto do orgulho da alma desregrada, que faz uso incorreto do instrumento corpo, como um carpinteiro que usa mal o martelo" (Ibid., 127).
47. Cf. Argemiro Turrado, que diz: "Pelágio, com seu naturalismo e suas categorias aristotélicas 'cosmológicas', não podia compreender que se fale de pecado: que não é uma coisa, nem substância, nem existe" (TURRADO, A., *El problema del mal y la responsabilidad moral de las personas especialmente en la Ciudad de Dios de S. Agustín*, 747).

Agostinho, no tratado *Sobre a natureza e a graça*, tenta responder com uma analogia:

> Se dermos por certo que o pecado não é substância, não se diria também que o não comer, para não falar de outras coisas, não é substância? Dir-se-ia melhor que é o privar-se da substância, pois o alimento é substância. Mas o abster-se de alimento não é substância, mas a substância corporal, se se priva do alimento, de tal modo se enfraquece, deteriora-se pelo desequilíbrio da saúde, consomem-se suas forças, se extenua e se abate pela lassidão que, se de algum modo continua vivendo, mal poderá se acostumar novamente ao alimento, cuja abstenção foi causa de sua ruína (*De nat. et grat.*, XX, 22).

Com o pecado original temos no mundo seres prejudicados que são ativamente malevolentes, exercendo sua má vontade no mundo, fazendo o negativo parecer positivo, o não-ser, ser[48], sempre através de suas más ações concretas. Portanto, devemos temer o mal não como algo abstrato, mas enquanto ação concreta, que destrói ou senão corrompe o próprio homem e o universo.

Entretanto, ao se indicar a alma como o lugar onde se deu o pecado original e seu veículo através do qual é transmitido aos descendentes de Adão, Agostinho acaba por introduzir mais um problema de difícil solução, e que, até onde sabemos, ficaria sem uma resposta definitiva[49] não só no diálogo *Sobre o livre-arbítrio,* aqui citado, mas nas demais obras suas até ao final de sua vida, saber: a origem da alma.

Tentando responder à questão, Agostinho diz que, quanto ao primeiro homem, Adão, não há nenhuma dúvida de que este, assim como todos os demais seres do universo, foi criado por Deus a partir do nada no tempo. Assim, seguindo as Sagradas Escrituras, diz que, no início, Deus fez apenas um homem corpóreo, Adão, e deu-lhe apenas uma alma, a qual segundo o livro do Gênesis, "Deus a infundiu, soprando, ou se é

---

48. Diz Gillian Evans: "Nas vontades de seres racionais que se afastaram do bem há poder e substância, que fazem do 'nada' do mal um 'algo'" (EVANS, G. R., *Agostinho sobre o mal*, 150).

49. Esta é, por exemplo, a opinião de Federico Sciacca: "O problema da alma atormentou Agostinho durante muito tempo, tanto que nunca logrou superar algumas incertezas" (SCIACCA, M. F., *San Agustín*, 405). Também, para Agostino Trapè: "Questão longa e tormentosa foi aquela da origem da alma" (TRAPÈ, A., Santo Agostino, 390).

mais adequada a expressão, inspirando no homem, quer dizer, no corpo do homem" (*De civ. Dei*, XIII, 24, 2). Portanto, assim como o corpo foi criado por Deus a partir do nada, assim também a alma (contrariando a posição dos maniqueus, que afirmavam ser a alma uma emanação de Deus). Por isso interpretando as palavras do Gênesis, de que "Deus soprou em seu rosto o espírito da vida" (Gn 2,4), Agostinho diz, no tratado *Sobre a cidade de Deus*:

> Há que fazer notar que a sabedoria não diz que é um sopro de Deus, senão que procede de sua boca. Assim como nós podemos fazer um sopro, não da natureza que nos constitui homens, senão do ar que nos rodeia, que fazemos respirando e inspirando, assim Deus, que é onipotente, pode formar, não de sua natureza, nem de criatura alguma submetida a seu domínio, senão do nada, um sopro, que, com muita propriedade, está escrito, inspirou ou soprou para injetá-lo no corpo do homem. Ele (Deus) é incorpóreo, e o sopro, incorpóreo, mas Ele é imutável, e o sopro, mutável, porque Deus, incriado, infundiu algo criado (*De civ. Dei*, XIII, 24, 5)[50].

Entretanto, quando se refere à origem da alma dos demais homens, que descenderam de Adão, o que explicaria como o pecado original é transmitido aos seus descendentes, Agostinho tem grande dificuldade de expô-lo.

Nesse sentido, no diálogo *Sobre o livre-arbítrio*, por exemplo, Agostinho examina as quatro hipóteses correntes em sua época para a origem da alma nos descendentes de Adão, a saber:

> Quanto a estas quatro opiniões sobre a alma, 1) se surge por reprodução; 2) se cada uma é criada por si em cada um dos que nascem; 3) se, existindo já em qualquer parte, são enviadas por Deus ou 4) descem espontaneamente para os corpos dos que nascem, convém não se declarar afirmativamente por nenhuma delas (*De lib. arb.*, III, 21, 59).

---

50. Igualmente no *Sobre o Gênesis ao pé da letra*: "Resumindo, acerca da alma, que foi infundida por Deus no homem ao soprar em seu rosto, só afirmo como certo que procede de Deus, mas sem ser substância dele, que é incorpórea, quer dizer, não é corpo senão espírito, e espírito não engendrado da substância de Deus, não procedente de sua substância, senão feita por Deus, e de tal modo feita que nenhuma natureza corporal ou racional a mudou em sua natureza e, portanto, criada do nada" (*De Gen. ad litt.*, VII, 28, 43).

Pois, tendo que enfrentar os problemas delas decorrentes, acaba por não assumir categoricamente nenhuma delas: "De fato, esta questão, segundo o que exige a sua obscuridade e complexidade, ainda não foi tratada e esclarecida pelos expositores católicos dos Livros Sagrados, ou, se isso foi já feito, tais escritos não chegaram às nossas mãos" (Ibid.). Cada uma dessas alternativas incorre em problemas, inclusive no que tange à solução do problema do mal.

Agostinho não podia aceitar plenamente a primeira, porque caía no traducionismo[51], que, por sua vez, pode ser de dois tipos: 1) traducionismo emanacionista, ou panenteísta, como, por exemplo, o de origem neoplatônica, em que se entende que as almas humanas são emanações da grande Alma do mundo (terceira hipóstase espiritual); 2) traducionismo panteístico, tanto o de inspiração maniqueia, ou materialista, que defende serem as almas dos homens partículas de Deus ou da Luz do Pai presas à matéria, quanto o de tendência cristã, como, por exemplo, o de Tertuliano, que acreditava que as almas se propagavam junto ao sêmen corporal e, consequentemente, com ele o pecado original. Ambas as hipóteses, apesar de resolverem o problema da transmissão do pecado original, isentando Deus de todo mal, criam problemas quanto à questão da liberdade individual, ou da personalidade individual, já que, se a alma de uma pessoa é a tradução ou ramificação de uma alma anterior, esta pessoa deveria ter a mesma personalidade da alma anterior, assim como no mundo vegetal, por exemplo, em que a ramificação ou esgalho é da mesma natureza ou traz as mesmas características da planta de onde parte.

Quanto à segunda alternativa, apesar de ser a que mais se aproxima da criação *ex nihilo*, por isso mesmo chamada de criacionismo, também

---

51. Cf. Nicola Abbagnano, que diz: "Doutrina pela qual a alma dos filhos deriva da alma dos pais como um ramo (*traduz*) deriva de uma árvore [...]. A mesma doutrina foi, às vezes, indicada com o nome de *geracionismo*. A doutrina contrária, de que toda alma seja criada ex-novo chama-se *criacionismo*" (ABBAGNANO, N., *Dicionário de filosofia*, São Paulo, Mestre Jou, 1970, 929). O traducionismo fora defendido, principalmente, por Tertuliano (160-220), o qual, caindo numa espécie de "materialismo espiritual", acreditava que a alma era um corpo sutil e invisível, que era transmitida de pai para filho pelo sêmen humano, através do qual se transmitia também o pecado original, ou seja, a alma corrompida.

não poderia ser aceita com segurança, pois, se, de um lado, resolve o problema da liberdade individual, uma vez que cada indivíduo é uma alma nova que nasce, de outro, cria problemas na transmissão do pecado original, ou do mal, uma vez que, enquanto alma nova, esta não tem nenhuma relação com a de Adão e, portanto, está isenta do primeiro pecado.

Por fim, a terceira e a quarta alternativas, que no fundo são uma só, caem na hipótese platônica da metempsicose, compartilhada por Orígenes, que defendia a preexistência das almas antes de entrarem nos corpos. Ao entrarem no corpo, sejam enviadas, sejam caídas espontaneamente, tornavam-se prisioneiras. Esta última hipótese é a que Agostinho menos aceita, porquanto, além de não resolver o problema da transmissão do pecado original, nega totalmente a criação *ex nihilo* no tempo. Daí Agostinho ter oscilado sempre entre o traducionismo e o criacionismo[52].

O certo é que, em qualquer uma dessas hipóteses a respeito da origem das almas e do estado de ignorância e dificuldade em que se encontram, é preciso não esquecer duas coisas: primeiro, que Deus é justo ao punir o pecado; segundo, que o pecado original é dado de fé e não pode ser negado[53], se não se quer cair em heresia. Isso é o que defende Agostinho

---

52. Cf. Agostino Trapè, que diz: "Agostinho oscilou sempre entre uma forma do traducionismo espiritualista e o criacionismo (*Retract.*, I, 1, 1); parece-lhe que nem a razão nem a Escritura tivessem argumentos decisivos (*De an. et eius orig.* I, 1, 1), todavia não esconde as suas simpatias pela segunda opinião" (TRAPÈ, A., Santo Agostino, 390). Posição igualmente defendida por John Rist: "A posição final de Agostinho em relação à origem da alma humana não é nem traducionista (a alma, como o corpo, é herdada dos próprios pais), nem criacionista (as almas particulares são constantemente criadas por Deus), mas estas duas hipóteses permanecem no trabalho de Agostinho até ao final de sua vida" (1997, 411). Já Federico Sciacca, diante da oscilação entre essas duas tendências, chega a falar de uma posição intermediária, ou seja, de um certo "criacionismo traducionista": "Diferente dos demais investigadores que afirmam ter ficado Agostinho sempre indeciso entre criacionismo e traducionismo, nós oferecemos outra interpretação que julgamos ser fundada: o traducionismo que o filósofo não aceita e que, contudo, não rechaça, tal como é por ele concebido, não exclui o criacionismo. Por isto, para nós, a solução a que se inclina é a de um 'criacionismo traducionista', ainda sem afirmá-lo categoricamente" (SCIACCA, M. F., *San Agustín*, 407).

53. Federico Sciacca diz que, para Agostinho, a transmissão do pecado original é verdade indiscutível de fé, pois, rechaçada essa, cairia por terra toda a dogmática cristã: encarnação, redenção, batismo, graça (cf. SCIACCA, M. F., *San Agustín*, 406). Portanto, só se pode aceitar como doutrina verdadeira acerca da origem da alma aquela que concorde e convenha com esta verdade. A busca racional de explicações deve conduzir à confirma-

no decorrer do capítulo 22 do livro III de *Sobre o livre-arbítrio*. E não só aí, mas em todas as obras, principalmente nas antipelagianas, em que o pecado original é condição necessária para se defender a necessidade da graça redentora de Cristo. É o que diz, por exemplo, em o *Sobre a natureza e a graça*:

> A natureza do homem foi criada no princípio sem culpa e sem nenhum vício. Mas a atual natureza, com a qual todos vêm ao mundo como descendentes de Adão, tem agora necessidade de médico devido a não gozar de saúde. O sumo Deus é o criador ao qual não cabe culpa alguma. Sua fonte é o pecado original que foi cometido por livre vontade do homem. Por isso, a natureza sujeita ao castigo atrai com justiça a condenação (*De nat. et grat.*, 3, 3).

Pelágio não nega que Adão tenha pecado contra Deus, entretanto nega que o pecado original tenha se propagado às gerações suas descendentes. Para ele, a humanidade peca não por hereditariedade, mas por imitação ou aprendizado, até porque, contra o traducionismo reinante na época, Pelágio ensinava que cada alma é criada individualmente por Deus, ou seja, "novinha em folha", para usar uma expressão popular, de modo que não traz em si as marcas do pecado original[54]. Daí defender que no momento do nascimento as crianças estão nas mesmas condições que Adão antes da queda, gozando de perfeita liberdade, motivo pelo qual negava a necessidade do batismo das crianças[55]; daí ter sido acusado, junto ao papa Zósimo, "por negar o sacramento do batismo às

---

ção da fé, quando, porém, não se encontrar explicação ou houver conflito entre razão e fé, deve-se optar pela fé. Isso foi o que fez Agostinho no *De lib. arb.*, III, 21, 59, conforme vimos anteriormente.

54. Comparando as posições de Pelágio e de Agostinho, diz José Teixeira Neto: "Se para Agostinho a natureza humana desvela-se historicamente tríplice – *íntegra, corrompida e sanada* – para Pelágio ela é a mesma em nós e em Adão" (TEIXEIRA NETO, J., *O De libero arbítrio de S. Agostinho e o problema do mal*, 43). Ou seja, para Agostinho a natureza humana é íntegra na criação, corrompida em Adão e em nós, e sanada em Cristo. Já para Pelágio ela foi e é sempre boa, não necessitando a graça divina sanante.

55. Contra os pelagianos Agostinho escreve, por exemplo, o tratado *Sobre o batismo das crianças* em defesa da tese da necessidade desse batismo, pois, em caso de morte precoce, o pecado original e sua culpa lhes são removidos, sendo então excluídas da "massa de perdição", à qual pertencem pelo primeiro pecado. Essa tese ficaria conhecida pelo nome "pedobatismo".

crianças e de prometer o reino dos céus prescindindo da redenção de Cristo" (*De grat. Christi et pecc. orig.*, II, 17, 19)[56]. Ou seja, para Pelágio, Adão, primeiro pecador, é apenas um mau exemplo que os homens têm seguido por livre vontade[57]. O homem aprendeu a pecar a partir de Adão[58]. E da mesma forma que acontece

---

56. Igualmente diz no tratado *Sobre a natureza e a graça*, citando Pelágio: "Também para as crianças solicita-se o socorro de tão grande médico, e diz ele [Pelágio]: 'Por que o solicitais? Estes para os quais solicitais o médico gozam de boa saúde'" (*De nat. et grat.*, 21, 23). Igualmente Celéstio, principal divulgador da doutrina de Pelágio, citado por Agostinho no *Sobre a graça de Cristo e o pecado original*, nega a contaminação da humanidade pelo pecado original, e, consequentemente, a necessidade do batismo das crianças. Pois, segundo ele, não há o que restaurar: "'Adão foi a única vítima de seu pecado, o qual não atingiu o gênero humano; e as crianças que nascem estão no mesmo estado que Adão antes da transgressão'" (*De grat. Christi et pecc. orig.*, II, 4, 4). E mais adiante: "Ficou claro pelo dito anteriormente que Celéstio se recusou a condenar o que se propalava, ou seja, que 'o pecado de Adão somente a ele prejudicara, não o gênero humano; e que as crianças, ao nascerem, se encontram no mesmo estado de Adão antes da transgressão'" (Ibid., II, 10, 11). Além do batismo, Pelágio não vê necessidade na oração, conforme diz Agostinho no tratado *Sobre a natureza e a graça*: "Pelágio faz atribuirmos a misericórdia e a ajuda medicinal do Salvador somente ao perdão dos pecados e nega a necessidade da ajuda para se evitar os futuros. Neste ponto se engana com funestas consequências e, embora sem perceber, proíbe-nos a oração e a vigilância, para não cairmos na tentação, ao defender que o resistir-lhe está em nosso poder" (*De nat. et grat.*, 34, 39).

57. A esse respeito diz Anthony Hoekema: "A que, então, Pelágio atribui a universalização do pecado? À imitação. Adão deixou o seu mau exemplo aos seus descendentes. Todos estamos inclinados a imitar os maus exemplos dos nossos pais, irmãos, irmãs, esposas ou maridos, amigos e conhecidos. Esse é o modo pelo qual o pecado é propagado de geração em geração e de uma pessoa a outra" (HOEKEMA, A. A., *Criados à imagem de Deus*, São Paulo, Cultura Cristã, 1999, 174).

58. A esse respeito, diz Paul Ricoeur: "No seu *Comentário sobre as treze epístolas de São Paulo*, publicadas por Souter, vemo-lo tirar todas as consequências dum voluntarismo coerente: cada um peca por si, e Deus, que é justo, não pode querer nada de irrazoável, nem poderia punir um homem pelo pecado de um outro que lhe permanece radicalmente estranho; desde logo, o 'em Adão'" (RICOEUR, P., *O pecado original*, 14). Anthony Hoekema, aponta, na contemporaneidade, diversos teólogos que igualmente a Pelágio negam a historicidade do pecado original e sua transmissão, fazendo de Adão apenas um mau exemplo que os homens têm seguido. E cita, por exemplo H. M. Kuitert, o qual, segundo ele, "afirmou que não devemos entender Adão como uma figura histórica, mas, isto sim, como um exemplo pedagógico ou como um 'modelo didático' – uma ilustração do que acontece a cada ser humano" (HOEKEMA, A. A., *Criados à imagem de Deus*, 131). Além desse, aponta outros apoiadores dessa tese, dentre eles os protestantes Karl Barth (1886-1968), Emil Brunner (1889-1966) e Reinhold Niebuhr (1892-1971), dentre outros (cf. Ibid., 161-164).

com o pecado, o mesmo se dá quanto ao remédio do pecado. De forma que para Pelágio Cristo é apenas um bom exemplo a ser seguido pelos homens para livrarem-se dos pecados, conforme denuncia Agostinho na supracitada obra: "Costumam também ensinar que, nessa remissão dos pecados, Cristo proporcionou-nos ajuda para não pecar, por que ele, vivendo e ensinando santamente, deixou-nos o exemplo" (Ibid., I, 2, 2; 41, 45)[59].

Assim sendo, o homem poderá alcançar a perfeição por esforço próprio, imitando a Cristo, sem necessitar da ajuda externa ou sobrenatural da graça divina[60]. Com isso Pelágio torna vã a vinda de Cristo como redentor, ou nula a "cruz de Cristo", "pois, se as forças do livre-arbítrio fossem suficientes para se saber como se deve viver e para bem viver, *então Cristo morreu em vão* (Gl 2,21), portanto, *estaria eliminado o escândalo da cruz* (Gl 5,11)" (*De nat. et grat.*, 40, 47)[61].

---

59. Igualmente no tratado *Sobre a natureza e a graça*: "Talvez ele [Pelágio] pense que a necessidade do nome de Cristo se restrinja à aprendizagem pelo Evangelho acerca de como devemos viver, e não signifique a necessidade do auxílio de sua graça para vivermos bem" (*De nat. et grat.*, 40, 47). Cf. Agostino Trapè, que diz: "Os pelagianos não negavam o pecado de Adão, mas negavam a sua transmissão com a transmissão da natureza. Todos nascem com a força moralmente íntegra e capaz de operar por si só a sua própria salvação. Diferentemente de Adão, mas na mesma linha dele, Cristo ajudou e ajuda os homens, mas só com o exemplo, a doutrina e a lei; não com a graça que nos ajuda a não cometermos pecados. A nossa salvação, portanto, não é um dom de Deus, mas é só um mérito nosso" (TRAPÈ, A., Liberta e grazia nella storia della salvezza, in: *Providenza e storia, Atti della Setimana Pavese*, Pavia, 1972, 43-58, aqui 50). E Angelo Paredi diz: "Para Pelágio o pecado de Adão foi um mau exemplo; mas mesmo depois daquele pecado a natureza humana permanece como foi criada. A ação do redentor é uma lição moral, o mais forte dos exemplos. Com esta teoria Pelágio dispensa o mistério da cruz" (PAREDI, A., *Vita di sant'Agostino*, 73).

60. A esse respeito diz Aldo Magris: "O seu mais alto ideal era a 'impecabilidade' (*impeccantia*) alcançada pelo crente na medida em que assumia o máximo empenho na observância escrupulosa dos preceitos evangélicos, e ao evitar toda possível má ação realizava o convite de Jesus para ser 'perfeito como o Pai vosso que está nos céus'" (MAGRIS, A., *Destino, providência, predestinação. Do mundo antigo ao cristianismo*, São Leopoldo, UNISINOS, 2014, 518).

61. A esse respeito diz Daniel-Rops: "O pelagianismo proclamava a onipotência moral da vontade; mesmo quando não quer o bem nem o pratica o homem pode fazê-lo por virtude exclusiva das suas forças naturais. Não é verdade que existe na sua natureza uma falha essencial, uma força secreta que o empurre para o mal; o pecado original não existe, e Adão, criado mortal, não nos prejudicou senão pelo seu exemplo. Portanto, o batismo não é estritamente necessário e a graça santificante não é indispensável à vida sobrenatural. Não

Para Pelágio, a liberdade (a graça divina natural) foi implantada no homem no momento da criação, é um dom inato. Ela está entranhada na natureza humana[62], que, ao escolher livremente o bem, para o qual foi destinada, recebe a sua justificação (salvação pelos méritos), conforme vemos através de Agostinho, no tratado *Sobre a graça de Cristo e o pecado original*:

É de grande ajuda por certo a da graça divina, pela qual Deus inclina nosso coração para onde quer. Mas esta grande ajuda nós a merecemos, diz [Pelágio] na sua loucura, quando, sem outra ajuda que não exclusivamente a da liberdade do arbítrio, corremos para o Senhor, desejamos ser dirigidos por ele, submetemos nossa vontade à dele e, aderindo-lhe constantemente, constituímos com ele um só espírito. E estes bens tão extraordinários, afirma [Pelágio], nós os conseguimos somente pela liberdade do arbítrio, de tal sorte que, por estes méritos precedentes, conseguimos que [Deus] incline nosso coração para onde quiser (*De grat. Christi et pecc. orig.*, I, 23, 24).

Assim, para Pelágio, Deus ou a graça divina é apenas causa remota de nossas boas ações, uma vez que é autor de nossa natureza boa. Mas o autor direto é o homem, que por seus próprios esforços alcança a perfeição (justiça), e, ao alcançá-la, recebe a graça da salvação, ou justificação (por méritos). Isto é o que defende Pelágio em sua obra *De natura*[63], citada por Agostinho, no trado *Sobre a natureza e a graça*:

---

há, pois, necessidade – visto que a vontade do homem é o único fator em jogo – de que 'a autoridade divina penetre no coração'. Como consequência, em última análise, a redenção perde o seu sentido de regeneração da morte para a vida: quando muito, é um exemplo de elevação para Deus" (DANIEL-ROPS, H., O santo dos novos tempos, in: ID., *A Igreja dos tempos bárbaros*, São Paulo, Quadrante, 1991, 38). Daí concluir José Teixeira Neto: "Para salvar a liberdade humana de pecar ou não pecar Pelágio diminui a graça divina; para salvar a esta e o mistério da redenção cristã Agostinho proclama a sua absoluta necessidade" (TEIXEIRA NETO, J., *O De libero arbítrio de S. Agostinho e o problema do mal*, 42).

62. Assim sendo, Maria da Graça Coutinho destaca que "Pelágio acaba por não fazer distinção entre a graça inerente a cada ser humano pelo simples facto de existir – a graça da criação –, e a graça da redenção, da filiação adotiva, que nos é oferecida em Cristo. Para ele, o homem foi criado com uma natureza boa, com a possibilidade de não pecar, se quisesse. E a essa possibilidade que chama graça" (COUTINHO, M. da G. P., A graça e o tempo em Santo Agostinho, *Revista Didaskalia*, Lisboa, v. 31 (2001) 27-70, aqui 41).

63. Antes, segundo informação de Anthony Dupont, "Pelágio escreveu um comentário à carta de Paulo aos Romanos, em Roma, entre os anos 406 e 409, antes de suas ideias

A possibilidade de não pecar não reside tanto no poder da vontade, como na necessidade da natureza. E tudo o que faz parte da necessidade da natureza, não há dúvida de que pertence ao autor da natureza, ou seja, Deus. Portanto, como há de considerar alheio à graça de Deus o que se comprova pertencer a Deus? (*De nat. et grat.*, 51, 59)

E para evitar a acusação de que ou não entendemos bem o que ele fala ou que alteramos com má fé o seu sentido, no tratado *Sobre a graça de Cristo e o pecado original*, tem-se as palavras do próprio Pelágio:

"Nós", disse [Pelágio], "distinguimos assim três elementos e os dividimos numa ordem como que determinada. Em primeiro lugar, pomos o poder, em segundo, o querer, em terceiro, a ação. Pomos o poder na natureza, o querer no arbítrio e o ser na execução. O primeiro, ou seja, o poder, pertence exclusivamente a Deus e ele o outorgou à sua criatura; os outros dois, ou seja, o querer e a ação, referem-se ao ser humano, visto que se originam do livre-arbítrio e sua boa ação. Portanto, na vontade e na ação, a glória é do homem pela prática do bem; ou melhor, do homem e de Deus, que lhe deu a possibilidade da vontade e da operação e o auxilia com ajuda da graça" (*De grat. Christi et pecc. orig.*, I, 4, 5).

E mais adiante conclui:

Por isso, devemos ter em conta que ele não crê no auxílio divino para a vontade e a ação, mas somente para a possibilidade da vontade e da ação. Segundo afirma, esse é o único fator, dentre os três, que recebemos de Deus, como se o que Deus colocou em nossa natureza fosse débil. Os outros dois, que são nossos, no seu dizer, são tão firmes, fortes e autossuficientes, que não necessitam de auxílio algum. Portanto, Deus não nos ajuda para o querer e o agir, mas somente auxilia para que possamos querer e agir (Ibid., I, 5, 6).

---

se converterem em discussão" (DUPONT, A., *La Gratia en los Sermones ad Populum de San Agustín durante la controversia pelagiana*, 40, nota 10). Depois do *De natura*, Pelágio escreveu uma terceira obra intitulada *De libero arbitrio*, mas todas se perderam na história, de forma que só conhecemos o que nelas continha através das referências a elas feitas por seus adversários, principalmente São Jerônimo e Santo Agostinho, o que para muitos comentadores as tornam suspeitas, exceto aquelas que o próprio Pelágio assumiu como suas nos *Atos de Condenação* junto ao papa. Alguns comentadores afirmam que além do *De natura* Pelágio escreveu mais cinco obras, a saber: *Epistola ad Paulinum Nolarum*; *Epistola ad Demetriadem*; *Epistola ad Constatium*; *Epistola ad Innocentium*, *exhibens libellum fidei* e *De libero arbítrio liber quatuor*.

Portanto, como observa Maria da Graça Coutinho,

Pelágio aceita a ajuda de Deus na ação do homem. No entanto, distingue nesta ação entre o poder, o querer e o agir. Através dos dons do Espírito Santo, o homem tem a capacidade de optar pelo bem. Pela persuasão, pela moção interior, Deus intervém no querer do homem, ajudando-o a querer o bem. No entanto, tanto o querer como o agir pertencem ao domínio do homem que, em última análise, acaba por ser dono e senhor do seu querer e do seu agir. Ou seja, o Espírito Santo ajuda o entendimento do homem, que consequentemente quererá e agirá, mas por sua própria vontade (2001, 43).

E com isto acaba negando a ajuda da graça redentora de Cristo, uma vez que, para ele, a graça de Deus está incrustada na própria natureza humana, que por sua vez é obra de Deus. Portanto, Deus é apenas causa remota, que criou uma natureza humana forte, capaz de alcançar o bem por esforço próprio. Afinal, "Deus", diz Pelágio, "não teria dado ao homem os mandamentos se não tive dado a ele, desde a natureza, o poder de cumpri-los. Pois, por acaso, Deus ordenaria algo impossível ao homem?" (SPROUL, 2001, 29) Portanto, para Pelágio não tem sentido as palavras de Agostinho contidas nas Confissões: "Concede-me o que me ordenas, e ordena o que quiseres" (Conf., X, 29, 40), especialmente a primeira parte.

Agostinho não nega que Deus seja o autor da natureza humana, e que esta tenha sido feita boa e com poder para fazer o bem, embora mesmo assim necessitasse em última instância da ajuda divina, conforme veremos mais adiante, mas entende que esta natureza foi danificada pelo pecado original, ficando, portanto, incapaz de alcançar a perfeição por conta própria, mas tão somente com a ajuda da graça redentora de Cristo.

Agostinho que havia experimentado na pele o dom da graça, pela conversão, sem que houvesse nenhum merecimento[64], toma como refe-

---

64. Cf. Stanislaus Grabowski, que diz: "Não pode haver dúvida de que Santo Agostinho experimentou quase plenamente os efeitos da graça divina em sua própria conversão. Ele sentiu também que a graça recebida não havia sido merecida por sua parte" (GRABOWSKI, S. J., La Iglesia. Introducción a la teología de San Agustín, Madrid, RIALP, 1965, 386). Jean-Marie Le Blond, comentando a narrativa da conversão exposta por Agostinho nas Confissões, diz que ali há um depoimento vivo dos efeitos que a graça divina operou sobre a alma daquele que estava tão distante de Deus, ou um grito de júbilo que brota do coração

rência a figura do apóstolo Paulo[65], antes Saulo, o mais enérgico inimigo da Igreja, que, ao se converter, não por méritos, mas por obra da graça divina, torna-se Paulo, o maior defensor da graça. Inspirando no Apóstolo das gentes, Agostinho está convencido de que a graça não é dada mediante os méritos, mas é fruto da plena liberdade do amor de Deus. Caso contrário, não receberia o nome de graça, conforme diz Agostinho no tratado *Sobre a natureza e a graça*:

> Esta graça de Cristo, sem a qual nem as crianças nem os adultos podem ser salvos, não é dada em consideração aos merecimentos, mas gratuitamente, daí o nome graça [...]. Por isso, os que são libertos pela graça não se denominem vasos de seus méritos, mas sim *vasos da misericórdia* (Rm 9,23) (*De nat. et grat.*, 4, 4 s.)[66].

---

daquele que voltou à casa do pai (cf. LE BLOND, J.-M., *Les conversions de Saint Augustin*, Paris, Monteigne, 1950, 5). Pablo Muñoz Vega, por sua vez, complementa o pensamento de Le Blond: "Não há página das *Confissões* em que Agostinho não veja com admiração a obra maravilhosa que havia realizado em sua alma a ação divina" (MUÑOZ VEGA, P., *Introducción a la sintesis de San Agustín*, Quito, Universidade Católica, ²1981, 18).

65. Stanislaus Grabowski observa que Santo Agostinho não está influenciado por nenhuma filosofia quando desenvolve a sua doutrina da graça, desconhecida até mesmo do espírito religioso de Plotino. Contudo, sua doutrina está assentada unicamente em fontes patrísticas e escriturísticas, especialmente no apóstolo Paulo. "Por isso Santo Agostinho é chamado frequentemente de o segundo Paulo, por sua doutrina da graça" (GRABOWSKI, S. J., *La Iglesia*, 385-86).

66. Agostinho defende a gratuidade da graça, contra a ideia do merecimento, em muitas outras obras, como, por exemplo, no tratado *Sobre a graça de Cristo e o pecado original*: "E como pode chamar-se graça, se não é dada de graça? Como pode chamar-se graça, se é pagamento do que é devido? Como dizer que é verdade o que diz o Apóstolo: 'E isso não vem de vós, é o dom de Deus; não vem das obras, para que ninguém se encha de orgulho' (Ef 2,8-9); e novamente: 'E se é por graça, não é pelas obras; do contrário, não é mais graça' (Rm 11,6)" (*De grat. Christi et pecc. orig.*, I, 23, 24). Igualmente, diz no tratado *Sobre o dom da perseverança*: "Os pelagianos afirmam que a graça de Deus se dá segundo nossos méritos, negando a absoluta gratuidade da graça? Para refutar esta ingratíssima doutrina para com nosso Deus e inimiga dos benefícios gratuitos do mesmo, defendemos e afirmamos, paulatinamente, em conformidade com as Escrituras, de que tantos testemunhos temos apresentado, que tanto o princípio da fé, o *initium fidei,* como a perseverança até o fim são dons gratuitos de Deus" (*De dono persev.,* 20, 53 - 21, 54). Ao que fecha no tratado *Sobre a graça e o livre-arbítrio*: "Nem o conhecimento nem a divina, nem a natureza, nem a única remissão dos pecados constituem a graça, mas ela nos é dada por Jesus Cristo nosso Senhor, a fim de que, por ela, a lei seja cumprida, a natureza resgatada e o pecado vencido" (*De grat. et lib. arb.*, 14, 27). A esse respeito diz Étienne Gilson, comentando Agostinho: "Somente aqueles que são sustentados com a eficácia da

Com isto, devemos entender que o homem recebe a graça divina não porque tenha agido bem, e que, portanto, a mereça, mas, ao contrário, agiu bem porque a recebeu. Contudo, para não dizer que a graça anula o livre-arbítrio, Agostinho completa que o homem a recebeu ou a acolheu porque quis, pois mesmo que Deus a tenha dado gratuitamente, se o homem quiser não a receberá. Mas jamais acontecerá num sentido contrário, ou seja, o homem só fará o bem se acolher a graça, querendo, sendo, portanto, em última instância, um dom de Deus o nosso praticar o bem, ou jamais o homem alcançará a perfeição por conta própria[67], daí ter dito Agostinho, de forma sintética, na *Epístola 194*: "Qual é, pois, o

---

graça podem fazer mais do que conhecer a lei: realizá-la. Para o homem, portanto, a aquisição da graça é uma condição necessária para a salvação. Alguns creem obtê-la por meio de suas boas obras, mas isso é inverter indevidamente os termos do problema. A graça não seria gratuita, ou seja, não seria graça, se fosse possível merecê-la. Ora, o começo da graça é a fé. A fé começa antes das obras; não porque as dispense ou as suprima, mas, ao contrário, porque estas decorrem dela. Em outros termos, ninguém deve pensar que recebeu a graça devido às boas obras que realizou; mas que não poderia realizar as boas obras a menos que, com fé, tenha recebido a graça" (GILSON, É., *Introdução ao estudo de Santo Agostinho*, 292).

67. A esse respeito, no tratado *Sobre a predestinação dos santos*, diz: "Devemos demonstrar primeiramente que a fé, que nos faz cristãos, é dom de Deus [...]. Mas agora vejo que devo dar uma resposta aos que dizem que os testemunhos divinos, [...] valem apenas para provar que podemos adquirir o dom da fé por nós mesmos, ficando para Deus o seu crescimento em virtude do mérito com o qual ela começa por nossa iniciativa. Com esta crença não se desvia da sentença que Pelágio foi impelido a condenar na Concílio da Palestina, como atestam as próprias Atas: 'A graça de Deus é-nos concedida de acordo com os nossos méritos' [...]. Mas por que não ouvir do Apóstolo as palavras que contrariam esta doutrina: 'Quem primeiro lhe fez o dom para recebê-lo em troca? Porque tudo é dele, por ele e para ele.' (Rm 11,35-36). Portanto, o próprio início de nossa fé, de quem procede senão dele?" (*De praed. sanct.*, 2, 3 - 2, 4). E mais adiante: "Portanto, no tocante à religião e à piedade, do qual falava o Apóstolo, se não somos 'idôneos para pensar coisa alguma pela nossa capacidade, mas nossa capacidade vem de Deus' (2Cor 3,5), consequentemente não somos capazes de crer em alguma coisa pelas nossas forças, o que não é possível senão pelo pensamento, mas nossa capacidade mesma para o início da fé, vem de Deus. Do que se conclui, portanto, que ninguém é capaz por si mesmo de começar ou consumar qualquer boa obra, o que aqueles nossos irmãos aceitam como vossos escritos o manifestam, e que, para começar e consumar toda boa obra, nossa capacidade vem de Deus. Do mesmo modo, ninguém é capaz por si mesmo ou de começar a ter fé ou de nela crescer, mas nossa capacidade vem de Deus. Por que, se não existe fé se não há pensamento, também não somos capazes de pensar como de nós mesmos, mas nossa capacidade vem de Deus" (Ibid., 2, 5).

mérito do homem ante a graça? Por que mérito receberá a graça, se todo mérito bom produz em nós a graça, e quando Deus coroa os nossos méritos, não faz mais do que coroar os seus próprios dons?" (*Ep. 194*, 5, 19)[68]. A graça é algo sobreposto à natureza humana decaída, uma ajuda sobrenatural ao livre-arbítrio do homem, para que possa cumprir a lei e viver justamente, ou seja, retamente[69]. É uma luz ou uma força que afeta o entendimento humano criando nele a disposição necessária para sua regeneração[70]. Portanto, ela é anterior às virtudes, pois, segundo Agostinho, "[Deus] estende sua misericórdia [...] com a qual justifica o ímpio, não porque são retos de coração, mas para que sejam retos de coração" (*De spirit. et litt.*, 7, 11)[71]. Isso porque, diz Agostinho no tratado *Sobre a graça e o livre-arbítrio*,

---

68. Igualmente no tratado *Sobre a graça e o livre-arbítrio*, diz: "Àquele que pensa como eles [os pelagianos], com razão se diz: Deus coroa seus dons, não os teus merecimentos. Pois, se os tens por ti mesmo e não por ele, são maus, e Deus não os coroa; porém, se são dons, são dons de Deus [...]. Portanto, se os teus méritos são dons de Deus, ele não coroa os méritos como teus, mas como dons que são dele" (*De grat. et lib. arb.*, 6, 15). Frente a este mesmo tipo de raciocínio, o interlocutor Boso, no diálogo *Por que Deus se fez homem?*, de Santo Anselmo, vê um problema, quando interroga: "Se assim for, que agradecimento lhe devemos por uma coisa que ele fez por si mesmo, e como imputar nossa salvação a sua graça, se nos salva por necessidade?" (*Cur Deus hom.*, II, 5, 2003, 103). Ao que responde Anselmo, com o argumento da "dupla necessidade": "Há uma necessidade que implica totalmente ou quase totalmente a ausência do favor gratuito por parte do benfeitor, porém há outra necessidade que obriga a um maior agradecimento pelo benefício. Pois quando alguém faz um favor obrigado por uma necessidade à qual não pode subtrair-se, é pequeno ou nulo o agradecimento que se lhe deve. Porém, quando esse espontaneamente se submete à necessidade de fazer um bem e nela persevera de boa vontade, então, este merece uma recompensa maior pelo benefício" (Ibid).
69. Vimos no início do primeiro capítulo que toda a argumentação agostiniana acerca do livre-arbítrio se assenta na tese de que ela fora dado ao homem para que viva retamente, recaindo sobre ele a justiça divina.
70. Para Agostinho, mais do que conceder sua graça, Deus a concede na medida certa, de acordo com as necessidades e condições do pecador, tese que ficaria conhecida pelo nome de *congruísmo*, que, mais tarde, na modernidade, seria a base das argumentações acerca da graça/predestinação de Francisco Suárez.
71. Comentando esta passagem diz Francisco Weissmann: "Agostinho distingue dois tipos de graça, uma preventiva ou operativa e a outra subsequente ou cooperativa. Em geral, sustenta que a Graça não se dá em virtude de nossos méritos, senão que é dada 'grátis'. Assim sendo: sabemos que, ao rezar, pedimos a Deus que nos livre do mal e isto implicaria essa libertação do mal ou do Maligno por parte de Deus, supusesse uma

a nossa vontade é sempre livre, mas não é sempre boa. Ou é livre da justiça, quando se sujeita ao pecado, e então é má, ou é livre do pecado quando serve à justiça, e nesse caso é boa. A graça de Deus, porém, é sempre boa, e faz com que a tenha boa quem antes a tinha má. Com esse auxílio, a vontade que começa a ser boa cresce tanto e tanto que chega a cumprir os mandamentos divinos que quiser, quando o desejar com decisão. [...]. Portanto, aquele que quiser e não puder, reconheça que ainda não quer plenamente, e assim reze para ter vontade suficiente para cumprir os mandamentos. Desse modo recebe ajuda para o preceituado. É útil o querer, quando podemos; é útil o poder, quando o queremos. O que adianta querermos o que não podemos ou não querermos o que podemos? (*De grat. et lib. arb.*, 15, 31)

Ao que completa mais adiante:

Portanto, para querermos, Deus age em nós; quando queremos, com vontade decidida, coopera conosco [...]. Sobre sua ação para querermos está escrito: "É Deus que opera em nós o querer". Sobre sua cooperação quando queremos, e, ao querer, praticamos, diz: "E nós sabemos que Deus coopera em tudo para o bem daqueles que o amam" (Rm 8,28) (*De grat. et lib. arb.*, 17, 33).

Pelágio, ao contrário, diz Francisco Weissmann,

afirma que o homem é árbitro de seu destino e, portanto, não necessita da ajuda divina para evitar o mal e fazer o bem que quer. A natureza humana, obra de Deus, é boa e o homem tem a capacidade, enquanto criada por um Deus bondoso, de poder não pecar. O pecado, não sendo para os pelagianos um elemento substancial, mas acidental na vida moral do homem, não está integrado à natureza humana. É considerado como algo exterior quando a vontade o pratica ao não observar a Lei divina. O pecar e o não pecar dependem do homem. O pecado que não pode determinar a liberdade moral é uma prova para a liberdade. Portanto, o pecado não vicia a bondade fundamental da natureza humana (1994, 97).

O fato de Agostinho dizer que a graça age não só sobre o poder, mas também sobre o querer – principalmente para que o querer queira o bem,

---

graça merecida. Sem embargo, para Agostinho, a resposta de Deus a oração do homem não é uma graça merecida porque já o ato mesmo de rezar, e a virtude de recebê-la, não vem do homem senão de Deus" (Weissmann, F. J., La problemática de la libertad en la controversia pelagiana, *Revista Teologia*, Buenos Aires, v. 31, n. 63 (1994) 85-98, aqui 92).

dado que o pecado original o inclina ou faz tender a querer o mal –, não significa que a graça determine ou condicione o livre-arbítrio a querer unicamente o bem, mas que tão somente o ajuda a tal, pois este continua com a capacidade de querer o mal (de não querer o bem), e, por isso, não fará o bem se não quiser. Resta, em última instância, um espaço para vontade[72], pois, como vimos em diversas oportunidades neste trabalho, podemos obrigar alguém a fazer o que não quer, mas não a querer, como é o caso da felicidade[73].

---

72. Igualmente Anselmo, no capítulo 3 da questão III do seu opúsculo *Sobre a concordância da presciência, da predestinação e da graça divina com o livre-arbítrio,* lança mão desta enigmática aporia, ao dizer que, por um lado "assim como a visão não é aguda pelo fato que vê com clareza, mas que vê com clareza porque é aguda, da mesma forma, a vontade reta não é reta porque quer com retidão, mas quer com retidão porque é reta" (*De concord.*, III, 3, 2006, 77), por outro lado, no capítulo seguinte, diz que "é evidente que ninguém conserva esta retidão recebida senão querendo-a, e ninguém pode querê-la se não for por já possuí-la, e não se pode possuí-la senão pela graça; e se ninguém a recebe senão por uma graça preveniente, ninguém, tampouco, a conserva senão por uma graça subsequente. Com efeito, se bem que esta retidão é conservada pelo livre-arbítrio, no entanto, não se deve atribuir ao livre-arbítrio esta retidão, mas antes à graça, já que o livre-arbítrio nem a possui nem a conserva a não ser por uma graça preveniente e subsequente" (Ibid., III, 4, 2006, 81-82). Ou seja, no fundo o que Agostinho e Anselmo apontam é que de nenhuma forma o homem alcança a perfeição por conta própria, mas impreterivelmente com a ajuda da graça, ainda que para tal seja também impreterível que a vontade queira, que aceite a ajuda da graça. Já no caso contrário não, pois, dado que Deus deu o livre-arbítrio ao homem unicamente para que se conservasse na retidão, "aquele que não aceita esta graça, ou a recusa depois de tê-la recebido, se permanece em seu endurecimento e em sua iniquidade, esse estado deve ser atribuído a ele, e não a Deus" (Ibid., III, 5, 2006, 87). Resumindo: quando o homem faz o bem, é, necessariamente, com a ajuda de Deus, quando faz o mal, o é por conta própria. Ou dito de forma inversa, para pecar basta o livre-arbítrio, para fazer o bem, só com a ajuda da graça divina, conforme esclarece Juan Pegueroles, fazendo a distinção entre a liberdade e livre-arbítrio: "Adão era livre, possuía a liberdade: *posse non peccare*. Mas esta liberdade se perdeu com o pecado de origem. Agora ao homem só resta o *liberum arbitrium*. O homem com o *liberum arbitrium* pode cair e se perder, porém, não pode, só com o *liberum arbitrium*, levantar-se e voltar a Deus [...]. O *liberum arbitrium* basta para pecar, porém não para abandonar o pecado; é capaz da má vontade para separar-se de Deus, mas é incapaz da boa vontade para voltar a Deus. Necessita que Deus mesmo venha em sua ajuda" (PEGUEROLES, J., *El pensamiento filosófico de San Agustín*, 134-135).

73. No capítulo anterior, quando das discussões acerca da suposta incompatibilidade entre a presciência divina e o livre-arbítrio da vontade, vimos que Agostinho se utiliza do exemplo da felicidade para mostrar que podemos obrigar alguém a fazer o que não quer, mas a querer só ele querendo, e cita o caso da felicidade, no diálogo *Sobre o livre-arbítrio*:

O que acontece com a vontade depois do pecado original é que ela se encontra cindida em si mesma, de forma que às vezes quer e não pode e noutras pode e não quer, ou não quer inteiramente, ou absolutamente, mas trata-se sempre uma mesma vontade que querer e não quer, como observa Mariana Sérvulo Cunha:

Observemos o paradoxo da vontade, sua luta consigo mesmo, quando em parte quer e não quer. Para querer e poder é preciso "querer absolutamente [inteiramente]" (*Conf.*, VIII, 8, 20: *ut uellem, utique uellem*). Quando isso ocorre, a vontade "plena" identifica-se com o "poder", isto é, a vontade, o querer, é o fazer (Ibid.: *ipsum uelle iam facere erat*). Quando isto não ocorre (quando há várias vontades que lutam entre si) esse dilaceramento traz impotência: nesse momento a vontade distingue-se do poder, já não são mais a mesma coisa (2000, 61).

Esta era, por exemplo, a situação do próprio Agostinho momentos antes de sua conversão, chamada por ele nas *Confissões* de "luta das duas vontades", quando, ao ouvir Simpliciano[74] falar acerca da conversão de

---

"Ainda que Deus preveja as nossas vontades futuras, não se segue que não queiramos algo sem vontade livre. Pois, [...] quando chegares a ser feliz, tu não o serás contra a tua vontade, mas sim querendo-o livremente. Pois, se Deus prevê tua felicidade futura, nada te pode acontecer senão o que ele previu, visto que, caso contrário, não haveria presciência. Todavia, não estamos obrigados a admitir a opinião, totalmente absurda e muito afastada da verdade, que tu poderás ser feliz sem o querer" (*De lib. arb.*, III, 3, 7).

74. Simpliciano, assim como Ambrósio, frequentava os círculos acadêmicos dos neoplatônicos e terá grande importância na conversão de Agostinho. Nas *Confissões* Agostinho diz que o procurou, por indicação de Ambrósio, e contou-lhe acerca das importantes descobertas que fizera ao ler os escritos neoplatônicos, mas revelou que continuava inquieto e angustiado. Simpliciano reforçou os méritos dos neoplatônicos, mas chamou a atenção de Agostinho para um grave erro: o orgulho (soberba) ou presunção do saber por parte destes. E apontou, orgulho intelectual como um dos males que sufocava e ofuscava o coração de Agostinho naquele momento, impedindo-o de ver a verdade. E, como solução para tal problema, Simpliciano exalta a necessidade da humildade cristã e da graça redentora de Cristo; ou seja, de reconhecer Cristo como único salvador e se chegar à verdade. Este aspecto faltava aos neoplatônicos e a Agostinho, que naquele momento não conseguia entender a sentença "mediador de Deus e dos homens, Jesus Cristo homem, Deus soberano". Agostinho não entende como Jesus Cristo pôde humilhar-se ao ponto de encarnar-se, habitar entre os homens e morrer na cruz, como ele mesmo diz: "Eu não era humilde, não tinha a humildade de Jesus por meu Deus, nem sabia de que coisa poderia ser mestra a sua fraqueza" (*Conf.*, VII, 18, 24). Simpliciano o faz ver que "os filósofos podem, a rigor, com as forças de seu pensamento – que a Verdade, por sua vez,

Mário Vitorino, ficou com sua alma agitada pelos conflitos travados em seu interior:

Por um lado, Agostinho desejava seguir o exemplo de Vitorino, que preferiu abandonar a escola de retórica, por causa de um decreto do Imperador Juliano – que proibia cristãos de ensinarem literatura e oratória –, do que negar a sua fé em Cristo. Por outro, fica atado às cadeias de sua própria vontade, querendo se decidir por aquilo que já sabe o correto a fazer, contudo não o faz (GUIMARÃES, 2008, 56-57).

Era o conflito entre duas vontades que lutavam entre si, dentro de uma mesma vontade; a vontade de tornar-se cristão, mas que ao mesmo tempo não queria isso, ou queria, mas não queria inteiramente, de forma que quando a vontade ordenava a si mesma, esta mesma vontade não atendia:

O inimigo dominava-me o querer e forjava uma cadeia que me mantinha preso. Da vontade pervertida nasce a paixão; servindo à paixão, adquire-se o hábito, e, não resistindo ao hábito, cria-se a necessidade. Com essa espécie de anéis entrelaçados (por isso falei de cadeia) mantinha-me ligado à dura escravidão. A nova vontade apenas despontada, a vontade de servir-te e de gozar-te, ó meu Deus, única felicidade segura, ainda não era capaz de vencer a vontade anterior, fortalecida pelo tempo. Desse modo, tinha duas vontades, uma antiga, outra nova; uma, carnal, e outra, espiritual, que se combatiam mutuamente; e essa rivalidade me dilacerava o espírito. Portanto, eu com-

---

dirige sempre secretamente – descobrir e mostrar aonde ir, mas não por onde ir; são capazes de elevar-se à contemplação da pátria feliz, mas não de habitá-la; veem o fim, mas desconhecem os meios. Trata-se de algo muito distinto do especular: trata-se de vencer as paixões, de reformar o coração, de fortalecer a vontade, e isso não é possível senão pela graça de Cristo" (JOLIVET, R., *San Agustín y el neoplationismo cristiano*, 103). E para exaltar o papel da humildade, Simpliciano contou-lhe, a título de exemplo, sobre a conversão de Mario Victorino ao cristianismo, o que comoveu-o profundamente, como ele mesmo declarou: "Logo que vosso servo Simpliciano me contou tudo isso de Victorino, imediatamente ardi em desejos de imitá-lo, como se com este fim ele o tivesse narrado para mim" (*Conf.,* VIII, 5, 10).

Simpliciano terá nova importância na vida de Agostinho quando, em 497, instigá-o em Carta acerca das interpretações do apóstolo Paulo na Epístola aos Romanos (9,10-19) sobre os tratamentos diversos dados ao dois filhos gêmeos de Rebeca: Esaú e Jacó. Isso levou Agostinho a escrever o tratado *Sobre diversas questões, a Simpliciano,* que, como veremos, é considerado por muitos como um marco divisório na doutrina de teológico-filosófica de Agostinho: o início de um "segundo Agostinho", o do pecado original/graça/predestinação.

preendia por experiência própria o que havia lido: que a carne tem desejos contrários ao espírito, e o espírito tem desejos contrários à carne[75]. Sentia claramente os dois desejos, reconhecendo-me mais naquele que interiormente aprovava do que naquele que desaprovava. Com efeito, neste último caso, já não era eu que vivia, pois, em grande parte, o sofria mais contra a vontade, do que o praticava deliberadamente. Contudo, por minha culpa, o hábito tornou-se mais forte contra mim, pois eu voluntariamente chegara aonde não queria (*Conf.*, VIII, 5, 10-11).

E isso intrigava Agostinho, pois, a

alma manda ao corpo, e este imediatamente lhe obedece; a alma dá uma ordem a si mesma, e resiste! Ordena a alma à mão que se mova, e é tão grande a facilidade, que o mandado mal se distingue da execução. E a alma é alma, e a mão é corpo! A alma ordena que a alma queira; e, sendo a mesma alma, não obedece. Donde nasce este prodígio? Qual a razão? Repito: a alma ordena que queira – porque se não quisesse não mandaria –, e não executa o que lhe manda! Mas não quer totalmente. Portanto, também não ordena terminantemente. Manda na proporção do querer. Não se executa o que ela ordena enquanto ela não quiser, porque a vontade é que manda que seja vontade. Não é outra alma, mas é ela própria. Se não ordena plenamente, logo não é o que manda, pois, se a vontade fosse plena, não ordenaria que fosse vontade, porque já o era. Portanto, não é prodígio nenhum em parte querer e em parte não querer, mas doença da alma. Com efeito, esta, sobrecarregada pelo hábito, não se levanta totalmente, apesar de socorrida pela verdade. São, pois, duas vontades. Porque uma delas não é completa, e encerra o que falta à outra (*Conf.*, VIII, 9, 21).

Tratava-se, pois, de "uma vontade dividida e dilacerada". Por um lado, quer muito buscar e gozar de Deus, a meta de sua procura, mas, por outro, é escrava e prisioneira de um querer interno desviado, pervertido

---

75. Aqui, Rogério Almeida, seguindo as pegadas de Rudolf Bultmann, diz que mesmo quando Agostinho, seguindo os passos do apóstolo Paulo, fala da luta das duas vontades como a luta entre a "carne" e o "espírito", interpreta que "o que São Paulo chama de 'carne' (*sárx*) trata-se de 'um voltar-se para a criação do puro si mesmo como algo autônomo em relação a Deus', é, portanto, uma revolta contra o Criador" (apud ALMEIDA, R. M. de, Vontade e liberdade no cristianismo, 33). Daí completar na página seguinte dizendo que "a dicotomia paulina entre 'carne' e 'espírito' não corresponde à dicotomia 'matéria' e 'espírito', mas a dois modos de existência, que envolvem tanto a parte física quanto intelectual do ser humano" (Ibid., 34).

e desordenado" (NUNES, 2009, 111). Mas, reforça Matheus Jeske Vahl, "trata-se de movimentos diversos de uma e mesma vontade em direção a fins diversos. Não significam a presença de 'duas vontades' na alma do indivíduo, mas a 'má condição' de uma faculdade vital perante a realidade" (2015, 35).

Para Agostinho, esta situação de deficiência da vontade é consequência, ou pena, do primeiro pecado, daí a necessidade da graça divina para restabelecer a liberdade da vontade, trazendo de volta o equilíbrio entre o querer e o poder. Mais do que negar que o homem atual esteja decaído, e que, consequentemente, necessite da ajuda da graça divina, para alcançar a perfeição, os pelagianos acabavam por negar também os meios pelos quais o homem alcança esta graça, questionando, assim, alguns pontos dogmáticos da fé católica, como, por exemplo, que o homem necessitasse pedir em oração a ajuda divina para livrar-se dos pecados ou para viver retamente. Para os pelagianos, a única razão para a prece é pedir perdão pelos pecados já cometidos, pois o que já foi feito, embora por livre vontade, não pode mais ser desfeito pela mesma vontade do homem, conforme diz Agostinho, no tratado *Sobre a natureza e a graça*:

> Não obstante o dito, confessa o autor [Pelágio] que "divinamente hão de ser remidos os pecados cometidos, e há de se rogar a Deus por eles, para conseguir o perdão"; pois a elogiadíssima "força da natureza e da vontade humana não pode", como confessa, "limpar o que foi manchado". Resta, portanto, que nesta circunstância se peça para ser perdoado. Entretanto, sobre a ajuda que necessita para não pecar daqui em diante, em parte alguma ele diz, e não o vi nesta citação. Guarda sobre este ponto um estranho silêncio, quando a oração do Senhor nos exorta a pedir ambas as coisas, a saber: que nos sejam perdoadas as dívidas contraídas e que não nos deixe cair em tentação; o segundo visa evitá-las no futuro (*De nat. et grat.*, 18, 20).

O certo é que, quanto mais os pelagianos avançavam em suas teorias, colocando em risco a doutrina da graça, mais Agostinho radicalizava suas posições em defesa da fé católica, chegando à posição extremada de defender não só que depois do pecado original o homem não pode ser perfeito por suas próprias forças, mas que, independentemente dele, e de ter ou não sido transmitido hereditariamente aos descendentes de

Adão, o homem necessita da ajuda da graça divina para alcançar a perfeição. Portanto, mesmo que o pecado original não tivesse acontecido e que não tivesse manchado toda a humanidade, ainda assim o homem necessitaria da ajuda divina para se salvar, pois como vimos anteriormente, a liberdade humana de que gozava Adão ainda não é a "verdadeira liberdade" em Deus[76].

Mais do que isso: mesmo que nesta vida o homem pratique a caridade, se não receber a graça salvífica, não alcançará a salvação; mas, se tem esta virtude, é sinal de que já recebeu a graça. Assim, Agostinho negava toda e qualquer possibilidade de salvação por méritos próprios dos homens e, com isso, aumentava ainda mais as suspeitas, por parte dos pelagianos, de que negava o livre-arbítrio da vontade humana.

Iniciava-se, assim, mais uma etapa da querela com os pelagianos, estes seguidos pelos semipelagianos, cujo conceito em pauta será o de predestinação – uma radicalização das posições agostinianas em relação à necessidade absoluta da graça divina no processo de salvação do homem, conforme veremos no próximo capítulo.

---

76. A esse respeito, diz Henry Chadwick: "Antes dos quarenta anos, em reação ao maniqueísmo, Agostinho coloca o acento sobre a autoridade da Igreja e sobre a liberdade individual. Todavia, ainda que supervalorizando o livre-arbítrio, declara que sem a graça de Deus o indivíduo não está em condições de encontrar o caminho do bem [...]. Tornando-se bispo, Agostinho sente cada vez mais forte a necessidade de acentuar o tema da indispensabilidade da graça" (CHADWICK, H., *Agostino*, Torino, Giulio Einaudi, 1989, 107). E mais adiante, falando do período da maturidade do bispo de Hipona, mostra um texto retirado do tratado *Sobre a cidade de Deus*, em que Agostinho chega ao extremo de dizer que mesmo que Adão e Eva não tivessem pecado, "mesmo assim, no paraíso não poderiam viver sem a ajuda de Deus" (*De civ. Dei*, XIV, 27) (Ibid., 111). Ou seja, mesmo que a humanidade não tivesse pecado em Adão, necessitaria da graça de Deus para viver retamente. Para um maior aprofundamento do tema da graça divina em Agostinho, cf. as obras específicas de Agostino Trapè: Liberta e grazia nella storia della salvezza, in: *Providenza e storia, Atti della Setimana Pavese*, Pavia, 1972; *S. Agostino. Introduzione alla doctrina della grazia*, v. 1. Natura e grazia, 1987; *S. Agostino. Introduzione alla doctrina della grazia*, v. 2. Grazia e libertà, 1990.

4
Do suposto conflito entre o livre-arbítrio humano e a predestinação divina segundo Santo Agostinho

4.1 Levantamento histórico-doutrinal do problema: a teoria da graça/predestinação de Santo Agostinho no contexto dos embates com seus contemporâneos

Segundo o final do capítulo anterior, na medida em que os pelagianos avançavam em favor da tese de que basta a graça natural (genérica, ou suficiente), impressa na natureza humana, para que o homem alcance a perfeição e consequentemente a salvação eterna, resultante unicamente de seus méritos, Agostinho, em sentido oposto, radicalizava suas posições em defesa da necessidade da graça sobrenatural (sanante, ou glorificante) como único caminho para se alcançar a salvação eterna. Com isto as discussões agostinianas em torno do suposto conflito entre o livre-arbítrio humano e a soberania divina atingiam o seu ponto mais alto e, ao mesmo tempo, mais crítico, com a introdução do conceito de predestinação; aquele que seria talvez o maior e mais enigmático problema de todo seu sistema teológico-filosófico, de forma que, como diz Stanislaus Grabowski, "é tarefa muito difícil, se não quase impossível, estabelecer o significado do conceito agostiniano de predestinação de modo que possa satisfazer a todos os investigadores" (1965, 592)[1].

Esta seria a última e mais árdua tarefa a ser enfrentada pelo bispo de Hipona antes de falecer, correspondendo às suas *quatro últimas obras*, que na tradução brasileira da editora Paulus, coleção *Patrística*, compõem o volume II dos chamados *Tratados da graça*[2], a saber: o tratado *Sobre a graça e o livre-arbítrio*; o tratado *Sobre a correção e a graça*; o tratado *Sobre a predestinação dos santos*, e o tratado *Sobre o dom da perseverança*, estas duas últimas escritas após suas *Retratações,* entre 428 e 430, ficando a última inacabada[3].

Fazendo uma reconstituição histórico-doutrinal, veremos que o problema em questão é um desdobramento das discussões anteriores em torno do papel do livre-arbítrio da vontade no processo de perfeição/ salvação do homem.

Os últimos pelagianos, a começar pelo próprio Pelágio[4], após sofrerem retaliações por parte da Igreja, resolvem abrandar suas posições, chegando a admitir que o pecado original afetou a natureza humana dos descendestes de Adão, mas que não a danificou totalmente. Frente a es-

---

1. Francisco Eduardo de Oliveira, comentando acerca da dificuldade do tema, diz que "abordar a predestinação é lidar com uma constate tensão entre mutável e imutável; poder absoluto e liberdade contingente e ainda com uma constante luta entre a razão humana e os desígnios de um Deus que própria razão humana não pode compreender plenamente" (OLIVEIRA, F. E. de, *O conceito de predestinação na filosofia de Agostinho de Hipona*, Natal, UFRN, 2016, 108).
2. O volume I da referida Coleção é composto pelos seguintes *Tratados da graça*: o tratado *Sobre o espírito e a letra*; o tratado *Sobre a natureza e a graça* e o tratado *Sobre a graça de Cristo e o pecado original.*
3. Para José Roberto Cristofani, em relação à doutrina da predestinação, "esses dois tratados foram de tal profundidade que nenhum outro escrito, até hoje, pode superá-los nesta matéria. O que surgiu depois foi apenas interpretações de Agostinho" (CRISTOFANI, J. R., *Predestinação. Predestinação para sermos à imagem de Cristo*, Campinas, Boa Nova Educacional, 1986, 24).
4. Lembramos que o próprio Pelágio, nesta última fase do pelagianismo, buscando fugir de uma condenação por parte da Igreja, redirecionou sua doutrina. Para tal, tentando uma aproximação com Agostinho, admitirá que a humanidade se encontra danificada pelo pecado de Adão, necessitando da ajuda da graça divina para reencontrar o caminho da perfeição/salvação, mas manterá o princípio segundo o qual o receber e o colocar em prática essa ajuda depende do livre-arbítrio da vontade humana, de forma que a salvação é, em última instância, fruto dos méritos humanos.

sas novas posições, Agostinho já havia escrito o tratado *Sobre a graça de Cristo e o pecado original*, no qual dava os primeiros sinais[5] do que viria a ser, nos escritos posteriores, sua polêmica "teoria da predestinação". Nela, Agostinho defendia a necessidade da graça sobrenatural não só sobre o poder, mas também sobre o querer, colocando tanto o ponto de partida (o querer) como o de chegada (o fazer) em Deus, não no homem,

---

5. Aliás, como bem observa Victorino Capánaga, na introdução a sua tradução espanhola do tratado *Sobre diversas questões, a Simpliciano*, os primeiros sinais de uma "teoria da graça/predestinação" em Agostinho já se encontram nesta obra, que é de 397, notadamente na segunda questão do livro I, em resposta aos questionamentos feitos por Simpliciano acerca de algumas passagens do Antigo Testamento citadas pelo apóstolo Paulo na Epístola aos Romanos (9,10-19), "Especialmente o fato da reprovação de uma grande massa do povo escolhido sempre foi para a curiosidade dos cristãos um segredo tentador e, para muitos, uma pedra de escândalo. [...]. Aquelas passagens têm relação próxima com a questão da graça e chegam às margens do pavoroso problema da predestinação. Ali, na figura de Jacó e Esaú, um predileto, o outro, rejeitado, evidencia-se a gratuidade dos dons divinos [...]" (In: AGUSTÍN, San, *Los dos libros sobre diversas cuestiones a Simpliciano*, in: ID., *Obras completas de San Agustín. Tratados sobre la gracia*, v. 2, Madrid, La Editorial Catolica/BAC, [4]1952, 7). Daí, mais adiante, dizer que "o *Tratado a São Simpliciano* pode considerar-se como a expressão, senão definitiva, ao menos muito aproximada, do pensamento do Santo Doutor acerca da graça" (Ibid., 8). Igualmente diz Anthonny Dupont: "Agostinho, no entanto, teve que libertar-se das ideias 'protopelagianas' quando, pela primeira vez, no *Ad Simplicianum*, refletiu sobre o pecado original em seu comentário a Romanos 7 e 9, e se deu conta, também pela primeira vez, de que a natureza humana era insuficiente e totalmente dependente de uma graça interior eficiente" (DUPONT, A., *La Gratia en los Sermones ad Populum de San Agustín durante la controversia pelagiana*, 66). O certo é que, tamanha é a importância desta obra (*Ad Simplicianum*) na literatura agostiniana que este mesmo comentador chega a dizer que ela marca não só o início do envolvimento de Agostinho com a problemática do pecado original/graça/predestinação, mas o início de uma mudança de perspectiva doutrinária, a ponto de classificá-la como a "segunda conversão" de Agostinho ao cristianismo: "Sua 'conversão' de 286 o levou ao cristianismo neoplatônico, enquanto sua 'conversão' de 296 o levou ao cristianismo ortodoxo paulino" (Ibid., 65-66). Tese igualmente defendida por Gaetano Lettieri, que se refere ao *Ad Simplicianum* como o início de *L'altro Agostino* (LETTIERI, G. *L´altro Agostino. Ermeneutica e retorica della grazia dalla crisi alla metamorfosi del De doctrina cristiana*, Brescia, Morcelliana, 2001), um Agostinho mais pessimista que o dos escritos anteriores a esta obra. E o próprio Agostinho, no tratado *Sobre a predestinação dos santos,* confessa que ali havia mudado de opinião: "Eis a razão pela qual disse acima que me havia convencido desta questão principalmente por este testemunho apostólico, quando sobre ele pensava de modo diferente. Deus me inspirou a solução, quando, conforme disse, escrevia ao bispo Simpliciano. Portanto, este testemunho do Apóstolo, em que disse para refrear o orgulho humano: 'O que possuis que não tenhas recebido?' (1Cor 4,7), não permite a nenhum fiel dizer: Tenho a fé que não recebi" (*De praed. sanct.*, 4, 8).

reforçando a tese de que a salvação se dá pela graça e não pelos méritos, como sutilmente mantinham os últimos pelagianos[6].

A supracitada obra provocaria reação negativa por parte de alguns setores da Igreja, dentre os quais os monges do mosteiro de Adrumeto, que julgavam haver ali contradição entre a graça divina e a liberdade humana, o que levou Agostinho a escrever a primeira das suas *quatro últimas obras*, o tratado *Sobre a graça e o livre-arbítrio*[7], conforme diz em suas *Retratações*:

> Considerando a posição de alguns que, ao defenderem a graça de Deus, julgam negada a liberdade, assim como de outros que preferem a liberdade para negar a graça de Deus, afirmando que ela é outorgada conforme nossos merecimentos, escrevi uma obra com título *Sobre a graça e o livre-arbítrio*. Escrevi a obra para os monges de Adrumeto, em cujo mosteiro começaram a surgir discussões sobre a questão, o que levou alguns deles a me consultarem (*Retract.*, II, 66)[8].

A referida obra de Agostinho, em resposta às reações provocadas pelo tratado *Sobre a graça de Cristo e o pecado original*, longe de resolver o problema, geraria novas perturbações entre os monges de Adrumeto, inclusive de ordem prática, quando da insubordinação por parte de alguns monges, os quais, segundo Agostinho Belmonte,

> concluíram que se Deus opera em nós o querer e o agir, todas as correções dos superiores tornam-se desnecessárias. Se Deus é quem realiza, coope-

---

6. Essa é a tese ou o propósito da obra *Sobre diversas questões, a Simpliciano*, notadamente da segunda questão do Livro I, em que Agostinho inicia dizendo que "em primeiro lugar, examinarei a intenção do Apóstolo que permeia toda a Carta. Isto é, que ninguém se glorie dos merecimentos das obras" (*De diver. quaest. ad Simplicianum*, I, 2, 2). Ao que reforça no tópico seguinte: "Para tratarmos do assunto que nos interessa, tudo isto é relembrado para quebrar e acabar com o orgulho de homens mal-agradecidos para com a graça de Deus e que ousam gloriar-se dos próprios merecimentos" (Ibid., I, 2, 3).
7. Isso depois de já ter escrito e enviado duas Cartas aos monges falando do assunto (cf. *Ep.* 214 e 215).
8. Cf. também *De grat. et lib. arb.*, 1, 1 e 4, 6 e uma passagem do tratado *Sobre a graça de Cristo e o pecado original*: "Nesta questão, em que se trata acerca do arbítrio da vontade e da graça de Deus, é tão difícil marcar os limites, que, quando se defende o livre-arbítrio, parece que se nega a graça de Deus, e [...] quando se afirma a graça de Deus, se julga que se suprime o livre-arbítrio" (*De grat. Christi et pecc. orig.*, I, 47, 52).

rando, aquilo que ele mesmo começa, se tanto o começo da obra quanto seu acabamento pertencem a Deus, os superiores devem apenas instruir seus súditos e rogar para que não lhes falte a graça de cumprir seus deveres, mas não podem, de modo algum, imputar-lhes culpa, já que os monges faltosos estariam privados de um auxílio que Deus concede a quem quer. Pode-se ver que se trata de uma conclusão perigosa para a vida religiosa: o fatalismo, a inércia ou a insubordinação podem ser justificadas a partir desta doutrina (In: AGOSTINHO, 1999b, 81).

Motivo pelo qual, Agostinho foi instado a escrever a segunda das *quatro últimas obras*, o tratado *Sobre a correção e a graça*, na tentativa de pôr um ponto final nas discussões entre os monges de Adrumeto. Mas se essa obra conseguiu acalmar os referidos monges – se é que conseguiu –, doutra parte provocaria a ira de um certo pelagiano de nome Vital, o qual sustentava que

1. a graça de Jesus Cristo era necessária a todo homem para viver santa e justamente, e que nenhuma ação boa o homem podia fazer sem a graça, mas que o efeito dela dependia inteiramente da nossa vontade, a qual a aceitava se queria, ou recusava se não queria;
2. *que o princípio da conversão e da salvação eram do homem*;
3. e que Deus a ninguém nega a graça para bater, para pedir e para buscar, cuja graça contudo é submetida à vontade do mesmo homem (SANTOS, 2011, 130. Itálico nosso).

Estava posta a tese central e também o início do que veio a se chamar mais tarde, na modernidade/contemporaneidade, semipelagianismo[9]. Se-

---

9. Conforme Anthony Dupont, "o termo 'semipelagianismo' é anacrônico – inventado séculos depois a partir de certas semelhanças com o conteúdo da controvérsia pelagiana –, e não foi usado por Agostinho" (DUPONT, A., *La Gratia en los Sermones ad Populum de San Agustín durante la controversia pelagiana*, 61). Ao que acrescenta em nota de rodapé: "O termo 'semipelagianismo' se apresenta pela primeira vez no século XVI, durante o assim chamado debate *De auxiliis* (1598-1607), no qual Luis de Molina foi acusado de semipelagianismo por sua ênfase na ideia de cooperação entre seres humanos e Deus. Se diz que se baseou em João Cassiano (360-435), em Vicente de Lérins (morto em 450) e em Fausto de Riez (404-495)" (Ibid., 61, nota 161). Igualmente reforça essa informação Thiago Titillo, ao dizer que "este partido surgiu no sul da França e teve como seu principal expoente o abade do monastério de Marselha, João Cassiano (c. 360-c. 435)" (TITILLO, T.

gundo Agustinho Belmonte, esta doutrina tem como fundamento base a tese de "que o início da fé se deve *ao próprio crente* e os outros dons eram *consequências deste mérito* precedente" (In: AGOSTINHO, 1999c, 141. Itálico nosso)[10], motivo pelo qual Agostinho escreveu a terceira das

---

V., *A gênese da predestinação na história da teologia cristã. Uma análise do pensamento de Agostinho sobre o pecado e a graça*, São Paulo, Fonte, 2013, 83), daí, Robert Charles Sproul ao dizer que "ele é tão identificado com o semipelagianismo que este, algumas vezes, é chamado de cassianismo" (SPROUL, R. C., *Sola gratia*, 72) ou, que "eram designados pelo apelativo de marselhenses, devido ao fato de suas vidas e obras terem se desenvolvido em torno da cidade de Marselha" (MONDONI, D., *História da Igreja na antiguidade*, São Paulo, Loyola, 2001, 167). Na contemporaneidade os fundamentos do semipelagianismo seriam associados ao arminianismo, a ponto de Duane Spencer (1920-1981) dizer que "o arminianismo nada mais é do que um refinamento do pelagianismo, enquanto outros moderadamente empregam o termo 'semipelagianismo' nos ataques contra o arminianismo" (apud VANCE, L. M., *O outro lado do calvinismo*, São Paulo, Reflexão, 2017, 16). E mais adiante, fazendo uma correlação, por um lado, entre o agostinismo e o calvinismo e, por outro, entre o semipelagianismo e o arminianismo, diz que "o calvinismo é frequentemente e corretamente chamado agostinianismo; e o arminianismo, semipelagianismo" (Ibid., 61). Igualmente diz John Feinberg: "As raízes do arminianismo, dizem alguns teólogos, estão em Pelágio, que pregava um tipo de autossalvação, negava que o homem é depravado, e negava que Deus tem algum plano. Jacobus Arminius (1560-1609), discípulo de Beza (1519-1605), sucessor de Calvino, dedicou-se com afinco ao estudo das doutrinas calvinistas, a fim de combater mais eficazmente as ideias pelagianas. Entretanto, o calvinista Armínio surpreendentemente chegou à conclusão de que o calvinismo estava errado, e passou a defender a posição que vinha atacando! Em 1610, após a morte de Armínio, seus seguidores produziram um memorial constituído de cinco pontos fundamentais – um resumo do arminianismo. Armínio mesmo não deixou um sistema doutrinário articulado. Segundo alguns, Simon Episcopius (1583-1643) é quem sistematizou o arminianismo" (FEINBERG, J. et al., Prefácio à edição brasileira, 5-6).

10. A esse respeito, Ignacio L. Bernasconi, ressaltando a diferença/semelhança entre o pelagianismo e o semipelagianismo, diz: "Para além das importantes diferenças que esta proposta apresenta em relação ao pelagianismo, não deixa de ser manifesta certa afinidade com ele: se o começo da fé, isto é, o *initium fidei*, fundamento de toda a graça cristã, é fruto da vontade humana, e se por esta ação inicial nos fazemos merecedores do aumento da fé, com o correspondente incremento de dons divinos, a graça, em seu conjunto, não deixa de ser mais que uma paga, um prêmio ou uma retribuição daquele ato inicial, gerado pelo homem mesmo. Desta maneira, em sintonia com a proposta pelagiana, o coração da economia salvífica ficava novamente amenizado: em última instância, a justificação parecia ser um assunto reservado ao homem, em que Deus perdia, praticamente, toda relevância" (BERNASCONI, I. L., *Libertad y gracia en San Agustín*, 108). Daí Paulo Anglada, dizer que o semipelagianismo, "embora reconheça a enfermidade moral do homem, afirma que este dever fazer o próprio movimento em direção a Deus por suas próprias forças; após o que, então, vendo a sinceridade de seus esforços, Deus cooperará com a sua graça, recompen-

suas *quatro últimas obras*, o tratado *Sobre a predestinação dos santos*, em que deixa claro o que está em questão:

> Agora vejo que devo dar uma resposta aos que dizem que os testemunhos divinos, mencionados por nós e concernentes ao assunto, valem apenas *para provar que podemos adquirir o dom da fé por nós mesmos, ficando para Deus só o seu acrescimento em virtude do mérito com o qual ela começou por nossa iniciativa* [...]. Com esta crença não se desviam da sentença que Pelágio foi impelido a condenar no concílio da Palestina, como o atestam as próprias Atas: "A graça de Deus é-nos concedida de acordo com nossos méritos". Esta doutrina advoga que não se atribui à graça de Deus o começar a crer, mas ela nos é acrescentada para que acreditemos mais ainda e plenamente (*De praed. sanct.*, 2, 3. Itálico nosso)[11].

Ou seja, o semipelagianismo buscava uma via intermediária entre o agostinianismo e o pelagianismo, admitindo alguns princípios da

---

sando os esforços do homem. Ou seja, o homem dá o primeiro passo" (ANGLADA, P. R. B., *Calvinismo. As antigas doutrinas da graça*, Ananindeua, Knox, 2015, 26). Analisando este princípio, Réginald Garrigou-Lagrange diz que, mais tarde, Tomás de Aquino, baseando-se no princípio filosófico de que uma coisa não pode ser causa de si mesma, identifica aqui um erro lógico, visto que "o mérito, que é um ato que dá direito a recompensa, não pode obter o princípio de onde procede. Daí a evidência: o princípio do mérito não pode ser merecido [...]. O princípio do mérito é o estado da graça e a preservação nele; portanto, o princípio do mérito não pode merecer-se. E se não podemos merecer o primeiro efeito da graça santificante, o mesmo se deve dizer da conservação que vem a ser a continuação do primeiro efeito e não uma ação divina distinta [...]. A conservação do estado de graça não pode, por conseguinte, ser mais merecida que sua primeira produção" (GARRIGOU-LAGRANGE, R. M., *La providencia y la confianza en Dios. fidelidad y abandono*, Buenos Aires, Desclée de Brouwer, 1942, 295-296).

11. Os mesmos motivos que levaram a escrever o tratado *Sobre o dom da perseverança*: "Os irmãos que ocupam nossa atenção, cujas vozes se elevam bradando que a exortação é inutilizada pela pregação da predestinação e da graça, limitam-se a exortar os dons que, segundo eles, *não são concedidos* por Deus, mas *adquiridos* pela nossa competência, como o são o início da fé e a perseverança nela até o fim. Isto os levaria a exortar somente os infiéis à fé e os fiéis a conservá-la" (*De dono persev.*, 17, 45. Itálico nosso). Igualmente, no *Manual sobre a fé, a esperança e a caridade, a Laurêncio*, diz: "Àquele que não quer, [a misericórdia de Deus] vem ao encontro, para que queira; àquele que quer, acompanha, para que não queira em vão" (*Enchir. ad Laurentium*, 9, 32). Com isto, diz Luis Cadiz, em Agostinho "é tão universal a necessidade da graça que não somente é necessária para fazer o bem e preservar nele até o fim, mas que sem ela não se pode passar absolutamente da incredulidade à fé, da impiedade à piedade" (CADIZ, L. M. de, *San Agustin. La vida e la doctrina*, Buenos Aires, Atlantida, 1944, 182).

doutrina de Agostinho, nomeadamente acerca do pecado original e sua transmissão hereditária, mas sem ferir o princípio básico do voluntarismo/libertarismo pelagiano, conforme vemos, de forma clara, nas palavras de Philip Schaff, acerca do pensamento de João Cassiano (c. 360-430), citadas por Robert Charles Sproul:

> Em oposição a ambos os sistemas [pelagianismo e agostinianismo], ele [Cassiano] pensava que a imagem divina e a liberdade humana não haviam sido aniquiladas, mas apenas enfraquecidas pela queda; em outras palavras, que o homem estava doente, mas não morto, que não podia, de fato, ajudar-se, mas podia desejar a ajuda de um médico e aceitá-la ou recusá-la quando oferecida, e por isso devia cooperar com a graça de Deus na sua salvação. À questão sobre qual dos dois fatores tem a iniciativa, ele responde de forma completamente empírica: algumas vezes, talvez normalmente, a vontade humana, como nos casos do Filho Pródigo, de Zaqueu, do Ladrão Penitente e de Cornélio, orienta-se para a conversão; outras vezes, a graça a antecipa e, como nos casos de Mateus e Paulo, retira a vontade resistente – porém, mesmo nesse caso, sem coerção – a Deus. Aqui, consequentemente, a *gratia praeveniens* é manifestamente negligenciada (SCHAFF apud SPROUL, 2001, 74)[12].

Frente a esta forma de "pelagianismo mitigado" dos semipelagianos, Agostinho, que antes já havia combatido a última fase do pelagianismo, além de reafirmar a tese central de que em hipótese alguma o homem alcança a salvação unicamente por méritos próprios, acrescentaria que no processo de perfeição humana a graça divina atua não só sobre o poder, restaurando-o, mas também sobre o querer, conforme vimos no capítulo anterior[13], radicalizando ainda mais suas posições iniciais ao dizer que,

---

12. Igualmente reforça essa tese Edgar Gibson, ao dizer que o principal erro dos semipelagianos era acreditar "que a natureza [humana], sem o auxílio, podia dar o primeiro passo em direção à sua recuperação, ao desejar ser salva pela fé em Cristo. Se não houvesse essa possibilidade – se qualquer bem partisse exclusivamente de um ato divino –, as exortações seriam inúteis, e a censura [pelos pecados] injusta no caso daqueles que não haviam se beneficiado desse ato divino e que, até que isso acontecesse, estavam impotentes e, portanto, eram inculpáveis nessa questão. Do partido que adotou essa posição, Cassiano era reconhecidamente o líder" (apud OLSON, R. E., *História da teologia cristã. 2000 anos de tradição e reforma*, São Paulo, Vida, 2001, 287).

13. A esse respeito, Réginald Garrigou-Lagrange observa que "com a aparição da heresia pelagiana se compreendeu, pouco a pouco, a necessidade de considerar a predestinação, não só sobre a ordem de executar, a maneira de exortação, mas da intenção,

no processo de salvação, *Deus escolhe ou elege antecipadamente alguns que hão de se salvar* (predestinação da glória), dando-lhes a fé para querer o bem (início da fé) e a força necessária para poder realizar e ou preservar na fé (predestinação da graça)[14], de forma que o querer e o poder são obras de Deus antes que méritos dos homens[15]. Tese esta reforçada pouco tempo depois na quarta de suas *últimas quatro obras*, a saber, o tratado *Sobre o dom da perseverança*, em que diz:

Esta é a predestinação dos santos e não outra coisa: ou seja, a presciência de Deus e a preparação dos seus favores, com os quais alcançarão a libertação de todos aqueles que são libertos. Os demais, porém, por um justo juízo divino, são abandonados na massa de perdição, onde foram abandonados os tírios e os sidônios, os quais também poderiam crer, se tivessem presenciado os maravilhosos sinais de Cristo. Mas como não lhes foi dado crer, foi-lhes negada a motivação da fé. De tudo isto se conclui que alguns têm na própria

---

ut in salutis negotio totum Deo detur. A fim de que no concernente à salvação tudo seja atribuído a Deus" (GARRIGOU-LAGRANGE, R. M., *La predestinación de los santos y la gracia. Doctrina de Santo Tomás comparada con los otros sistemas teológicos*, Buenos Aires, Desclée de Brouwer, 1946, p. 57). Daí Victorino Capánaga dizer que "o semipelagianismo obrigou Santo Agostinho a desenvolver a doutrina da graça até suas últimas consequências" (CAPÁNAGA, V., *Agustin de Hipona. Maestro de la conversión cristiana*, Madrid, La Editorial Católica/BAC, 1974, 116), que seria a teoria da predestinação.

14. Os conceitos de predestinação à graça e de predestinação à glória foram criados na modernidade para interpretação da teoria da predestinação agostiniana. Alguns intérpretes defendiam que Agostinho teria aceito uma teoria, outros, outra. Ao que contesta Luis Cadiz, afirmando que "Agostinho não estabeleceu distinção entre a predestinação à graça e à glória. A segunda é um caso particular da primeira e tão gratuita e imerecida quanto a outra, pois são independentes de todo mérito natural e humano" (CADIZ, L. M. de, *San Agustin*, 190).

15. Temos aqui o cerne da terceira e última fase da concepção agostiniana de livre-arbítrio/liberdade, a que denominaremos de "o terceiro Agostinho do livre-arbítrio/liberdade", o das obras contra os semipelagianos. Nelas, o livre-arbítrio se apresenta gravemente danificado, e, consequentemente, necessitando da cooperação da graça divina para atuar não só em relação ao poder, mas também no querer. A primeira vista, deveria haver uma total anulação ou gritante contradição entre o livre-arbítrio da vontade humana e a graça divina, mas que, como vimos no capítulo anterior, quando tratamos da distinção entre "liberdade humana ou adâmica" e "liberdade em Deus", curiosamente, ou paradoxalmente, é exatamente nesta terceira e última fase que Agostinho discorre sobre o nível da "verdadeira liberdade", aquela que acontece em toda a sua plenitude unicamente em Deus, encontrando no homem predestinado ou eleito à santidade, aquele que mais se aproxima dela.

natureza a divina dádiva da inteligência que os move à fé ou mediante a pregação ou a visão de sinais adequados à sua mente. Contudo, se, por um mais alto juízo de Deus, não são separados da massa de perdição pela graça da predestinação, não lhes aproveita nem a pregação nem os sinais divinos, mediante os quais poderiam crer se ouvissem a pregação ou presenciassem os sinais (*De dono persev.*, 14, 35. Itálico nosso).

Ao que conclui mais adiante, que,

aqueles que ouvem com espírito de obediência a exortação deste dom é porque lhe foi outorgada, ou seja, o dom de ouvir com obediência; aqueles, porém, que não ouvem com este espírito, é porque não lhe foi concedido o dom. Pois não foi qualquer um, mas o próprio Cristo quem disse: *Ninguém pode vir a mim, se isto não lhe for concedido pelo Pai* (Jo 6,65) e *a vós foi dado conhecer os mistérios do Reino dos céus, mas a eles não* (Mt 13,11) [...]. Portanto, a graça antecede a fé [...] e porque precede a vontade, consequentemente precede toda obediência, precede também a caridade, mediante a qual se presta a Deus uma obediência submissa e suave. E isto é obra da graça em quem é concedida (Ibid., 14, 37; 16, 41).

Assim, nas duas últimas obras das *últimas quatro obras* de Agostinho, respectivamente o tratado o *Sobre a predestinação dos santos* e o tratado *Sobre o dom da perseverança*, abria-se espaço para pelo menos duas ou três questões emblemáticas, a saber: 1) se tudo está preordenado pela vontade divina (graça e predestinação divinas), há espaço para vontade humana?; 2) sendo uns escolhidos independentemente de méritos futuros, e outros não, pode-se falar de uma "dupla predestinação" em Agostinho?; 3) mais do que isto, neste caso, onde fica a justiça divina?

Por isso a obra de Agostinho *Sobre a predestinação dos santos* provocaria grandes reações por parte dos monges dos monastérios de Marselha e Lérins, liderados pelo abade João Cassiano[16], que fora ex-aluno de São

---

16. Segundo Felix Cobbinah, "a sua obra mais importante são os *Collationes Patrum*, em que narra uma experiência de permanência por sete anos no Egito, junto com o amigo Germano. Em tal obra, em particular no Colóquio XIII, rejeita decididamente os erros de Pelágio, afirmando por sua vez a *pecaminosidade universal do homem*, introduzida pela queda de Adão, e a *necessidade da graça divina aplicada a todo ato individual*. Mas Cassiano, sem nominar Agostinho, nem combater a doutrina da eleição e da obra irresistível e particular da graça, a descreve em nítido conflito com a tradição da Igreja e, sobretudo, com a teologia da Igreja do Oriente" (COBBINAH, F., *La controversia pela-*

João Crisóstomo[17], daí serem chamados inicialmente de *cassionistas*, e, mais tarde, simplesmente de semipelagianos[18], por assumirem uma forma disfarçada de pelagianismo. Conforme diz Cândido dos Santos, estes

> confessavam que todos os homens tinham pecado em Adão e que ninguém era salvo pelas suas obras, mas sim pela graça da regeneração. E só nisto é que se distinguiam dos pelagianos. Mas quanto ao decreto da predestinação eles o faziam depender do merecimento dos homens que Deus previu; e quanto à sua graça a faziam comum a todos e submetida à sua vontade (2011, 179)[19].

Ou seja, os semipelagianos de Marselha e Lérins, preocupados em salvaguardar a livre vontade humana, tentavam resolver o problema estabelecendo uma estreita relação entre a predestinação e a presciência divina, ao defenderam que Deus predestinou à salvação todos aqueles a quem previu de antemão que se fariam dignos ou merecedores de sua eleição, de forma que quem salva é Deus, mas a partir de um prévio conhecimento (da presciência) de um merecimento futuro, *post praevisa merita*[20]. E assim resolver-se-iam todas as supracitadas questões: o ho-

---

giana. Un'eresia teologica del V secolo, Tese de Doutorado em Teologia, Istituto Avventista di Cultura Biblica, 2015, 47. Itálico nosso). Cf. também, SCHAFF, P., apud SPROUL, R. C., *Sola gratia*, 73-74.

17. A esse respeito diz Peter Brown: "O Mediterrâneo era cercado de pequenas comunidades dinâmicas: em Adrumeto, na África, e ao longo do litoral sul da Gália, em Marselha e Lérins. Esses mosteiros costumavam ser dirigidos por homens de origem totalmente diversa daquele de Agostinho. João Cassiano, por exemplo, em Lérins, viera de Bálcãs, fora monge no Egito e se tornara discípulo de João Crisóstomo em Constantinopla. Era um representante vivo, no centro do mundo latino, de ideias que Agostinho nunca tinha absorvido e das tradições otimistas de Orígenes" (BROWN, P., *Santo Agostinho, uma biografia*, 497).

18. Acerca dos *cassionista*s, diz Roger Olson: "As gerações posteriores chamaram-nos de semipelagianos" (OLSON, R. E., *História da teologia cristã*, 286).

19. Igualmente Robert Charles Sproul, ao estabelecer a igualdade/diferença entre Cassiano, Pelágio e Agostinho, diz que Cassiano, contra Pelágio, aceita a hereditariedade do pecado original, mas, "rejeita o ponto de vista de Agostinho sobre a incapacidade moral da vontade em se inclinar para o bem ou para Deus. Completamente contra Pelágio, Cassiano insistiu que a graça é necessária para a justiça. Essa graça, no entanto, é resistível. Porque, para ser efetiva, a vontade humana deve cooperar com ela" (SPROUL, R. C., *Sola gratia*, 74).

20. Inclusive, como ressalta Réginald Garrigou-Lagrange, os semipelagianos incluíam nesta noção de predestinação, como sinônimo de presciência divina, as crianças

mem é livre e Deus é justo por premiar aquele que merece e, ao contrário, condenar aquele que não é merecedor.

Na concepção semipelagiana de "salvação condicionada" o que compete a Deus é dar o auxílio necessário – a graça – a todos para que se façam merecedores, caso queiram, uma vez que, defendiam, se o pecado original não danificou totalmente a natureza humana, todos somos capazes de buscar e receber a ajuda e com ela nos tornarmos merecedores da salvação. Logo, diz João Cassiano em suas *Instituições cenobíticas*, "a graça é dada a fim de que aquele que começou a desejar seja assistido, não para dar o poder de desejar" (apud SPROUL, 2001, 73), numa clara preocupação em salvaguardar, ao mesmo tempo, a universalidade da graça de Deus e a responsabilidade moral real do homem caído.

Eis, portanto, o cerne da tese central do semipelagianismo, que o torna diferente do pelagianismo e do agostinianismo:

> A virtude humana não pode crescer nem ser aperfeiçoada sem a graça [...]. Mas o *início* das boas decisões, dos bons pensamentos e da fé – entendidos como preparação para a graça – pode partir de nós mesmos. Consequen-

---

mortas antes da idade da razão, uma vez que "Deus as predestina ou as reprova prevendo as más obras que haveriam de ter feito caso tivessem vivido mais. É esta uma presciência de futuros condicionais, ou futuríveis, anterior a qualquer decreto divino, que nos faz pensar na 'teoria da ciência média' proposta mais tarde por Molina. Desse modo, alguns seriam reprovados por faltas não cometidas, responderam os adversários desta doutrina" (GARRIGOU-LAGRANGE, R. M., *La predestinación de los santos y la gracia. Doctrina de Santo Tomás comparada con los otros sistemas teológicos*, 24). Tese reprovada pelo próprio Agostinho no tratado *Sobre a alma e sua origem*, quando, depois de refutar a tese de que a alma já nasça pecadora, diz: "Tampouco é admissível outra quarta opinião, a saber, que as almas das crianças que morreram sem o batismo tenham sido castigadas pela justiça divina a habitar na carne pecadora e a sofrer a condenação eterna porque Deus previu que haveriam de viver em pecado quando chegassem à idade em que poderiam usar do livre-arbítrio. Nosso adversário, que se encontra em tão grande aperto por causa de suas opiniões, não se atreve a chegar a tal extremo, e ainda protestou breve e manifestamente contra esta absurda afirmação, dizendo: 'Deus teria sido injusto se tivesse julgado a um homem antes de nascer pela simples presciência das obras imperfeitas de sua vontade' [...]. Esta resposta é acertada, pois o homem deve ser julgado unicamente pelas ações de que é autor e não pelas que haveria de cometer, ainda quando Deus as conheça de antemão [...] Logo, não tem outro motivo de condenação além do pecado original" (*De an. et eius orig.*, I, 12, 15). Mais um argumento para defendermos que em Agostinho não há condenação supralapsária, mas tão somente infralapsária, ou seja, em razão do pecado original.

temente, a graça é absolutamente necessária para alcançarmos a salvação final (perfeição), mas não tanto para dar a partida. Ela nos acompanha em todos os estágios do nosso crescimento interior, e as nossas manifestações não são úteis sem ela (*libero arbitrio semper co-operatur*); mas ela apenas apoia e acompanha aquele que realmente se esforça [...] (HARNACK apud SPROUL, 2001, 75)[21].

Em resposta às posições semipelagianas dos monges de Marselha e Lérins, Agostinho dava continuidade a série de obras anteriores, escrevendo a última de suas *quatro últimas obras*, o tratado *Sobre o dom da perseverança*, que, como foi anunciado anteriormente, ficaria inacabada.

4.2 A concepção agostiniana de graça/predestinação em diálogo com a modernidade/contemporaneidade

4.2.1 Predestinações "incondicionadas" e "condicionadas" nos leitores de Agostinho na modernidade/contemporaneidade

No capítulo anterior vimos que, por um lado, as posições agostinianas, presentes no conjunto de suas *últimas quatro obras*, resolviam ou refutavam os pelagianos e semipelagianos, colocando na gratuidade da vontade de Deus o cerne da salvação, sem, no entanto, negar a liberdade humana. Mas, por outra, colocava mais lenha na fogueira, ao dar margem a mais uma complicadíssima questão, a saber: a "teoria da predestinação", em torno da qual, ao longo dos séculos, nasceram muitas contendas, principalmente a partir do início da modernidade, quando os membros da Reforma e da Contrarreforma passaram a se degladiar, seja entre grupos ou internamente entre si, em busca de uma solução, predominando principalmente duas grandes linhas de interpretações:

---

21. Conforme já dissemos, esta posição semipelagiana, que influenciaria muitos intérpretes posteriores, ficaria conhecida pelo nome de "sinergismo", que defende que, no processo de eleição/salvação, Deus "trabalha em conjunto" com o homem, que é o contrário do "monergismo", segundo o qual, neste processo, Deus "trabalha sozinho", sem nenhuma cooperação por parte do homem. O "monergismo" será defendido mais tarde, por João Calvino, conforme veremos.

4.2.1.1 "Predestinação incondicionada"

A primeira grande linha de interpretação ficou conhecida por "predestinação incondicionada", cujos principais representantes são os chamados "predestinacionistas radicais", ou "incompatibilistas"[22], partidários da chamada "dupla predestinação[23]

22. Termo associado geralmente ao ramos do protestantismo histórico mais ortodoxo, também chamados de "Reformados", dentre eles o calvinismo, principalmente a sua ala mais radical, também chamada de "hipercalvinismo" ou "calvinismo fatalista", mas também, no lado católico, ao teólogo professor de Lovaina, Cornélio Jansênio (1585-1638), bispo de Ypres. Os fundamentos defendidos na obra *Augustinus*, de Jansênio, foram sintetizados nos seguintes pontos por Agustinho Belmonte, em sua introdução à tradução brasileira da obra agostiniana *Sobre a predestinação dos santos*: "A natureza humana, depois do pecado original, ficou inteiramente despojada da graça, por esta razão, era-lhe impossível observar todos os mandamentos divinos; o pecado original tirou a liberdade de querer e tornou o homem incapaz de qualquer bem, inclinando-o, necessariamente, ao mal; Cristo ofereceu aos homens a graça da salvação, mas não morreu por todos, e sim, só para uns poucos eleitos; a predestinação é, pois, gratuita e precede a qualquer ato de nossa vontade; o verdadeiro bem vem, portanto, da graça eficaz que Deus concede aos predestinados. E mais: à total corrupção da natureza humana, opõe a irresistibilidade da graça de Deus. Destas afirmações deriva a negação de uma vontade salvífica, operante e universal de Deus" (BELMONTE, A., Introdução, in: AGOSTINHO, Santo, *A graça*, v. II. *A predestinação dos santos*, São Paulo, Paulus, 1999c, 141-148, aqui 146).

23. Na realidade, a "doutrina da dupla predestinação" teve início com Lucídio, no século V, cujas ideias foram condenadas sucessivamente nos Sínodos de Arles, 473, de Lyon, em 474, e de Orange, em 529, passando por pensadores de peso como Isidoro de Servilha (560-636) e Gotescalco [Gottschalk] de Orbais (808-867), ambos condenados nos sucessivos Sínodos de Mongúcia (848), Quierzy (853) e Valença (855), por contrariarem as doutrinas fundamentais de Agostinho, depois Thomas Bradwardine (1290-1349) e Gregório de Rimini (1300-1358), até atingir Lutero (1483-1546) e João Calvino (1509-1564), no início da Modernidade. Este, na obra *Breve Instrução Cristã*, diz: "A semente da Palavra de Deus acha raízes e frutifica unicamente naqueles em quem o Senhor, por sua eterna eleição, destinou para serem filhos e herdeiros do reino celestial. Para todos os demais, que pelo mesmo conselho de Deus, antes da constituição mundo, foram reprovados [...]" (CALVINO, *Breve instrução cristã*, 2008, 35). Bem como na obra *A Doutrina da Eleição*, encontramos diversas passagens em que defende a "predestinação incondicional supralapsária", por exemplo, logo no primeiro tópico que, comentando as palavras do apóstolo Paulo (2Tm 1,9-10), se inicia dizendo: "se nós quisermos conhecer a livre misericórdia de nosso Deus em nos salvar, devemos nos achegar a Seu conselho eterno pelo qual Ele nos escolheu antes da fundação do mundo. Pois aqui podemos ver que Ele não tinha nenhuma estima às nossas pessoas, nem à nossa dignidade, nem a quaisquer méritos que poderiam haver em nós. Antes de nascermos, estávamos inscritos em Seu registro; Ele já havia nos adotado por Seus filhos" (CALVINO, *A doutrina da eleição*, 2018, 5). Tamanha é a relação entre a "doutrina da dupla predestinação" em Calvino e Gotescalco de Orbais que

supralapsária"[24], como ficou conhecida mais tarde: uma "positiva", referente aos "eleitos" que alcançarão necessariamente a salvação eterna, e outra, "negativa", dos reprovados ou predestinados ao suplício eterno. Tanto quanto no caso dos escolhidos, ambas são obra deliberada da vontade de Deus: o que para os críticos desta teoria entra em contradição com o conceito de Deus como sumo bem; seguindo essa perspectiva ter-se-ia um Deus perverso, que deliberadamente escolhe alguns para o inferno, o que para comentadora Eva Michel

constitui uma afronta para o nosso sentido (moderno) de justiça. Para não falar do fato de que esta conclusão parece contradizer, diametralmente, a pregação e a vida de Jesus que, de acordo com os evangelhos do Novo Testamento, nunca limitou o seu convite a apenas alguns (2013, 64-65)[25].

Daí concluir, mais adiante, dizendo que "o 'caráter duplo' da predestinação é, sem dúvida, o aspecto que mais destoa com a nossa sensibili-

---

o calvinista Hans von Schubert chega a dizer, "não é apenas nosso direito, mas é também nossa obrigação considerar este 'Calvino da Alemanha' como um dos primeiros heróis da história de nossa fé" (apud HANKO, 2013, 83). Daí, não obstante, Robert Charles Sproul dizer que "não há nada na visão de Calvino sobre a predestinação que não tenha sido proposto anteriormente por Lutero e por Agostinho, antes dele" (2002, 10) Suspeitamos que, neste tocante, Calvino (bem como Lutero) tenha sido mais influenciado pelos supracitados autores do que pelo próprio Agostinho, que certamente não concordaria com suas posições, conforme temos demonstrado ao longo deste trabalho.

24. Segundo João Alves dos Santos, "o nome deriva-se da palavra *lapsus*, que quer dizer 'queda'. Assim, a queda do homem é o fator decisivo nessa discussão. Dentre outras menos comuns, duas posições são as que dominam o campo da discussão entre os calvinistas, as quais levam o nome de supralapsarianismo e infralapsarianismo [...]. Esses prefixos também são latinos e significam 'acima' ou 'anterior' (*supra*) e 'abaixo' ou 'posterior' (*sub* ou *infra*). O supralapsarianismo coloca tanto o decreto da eleição para a vida como o da reprovação ou predestinação para a morte como ocupando lugar antes do decreto da queda (daí o nome supralapsarianismo), ao passo que o infralapsarianismo coloca o lugar de ambas depois do decreto da queda, em ordem ou sequência histórica, por isso é chamado de infra ou sublapsarianismo" (SANTOS, J. A. dos, Calvino e o lapsarianismo. Uma avaliação de como Calvino pode ser lido à luz da discussão supra e infralapsariana, *Fides Reformata*, v. 22, n. 2 (2017) 117-138, aqui 118).

25. Igualmente Marcos Azevedo diz que "a doutrina da dupla-predestinação, segundo a qual Deus elegeu uns para a salvação e outros para o inferno, também soa estranha aos ouvidos modernos" (AZEVEDO, M. A. de F., *A liberdade cristã em Calvino. Uma resposta ao mundo contemporâneo*, Tese de Doutorado em Teologia, Rio de Janeiro, PUC-Rio, 2007, 09).

dade e o que há de mais difícil de aceitar para 'cristãos esclarecidos' do século XXI" (Ibid., 67).

O certo é que na "doutrina da dupla predestinação supralapsariana" o pecado faz parte da natureza dos condenados, levando ao entendimento de que Adão pecou necessariamente, seguindo os desígnios para os quais fora escolhido[26], caindo-se assim num "quase maniqueísmo" de que há uma determinada natureza ontologicamente má, conforme vemos em um pequeno trecho das *Institutas* de Calvino, em que, para executar esta vontade absoluta, Deus não somente permitiu mas quis e fez com que acontecesse a queda de Adão:

> Mais uma vez pergunto: de que modo aconteceu que a queda de Adão envolveu irremediavelmente tantos povos, juntamente com a sua descendência infantil, na morte eterna, a menos que isso agradasse a Deus? O decreto é terrível, confesso. Contudo, ninguém pode negar que Deus conheceu de antemão o fim que o homem deveria ter antes de o ter criado e, consequentemente, conheceu de antemão porque assim ordenou por seu decreto. E não deveria me parecer absurdo dizer que Deus *não só previu a queda do primeiro homem, e nele a ruína de seus descendentes, mas também o cumpriu* [fez com que ocorresse] *de acordo com sua própria decisão* [...]. Logo, o primeiro homem caiu porque o Senhor julgou conveniente que ele caísse [fez com que caísse] (CALVINO, *Institutas*, III, 23, 7-8. Itálico nosso).

O que logo adiante, entrando em contradição com o que havia dito anteriormente, diz que

> o homem cai conforme a providência de Deus ordena, *mas cai por sua própria culpa* [...]. Pois, ainda que, pela providência eterna de Deus, o homem tenha sido criado para sofrer aquela calamidade à qual está sujeito, ainda toma sua ocasião do próprio homem, não de Deus, pois a única razão para sua ruína é que ele degenerou da criação pura de Deus, em perversidade viciosa e impura (Ibid., III, 23, 8-9. Itálico nosso).

---

26. Daí dizer Merval Rosa que "todo o sistema da teologia de Calvino parte da doutrina da soberania de Deus [...]. Por exemplo, por mais chocante que pareça à razão humana, o pecado e a culpa de Adão foram imputados à raça humana simplesmente porque Deus assim decretou" (ROSA, M., Agostinho e a controvérsia pelagiana, in: ID., *Antropologia filosófica. Uma perspectiva cristã*, Rio de Janeiro, JUERP, ²2004, 253-261, aqui 246-247).

Afinal de contas, ele caiu por cumprir um decreto determinístico ou por livre vontade?

Daí ressaltar Ebenezer Oliveira, que "é inegável, pois, que Calvino advogava que até os pecados acontecem por decretos propositais de Deus, uma vez que, para ele, a morte espiritual e eterna de um ser homem acontece pelo plano e vontade divina" (2016, 35). Neste caso, defendem eles, tendo o pecado de Adão manchado todos os seus descendentes, transformando-os em "massa de perdição", inclusive os "eleitos", Deus escolheu antecipadamente alguns para salvação e a estes seriam dados os meios (graça eficaz ou irresistível[27]) capazes de resgatá-los do meio da "massa de condenados", de restaurar sua liberdade decaída, ruma à salvação, ficando os demais condenados ou relegados ao infortúnio, visto possuírem tão somente um livre-arbítrio totalmente corrompido (depravação total[28]).

Daí defenderem, ademais, que a vinda do Cristo redentor estaria destinada, única e exclusivamente, aos "eleitos" desde a eternidade, a chamada "expiação limitada", ou "particular", a qual, diante da pergunta "Por quem Cristo morreu?"[29], Louis Berkhof dizia que, para os reformadores,

---

27. Sobre o conceito de "graça irresistível" trataremos mais adiante.
28. Sobre o conceito de "depravação total" trataremos mais adiante.
29. Inclusive este é o título de dois livros polêmicos: um, de John Owen, em defesa da chamada "expiação limitada", cuja segunda edição brasileira é de 1996. O outro, de David Allen, traduzido no Brasil recentemente e contrário a essa tese. Diz David Allen que "muitos na tradição reformada geralmente presumem que Agostinho defendeu a expiação limitada. Contudo, uma investigação de suas declarações reais sobre a extensão da expiação prova o contrário [...]. Agostinho falou mais de uma vez sobre Jesus como o cordeiro que 'tira os pecados do mundo' sem qualificar o significado de 'mundo'" (ALLEN, D., *Por quem Cristo morreu? Uma análise crítica sobre a extensão da expiação*, Natal, Carisma, 2019, 64). E continua citando e comentando diversas passagens de obras de Agostinho, nas quais diz ter Jesus vindo para salvar o "mundo inteiro". Além de David Allen, Norman Geisler diz que "é possível argumentar que João Calvino não cria na expiação limitada" (GEISLER, N., *Eleitos, mas livres. Uma perspectiva equilibrada entre a eleição divina e o livre-arbítrio*, São Paulo, Vida, 2001, 63), e que esta é uma tese defendida pelos chamados "calvinistas extremados" do que por ele. O argumento dos que rejeitam a "expiação ilimitada", ou "universal", está assentado no seguinte raciocínio lógico: "Ora, se existe uma graça eficaz que tem o poder de salvar a todos, e Deus de fato quer salvar a todos, então por que Deus só emite essa graça sobre alguns? A conclusão é óbvia. Deus não quer salvar a todos! Se Deus não quer salvar a todos, segue-se que Jesus não morre por todos, é simples o raciocínio" (TOURINHO, F., *O calvinismo explicado*, v. 1. *Teontologia, providência, decretos*, Rio de Janeiro, Dort, 2019, 201).

"Cristo morreu com o propósito de real e seguramente salvar os eleitos, e somente os eleitos" (1996, 395)[30], o que é uma contradição, visto que os eleitos já estavam "predestinados à salvação", logo, haveriam de se salvar necessariamente, com ou sem Cristo. Neste caso, se Cristo não veio, também, para salvar os pecadores, veio fazer o quê? salvar quem? Pois, os eleitos já estavam salvos previamente e os demais (não-eleitos) não tem mais jeito, pois também já foram previamente condenados ao inferno. Logo as palavras de Cristo, "eu vim *para que todos tenham vida*, e vida em abundância" (Jo 10,10. Itálico nosso), só podem ser para "todos", incluindo aí os eleitos, mas principalmente para aqueles que foram "condenados" em Adão[31], conforme diz um dos maiores agostinólogos do século passado, o teólogo Agostino Trapè, fundador do *Institutum Patristicum Augustinianum, de Roma:*

> A redenção é universal, isto é, realizada por Cristo em favor de todos os homens, também daqueles que perecem, também de Judas [...]. A universalidade da redenção é repetidamente afirmada ao longo de toda a controvérsia pelagiana como argumento incontestável da universalidade da queda. A esse aberto universalismo deve referir-se quem não quer interpretar erroneamente os textos agostinianos que dão um significado restritivo à

---

30. Esta é, inclusive, a posição da doutrina reformada, que tem sua síntese nas teses calvinistas confirmadas na Assembleia dos Divinos, em Westminster, em 4 de dezembro de 1646, que ficariam condensas num documento a se chamar *Confissão de Fé de Westminster*, que assim diz: "O Senhor Jesus mesmo, pela sua perfeita obediência e pelo sacrifício de si mesmo, sacrifício que, pelo Espírito Santo, ele ofereceu a Deus uma só vez, satisfez plenamente à justiça de seu Pai, e, para todos aqueles que o Pai lhe deu, adquiriu são só a reconciliação, como também uma herança perdurável no Reino dos Céus" (*Confissão de Fé de Westminster*, VIII, 5, São Paulo, Cultura Cristã, 1991).

31. Um dos textos de Agostinho que defende a expiação universal encontra-se no tratado *Sobre a natureza e a graça*, quando, ao interpretar as palavras do apóstolo Paulo, "Assim como pela falta de um só resultou a condenação de todos os homens, do mesmo modo, da obra da justiça de um só, resultou para todos os homens a justificação que traz a vida" (Rm 5,18), diz: "Este testemunho não prova o que pretende. Pois assim como se afirmou: 'Assim como pela falta de um só resultou a condenação de todos os homens', não havendo exceção, assim pelo que está escrito: 'da obra da justiça de um só resultou para todos a justificação que traz a vida', também se entende sem exclusão de ninguém" (*De nat. et grat.*, 41, 48). Daí Marcone Lima dizer que "para o Hiponense, em Cristo não há exceção para salvação" (LIMA, M. F. B. de, *A doutrina da graça e a responsabilidade humana. Uma análise crítico-documental da soteriologia em Agostinho*, Trabalho de Conclusão de Curso, Jaboatão, ESTEADEB, 2019, 92).

conhecida passagem de São Paulo (1Tm 2,4) sobre a vontade salvífica universal (2017, 306).

Esta é a posição que se aproxima de alguns calvinistas menos radicais, a exemplo de Augustus Strong, o qual diz que "Calvino, conquanto na primeira obra, *Instituição cristã*, evita informações definidas sobre a sua posição a respeito da extensão da obra expiatória, contudo nas suas últimas, os *Comentários*, admite a teoria da *expiação universal*" (2003, 470. Itálico nosso). Outro defensor da "expiação universal" é R. T. Kendall, o qual, ao comparar Armínio e Calvino, diz que ambos "têm em comum a crença de que Cristo morreu por todos" (in: REID, 1990, 32)[32]. Roger Olson, depois de questionar se Calvino concordaria com os chamados "cinco pontos do calvinismo", que ficariam conhecidos pelo nome de "TULIP calvinista"[33], uma espécie de "dogmas calvinistas", escritos cinquenta anos após sua morte, no Sínodo de Dort (1618-1619)[34], realizado

---

32. Outro grande defensor da "expiação ilimitada", ou "universal", fora de Moisés Amyraut (1596-1664), que chegou a criar um movimento dentro do protestantismo, com diversos seguidores, que ficaria conhecido pelo nome de "amyraldismo".
33. TULIP é uma sigla formada pelas letras iniciais dos cinco pontos definidos pelo Sínodo de Dort como fundamentos do "calvinismo reformado", a saber: "Total depravity", "Unconditional election", "Limited atonement", "Irresistible grace" e "Perseverance of the saints" (Depravação total, Eleição incondicional, Expiação limitada, Graça irresistível e Perseverança dos santos). Millard J. Erickson, por sua vez, assim comenta os cinco pontos fundantes do calvinismo: "Uma, é que eleição é uma expressão da vontade soberana ou do beneplácito de Deus. Ela não se baseia em algum mérito do eleito. Também não se baseia na previsão de que a pessoa virá a crer. É a causa, não o resultado, da fé. A segunda é que eleição é eficaz. Os que foram escolhidos por Deus com certeza virão a crer nele e, também, perseverarão nessa fé até o fim. Todos os eleitos serão com certeza salvos. A terceira é que a eleição foi feita desde a eternidade. Não é uma decisão tomada em algum ponto do tempo em que o indivíduo já existe. Trata-se do que Deus sempre se propôs fazer. A quarta é que a eleição é incondicional. Ela não exige que os seres humanos realizem atos específicos ou preencham certas condições ou ordens de Deus. Não é que Deus deseja salvar as pessoas, caso façam algumas coisas. Ele simplesmente deseja salvá-las e o faz. Por fim, a eleição é imutável. Deus não muda de ideia. A eleição vem desde a eternidade e brota da misericórdia infinita de Deus; ele não tem motivos nem ocasião para mudar de ideia" (ERICKSON, M. J., *Introdução à teologia sistemática*, São Paulo, Vida Nova, 1992, 384).
34. Os motivos que levaram à realização do Sínodo de Dort tiveram sua origem primeira em *Dirck Coornhert (1522-1590)*, escritor, filósofo, tradutor, político e teólogo humanista que tecia severas críticas às leituras ortodoxas que eram feitas acerca das doutrinas de Calvino em sua época. Para responder a *Coornhert*, os calvinistas escolheram o nome de Jacob Armínio (1560-1609), aluno brilhante do mestre Teodoro de Beza, sucessor de

na Holanda, acusa Teodoro de Beza, sucessor de Calvino em Genebra, de ter deturpado o pensamento de Calvino, afirmando que Beza, assim como a maioria dos calvinistas, *também deduziu a doutrina da expiação limitada – de que Cristo morreu somente pelos eleitos e não pelos réprobos* – a partir da doutrina da providência e dos decretos da eleição divinos. Essa dedução, embora lógica, não se encontra em Calvino (2001, 468. Itálico nosso)[35].

Calvino na Escola Teológica de Genebra. Entretanto, ao se aprofundar nos escritos de *Coornhert para refutá-los, Armínio acabou por ser convencido por ele, passando a divergir de alguns pontos ensinados por Beza. A* exemplo dos ortodoxos, o grupo liderado por Armínio elaborou outro documento, também em cinco pontos (FACTS), que viriam a ser, por sua vez, os fundamentos do grupo que viária a se chamar "arminianismo não-reformado", a saber: "Freed by grace (to believe)", "Atonement for all", "Conditional election", "Total depravity", "Security in Christ" (Livre pela graça [para crer], Expiação para todos, Eleição condicional, Depravação total, Segurança em Cristo). Respectivamente, sustenta que o homem é dotado de vontade livre e que a graça é resistível (Livre pela graça), que a morte de Cristo oferece a Deus base para salvar a todos os homens, embora cada homem deva exercer sua livre vontade para aceitar a Cristo (Expiação para todos), que a eleição é baseada no pré-conhecimento de Deus em relação àquele que deve crer (Eleição condicional), que o homem é tão depravado que a graça divina é necessária para a fé ou para qualquer boa obra (Depravação total), que Cristo morreu por todos e cada um dos homens, embora só os crentes sejam salvos (Segurança em Cristo) (cf. NASCIMENTO, J., As diferenças doutrinárias do calvinismo e do arminianismo, *Azusa - Revista de Estudos Pentecostais*, v. 9, n. 1 (2018) 81-108, aqui 93).

35. Os pontos levantados pelos reformadores protestantes não provocaram divergências apenas entre eles mesmos, mas atingiram a Igreja Católica, a qual, num ato de resistência, criou um movimento que ficou conhecido por "Contrarreforma", no seio do qual surgiram, também, grupos divergentes, dentre eles aquele que veio a se chamar jansenismo, formado no contexto das discussões levantadas a partir do Concílio de Trento, em que as teses dos Reformadores foram resumidas no problema de como conciliar a soberania divina e a livre vontade humana. Na euforia do debate, diz Cândido dos Santos, "o professor da Universidade de Louvaina, Miguel Baio (1513-1589), invoca a autoridade de Santo Agostinho na teologia da graça e defende que o homem, depois da queda, está corrompido, ferido totalmente em sua natureza. Aproximando-se perigosamente da concepção pessimista dos protestantes. Ao contrário de Baio, o jesuíta Leonardo Léssio valorizava a liberdade humana em detrimento da graça [...]. Dois anos depois, outro jesuíta, Luís de Molina, defende na sua obra *Concordia liberi arbitrii cum gratiae donis*, a liberdade do homem na cooperação com a graça. Molina fez depender da liberdade o a graça seja meramente eficiente ou eficaz, isto é, põe o acento tônico no livre-arbítrio do homem. Com efeito, se a graça de Deus é eficaz por si mesma, se obtém sempre o seu efeito, qual o papel do livre-arbítrio?" (SANTOS, C. do, *O jansenismo em Portugal*, Porto, Faculdade de Letras da Universidade do Porto, 2007, 5). O problema persistiu no seio a Igreja Católica quando entrou em cena Cornélio Jansênio, que, na ânsia de combater o

Por conta disso, segundo Herman Hanko, poucos reformadores foram tão difamados quanto Teodoro de Beza, o sucessor de Calvino em Genebra. As calúnias contra ele surgiram enquanto ainda estava vivo, vindas de seus adversários católicos romanos, os quais evidentemente temiam o poder de sua caneta. Mas, embora sejam de um tipo diferente, estas calúnias têm sido encontradas nos escritos dos *calvinistas* dos tempos modernos que acusam Beza de corromper a pura doutrina de Calvino e de torcer os seus ensinamentos de uma forma que Calvino teria repudiado. Particularmente, Beza é acusado de alterar de forma significativa os ensinamentos de Calvino sobre a predestinação e a expiação de Cristo. Embora possamos descartar com desprezo as acusações romanistas que foram feitas contra ele em sua vida, as acusações de que Beza alterou as doutrinas de Calvino sobre predestinação e expiação são mais graves. Afirmam,

---

molinismo, radicalizou ainda mais as teses de Miguel Baio, aproximando cada vez mais o catolicismo (pelo menos na sua versão) do calvinismo. Jansênio compilou suas teses numa obra póstuma intitulada *Augustinus* (1642), em que acusa o molinismo de heresia por se distanciar da maior autoridade no que se refere à graça, Santo Agostinho, seu principal referencial teórico. Assim, de forma resumida, radicalizando as teses de Miguel Baio, Jansênio traz para o seio da Igreja Católica alguns dos pontos defendidos pela "reforma protestante", com maior ênfase no chamado "calvinismo reformado", ou "ortodoxo", acerca dos quais nos fala resumidamente Cândido dos Santos: "A justiça original deu lugar, após o pecado, a uma natureza integralmente pecadora [...]. O homem no estado de natureza lapsa, escravo da concupiscência, precisa, para todo ato bom, da graça eficaz (*auxilium quo*) que determina irresistivelmente a vontade ao bem [...]. Não há graça suficiente de que fala Molina; a graça é sempre eficaz, de tal modo que o homem não lhe pode resistir. Assim Deus predestina ao céu ou ao inferno, antecipadamente à consideração dos méritos, e Cristo morreu apenas pelos predestinados, aqueles a quem concede a graça eficaz" (Santos, C. do, *O jansenismo em Portugal*, 7-8). O jansenismo foi fortemente combatido, principalmente pelos jesuítas, vindo a receber várias condenações por parte da Igreja Católica. Primeiro, dois anos após a publicação do *Augustinus,* condenado pela bula *In eminenti,* do papa Urbano VIII. O que levou o jansenista Antoine Arnauld (1612-1694) a sair em defesa da obra, publicando duas apologias de Jansênio, em 1644 e em 1645, e uma obra própria intitulada *De la fréquente communion* (1643), todas, por sua vez, condenadas pela bula *Cum occasione* de Inocêncio X, de maio de 1653. Como consequência, Arnauld foi expulso da Faculdade de Teologia da Sorbonne, em Paris, fato que levou o filósofo e matemático Blaise Pascal (1623-1662), que, recém convertido, havia se recolhido para uma experiência religiosa no mosteiro cisterciense de Port-Royal-des-Champs, a escrever duas obras: primeiro, um conjunto de 18 cartas escritas em defesa de Antoine Arnauld, as *Cartas provinciais* (1657). Antes, porém, Pascal já havia publicado os *Écrits sur la grace,* de 1655, em que expõe sua posição jansenista, mostrando que ela é diferente daquela de Calvino, a qual, em alguns pontos, discorda do próprio Jansênio, sendo, portanto, mais fiel a Santo Agostinho.

por exemplo, que o puro calvinismo se perdeu desde a época de Calvino, porque os pais da Reforma na Alemanha, na Holanda e Estados Unidos têm seguido Beza no ensino de uma visão da predestinação e da expiação que Calvino nunca ensinou. Diz-se que Gomarus, o Sínodo de Dort, os teólogos de Westminster, Perkins e Owen na Inglaterra, Turretini, Abraham Kuyper e Herman Hoeksema têm seguido Beza e não Calvino (2013, 194).

Muito embora, Francisco Tourinho, apoiando-se nas palavras de Vicente Themudo Lessa, diz que o próprio "Calvino, apesar de ser um platônico, não era menos escolástico por isso" (2019, 14), pois, segundo aquele comentador, Calvino,

> aplicado à teologia, deleitava-se em Scotus, Boaventura, e, especialmente em Aquino. Não viesse a ser um reformador, como aconteceu, certamente seria um ardente discípulo do *Doctor Angelicus*. Não foi debalde que o apelidaram de Aquino da reforma protestante (LESSA apud TOURINHO, 2019, 14).

O certo é que os seguidores de Teodoro de Beza iriam formar um grupo radical dentro do "movimento reformado" que ficaria conhecido pelo nome de "escolástica protestante", preocupados em combater, ao mesmo tempo, duas frentes: os dissidentes internos a Reforma, especialmente os arminianos, que ficariam conhecido como Não-reformados, e a Contrarreforma católica. Para tal, não só deturpariam o agostinismo de Calvino, radicalizando-o, mas traziam o aristotelismo para dentro da Reforma, movimento este que ficaria conhecido por "escolástica protestante aristotélica". Que também recebe outros nomes, como explica Hermisten da Costa:

> O período entre a Reforma e o Iluminismo ou, mais precisamente, o século XVII, é conhecido na história da teologia protestante, como "Escolasticismo protestante", "Ortodoxia protestante" ou "Confessionalista", que se caracterizou por uma preocupação profunda e sistemática pelo rigor doutrinário, elaborando com riqueza de detalhes os posicionamentos teológicos da igreja, conforme a compreensão da amplitude da revelação bíblica. Podemos dizer que este período consistiu na sistematização das doutrinas da Reforma" (2009, 2-3).

E mais adiante destaca o caráter aristotélico do movimento, ao dizer que nesse tipo de formação, a lógica dedutiva de Aristóteles tinha grande ênfase, bem como o seu aspecto sistemático formal, contribuindo para a elaboração de um pensamento sistemático e coeso. A ortodoxia protestante demonstrou ser possível utilizar a filosofia aristotélica sem os pressupostos da teologia romana (Ibid., 4).

Assim, a partir de então, o método aristotélico passou a ser critério de análise da verdade, onde "a razão é elevada a tal nível que pode até mesmo ameaçar a autoridade da revelação divina", diz Lázara Coelho, apoiando-se nas palavras de Sawyer (2014, 70). Daí Manfred Svensson dizer que, a partir de então, "Aristóteles é 'o Filósofo' tanto como o é para a escolástica medieval, ainda que tal como no medievo isso signifique níveis e tipos muito distintos de apropriação da obra do Estagirita" (2016, 42). Motivo este que levou Marcelo Fontes a reservar um tópico de sua dissertação de mestrado para investigar se os seguidores de Calvino (a se chamarem calvinistas) distorceram ou não seu pensamento (cf. 2004, 49-54). Igualmente André Anéas dedica um tópico específico de sua dissertação de mestrado para analisar se realmente Calvino era um calvinista (cf. 2018, 200-212). E mais recentemente, Francisco Tourinho, a abrir um tópico específico na nota introdutória *Sobre o livro* para falar do *Calvinismo e escolasticismo*, onde diz:

Que o período pós-reforma foi considerado um período escolástico para os calvinistas, e até mesmo para os luteranos, é um fato tão público e notório que sequer precisa de referências. A tradição escolástica dentro do calvinismo é muito forte, embora percebida de forma mais leve em João Calvino, foi em Beza, seu sucessor, que a relação entre Calvinismo[36], Aristóteles e o escolasticismo se tornou de fato amigável. Beza foi acusado de escolasticismo pelos luteranos; isso foi uma crítica, não foi um elogio; mas isso revela como o método escolástico é definitivamente uma forma característica do calvinismo pós-reforma (2019, 12-13).

---

36 E Francisco Tourinho segue mostrando grandes nomes do mundo protestante que seguiram o escolasticismo, dentre eles Gisbertus Voetius, também conhecido como o Papa de Utrecht, que teve grande influência no Sínodo de Dort, considerado "o maior dos Escolásticos", o qual, em sua peleja com Descartes, teria citado o tomista William Ames muito mais do que a Lutero e Calvino juntos (cf. TOURINHO, F., *O calvinismo explicado*, v. 1., 15).

Entretanto, vale salientar, ainda não se trata da chamada "predestinação ou salvação universalista", ou "universalismo"[37], ou "restauracionista", que é uma terceira posição, também radical, contra a ideia da "dupla predestinação", segundo a qual Deus predestinou, desde a eternidade, todos à salvação, e assim, de uma forma ou de outra, todos haverão de se salvar, inclusive satanás, havendo portando uma previsão do fim do inferno. Tese esta já contestada na época por São João Crisóstomo, que assim diz:

> Não é pequena a questão que nos é proposta, mas muito necessária e dos problemas que os homens todos procuram resolver: se a geena é infinita. No entanto, Cristo assegurou que não tem fim, nestes termos: "Onde o fogo não se extingue e onde o verme deles não tem fim" (Mc 9,48) (CRISÓSTOMO, *Homiliae in Epistulam primam ad Corinthios*, 9, 1 apud SANTOS, 2015, 15).

Mas desta questão não trataremos aqui por não ter nenhum fundamento em Agostinho, que, pelo contrário, e a exemplo de João Crisóstomo, a combate, conforme ressalta José María Ozeata na introdução de sua tradução espanhola da obra agostiniana *A Orósio, contra os piscilianistas e originistas* (*Ad Orosium, contra priscillianistas et origenistas*). Segundo Ozeata,

> [Orígenes] admite que Deus cria sem cessar uma série indefinida de mundos, um dos quais, o nosso, começou no tempo. As substâncias espirituais (anjos, almas e demônios) são da mesma natureza; se distinguem pela perfeição ou degradação que, em virtude da livre decisão de sua vontade, vão

---

37. A esse respeito, Norman Geisler diz: "O universalismo, derivado da palavra *apokatastasis* (isto e, 'restauração', em At 3,21), é a ideia de que, ao final, todas as pessoas serão salvas. Ele foi inicialmente proposto por Orígenes (c. 185-c. 254), um Padre da Igreja parcialmente não-ortodoxo. Um dos teólogos mais famosos da era moderna a abraçar o universalismo foi o pensador neo-ortodoxo Karl Barth (1886-1968); o notável filosofo John Hick (1922[-2012]) também é um proponente desta posição [...]. O universalismo, entretanto, é herético, tendo sido condenado no quinto Concílio Ecumênico, o Segundo Concílio de Constantinopla, no ano de 553 d.C." (GEISLER, N., *Teologia sistemática*, v. 2, 301). E ainda há o aniquilacionismo, "que é uma variação do universalismo", segundo os quais, os que não atingirem a perfeição serão totalmente aniquilados ou extintos, ou seja, sequer ressuscitarão para sofrerem os suplícios eternos". Norman Geisler aponta como adeptos do aniquilacionismo, na modernidade, Clark Pinnock (1937-2010), John Wenham (1913-1996) e John Stott (1921-2011) (cf. Ibid.).

adquirido. Assim, algumas destas substâncias se rebelaram contra Deus, e por causa desta rebelião teve que ser criado um mundo material, no qual as almas são obrigadas a viver encerradas num corpo. No entanto, este estado do mundo não é definitivo. *Depois de uma série de conflagrações universais e de novos mundos, todas as criaturas serão purificadas e o mundo corpóreo será reabsorvido no espiritual* [...]. Orígenes modifica, assim, o sentido cristão, pois não fala de um eterno retorno, senão de um retorno sucessivo, ordenado a um fim. E a meta final é a volta de todos os espíritos a Deus, de modo que seja restabelecida a ordem [...] (1990, 621. Itálico nosso).

E o próprio Agostinho no tratado *Sobre a cidade de Deus*, em capítulo intitulado "Não serão sempiternas as penas dos anjos e dos homens?", diz que

nesta questão, o mais misericordioso foi com certeza Orígenes, que acreditou que até mesmo o Diabo e os seus anjos, após suplícios mais graves e prolongados, conforme as suas culpas, devem ser retirados dos seus tormentos e associados aos santos anjos. [...] Mas a Igreja condenou-o justamente por esse e por outros erros [...] (*De civ. Dei*, XXI, 17)[38].

---

38. Alister McGrath, num tópico de seu livro *Teologia sistemática, histórica e filosófica* intitulado *O universalismo: todos serão salvos*, afirma: "A visão que defende a tese de que todos serão salvos, a despeito do fato de ter ou não ouvido ou respondido à proclamação cristã de redenção em Cristo, tem exercido uma poderosa influência no seio da tradição cristã. Essa tese representa uma poderosa afirmação da vontade redentora universal de Deus e sua concretização final na redenção universal de todas as pessoas. Orígenes, seu representante mais importante entre os primeiros escritores cristãos, defendia essa noção detalhadamente em sua obra *De principiis* [*Sobre os princípios*]. Orígenes tinha uma postura de profunda suspeita diante de qualquer forma de dualismo – isto é, diante de qualquer sistema de crenças que reconhecesse a existência de dois poderes supremos, um bom e outro mal" (MCGRATH, A. E., *Teologia sistemática, histórica e filosófica. Uma introdução à teologia cristã*, São Paulo, Shedd, 2010, 497). Igualmente Christopher Alan Hall vê a tese do universalismo em Orígenes, o qual defende que na consumação final "Deus será tudo em todos". E cita o texto de Orígenes, onde isto aparece: "E assim Deus será 'tudo', pois não mais haverá nenhuma distinção entre o bem e o mal. vendo que o mal não mais existe [...]. Essa condição das coisas será restabelecida, quando a natureza racional foi colocada, quando ela não tinha necessidade de comer da árvore do conhecimento do bem e do mal [...]. Quando todos sentirem que a iniquidade foi removida, e o indivíduo foi purificado e limpo, Aquele que é, somente Ele, o único bom Deus, torna-se nele 'tudo'. *'E não no caso de uns poucos indivíduos ou de um número considerável, mas Ele próprio é tudo em todos'*. E quando a morte não mais existir em nenhum lugar, nem o aguilhão da morte, nem qualquer outro mal, então realmente Deus será 'tudo em todos'"

Voltando à questão da expiação limitada, em segundo lugar, os supracitados autores formam apenas uma linha de interpretação moderada do calvinismo, que é contestada pelo chamado "hipercalvinismo" ou "calvinismo fatalista", para quem, diz Leandro de Lima, antes de mais nada, "a primeira coisa que é preciso demonstrar é que, no entendimento de Calvino, Cristo através de sua morte buscou uma remissão eficaz dos pecados dos eleitos, e, dessa forma, ele somente poderia ter morrido pelos eleitos" (2004, 85-86). E mais adiante, fazendo uma íntima relação entre eleição e expiação, ao interpretar uma passagem de Calvino que, por sua vez, ao comentar o apóstolo João diz que "o ofício de Cristo [...] não [é] outro que o de 'reunir juntos todos os filhos de Deus' por sua morte" (Ibid., 90), deduz que o "todos os filhos de Deus" ali exposto não significa um todo universal – todos os homens (humanidade), mas um todo limitado – ou seja, "tão somente todos os eleitos", o que traz em si um problema teológico: se a Sagrada Escritura diz que o mundo tem um único princípio ontológico – Deus –, que criou todas as coisas do nada, então os demais homens, isto é, os não-eleitos, não seriam filhos de Deus?

A não ser que creiamos em alguma forma de dualismo ontológico, como, por exemplo, os maniqueus, para quem desde a eternidade há dois princípios originários: um, o Príncipe da Luz, de onde emana tudo que há de bom no mundo, e outro, o Príncipe das Trevas, origem de tudo o que há de mal no mundo. Mas a Bíblia não fala de dualismo, e sim de um único princípio (monismo), Deus, de onde tudo deriva, de forma que tudo o que existe não pode ser senão o bem, principalmente o homem, que foi feito à imagem e semelhança de seu criador; não só este ou aquele, mas "o homem" no sentido universal de humanidade. Logo, se os não-eleitos não são filhos de Deus, de quem serão filhos afinal? De Satanás é que não serão, pois este não tem o poder de criar, sendo pois criatura de Deus, que o fez bom, mas tornou-se mau por livre vontade.

Há ainda uma terceira via de interpretação que busca conciliar as duas posições anteriores. Diante da pergunta "quem são os eleitos a quem Cristo veio salvar?", busca-se uma saída pela "eficácia" da graça, isto é,

---

(ORÍGENES apud HALL, C. A., *Lendo as Escrituras com os pais da Igreja*, Viçosa, Ultimato, 2003, 54-55. Itálico do autor).

pelos resultados obtidos mediante os ensinamentos de Cristo no mundo (evangelismo), cujos sinais evidenciam os eleitos. É o caso, por exemplo, dos convertidos ao protestantismo: para muitos deles, este é um sinal de que estão entre os escolhidos. Contudo, defendem, como Deus não deixou uma lista em ordem alfabética dos eleitos à salvação, é o Evangelho (Cristo) que veio e deve ser anunciado a "todos", no sentido amplo da palavra, tendo efeito ou eficácia para "todos os eleitos" previamente desde a eternidade. Ou seja, deve-se bater na porta de todo homem pregando o Evangelho, pois não se sabe se não será ele um dos escolhidos. Um dos defensores desta teoria foi o teólogo Herman Hoeksema, para quem, segundo Anthony Hoekema, embora o Evangelho deva ser anunciado a todos, "só aos eleitos (aqueles a quem Deus escolhe desde a eternidade para salvação) é dada a capacidade de aceitar o evangelho" (2011, 81). E, mais adiante, completa:

> Ele argumenta que é impossível manter os decretos da eleição e da reprovação e ainda falar de boa intenção na oferta do evangelho a todos aos quais ele é pregado. Falar de tal oferta implica que Deus deseja que todos os que ouvem o evangelho sejam salvos e que, portanto, ele tem uma atitude favorável para com eles. Mas se isso é certo, argumenta Hoeksema, como explicar passagens da Escritura que ensinam que Deus endurece o coração de algumas pessoas que ouvem o evangelho? Como pode Deus ter uma atitude favorável para com o reprovado? Na verdade, esse autor argumenta, Deus jamais garante ao réprobo qualquer sinal de sua graça. Tudo o que Deus faz para ou pelo reprovado nesta vida é deliberadamente planejado para prepará-lo para a condenação final [...].
> Resumindo, segundo Hoeksema, Deus não deseja a salvação de todos aos quais o evangelho é anunciado; ele deseja a salvação apenas dos eleitos (Ibid)[39].

Esta teoria está assentada numa passagem vaga de Calvino, que em sua obra *A doutrina da eleição* diz:

> O Evangelho é pregado a um grande número de pessoas, as quais, não obstante, são reprovadas; sim, e Deus desnuda e mostra que ele lhes amaldiçoou, que

---

39. E mais adiante, para justificar esta tese, cita uma passagem de Calvino que diz: "Deus estende sua mão a todos, mas só segura (de forma a conduzi-los para si) aqueles que ele escolheu antes da fundação do mundo" (apud HOEKEMA, A. A., *Salvos pela graça. A doutrina bíblica da salvação*, São Paulo, Cultura Cristã, ³2011, 84).

não têm parte nem porção em seu reino, pois *resistem ao Evangelho e rejeitaram a graça oferecida*. Mas quando recebemos a doutrina de Deus, com obediência e fé, e descansamos em suas promessas, e *aceitamos a oferta que ele nos faz de nos tornar seus filhos, isso, eu digo, é uma certeza de nossa eleição* (CALVINO, 2018, 8. Itálico nosso).

Como anunciamos acima, a passagem é vaga porque coloca como critérios (sinais) da certeza de eleição ou não, respectivamente, a aceitação ou resistência/rejeição do Evangelho, o que é muito subjetivo e incerto. O critério é depositado nas mãos de quem se autoproclama eleito, ou seja, quem afirma que a prova de sua eleição é o fato de ter aceitado ser eleito (o que poderia acontecer de forma dissimulada ou hipócrita, não tendo pois como descobrir isto, dada que em sua prática religiosa há aparentes sinais de verdadeira fé, mas no coração não, e no coração ninguém sonda, a não ser Deus).

Por isso o próprio Calvino, mais adiante, ante a pergunta: "Como podemos saber disso?" diz que "não devemos duvidar que Deus tem registrado os nossos nomes, antes mesmo que o mundo fosse feito, entre seus filhos escolhidos, *porém o conhecimento certo disso Ele reservou para Si mesmo*" (Ibid., 9. Itálico nosso).

Por outra, a supracitada passagem é mais um argumento contra a tese da "depravação total", da qual falaremos mais adiante. Se as pessoas resistem/rejeitam ou aceitam a pregação do Evangelho tem-se aí o sinal de que possuem vontade. Não se pode rejeitar e/ou aceitar algo sem querer, pois mesmo para não querer algo é preciso querer não querer.

Além do mais, a ideia de uma "expiação limitada", principalmente quando associada à doutrina da "dupla predestinação", em que os "eleitos à salvação" são também aqueles para quem Cristo veio, é uma tese perigosíssima do ponto de vista prático/político: por não deixar claro concretamente quem são os "eleitos", ao longo dos séculos muitos grupos religiosos e ou políticos se autoproclamarem os escolhidos (os santos, ou os salvos)[40], e disseminaram a segregação político-religiosa-social, e até

---

40. Encontramos esta tendência, por exemplo, em Calvino, um dos principais defensores da "dupla predestinação", ou "Expiação limitada", o qual, ao longo de seus escritos, ao se referir aos "eleitos", ou seja, àqueles para quem Cristo veio, usa sempre o pro-

racial, contra os demais. Algo assim se assiste desde os primeiros séculos da era cristã e chega até os dias atuais. Na Idade Média, por exemplo, em nome da máxima de São Cipriano "Fora da Igreja não há salvação", muitos grupos católicos chegaram ao extremo de promover até Guerra Santa para extermínio dos não católicos (ou não-eleitos). E na modernidade/contemporaneidade, muitos grupos se autoproclamam os escolhidos e em nome disso fazem de suas denominações religiosas o único lugar de salvação, e assim continuam segregando.

Por isso, frente àqueles que se autoproclamam "eleitos", e que transformam suas denominações quaisquer que sejam na Igreja dos Santos, preferimos as palavras de nosso bondoso Agostinho, que em resposta aos puritanos radicais de seu tempo (os donatistas) diz não acreditar em uma Igreja (ou qualquer grupo político-religioso) só de santos, ou só de pecadores. Para ele, a Igreja (e as demais instituições humanas) é composta de santos e pecadores, e mais do que isto, não é a pertença a essa ou àquela instituição religiosa (Igreja visível) que garante a salvação, chegando a admitir a presença de cristãos, ou de salvação, entre os ímpios, ou seja, "fora da Igreja visível", pregando para com esses uma atitude de benevolência. Assim, no Livro I do tratado *Sobre a cidade de Deus*, em capítulo intitulado: "Em uma e outra cidade, os eleitos e os réprobos se misturam", diz:

> Lembre-se, todavia, que *entre seus próprios inimigos há latentes vários de nossos futuros concidadãos*, para não julgar estéril, quanto a eles, a paciência de os suportar como inimigos, à espera da ventura de recebê-los como confessores. Lembre-se, também, que em seu número, a cidade de Deus, enquanto nesse mundo peregrina, tem *vários que lhe estão unidos pela comunhão dos sacramentos mas que não estarão associados à sua glória na eterna felicidade dos santos* [...]. Com efeito, ambas as cidades se enlaçam e se confundem no século até que o juízo final as separe (*De civ. Dei*, I, 35)[41].

---

nome pessoal "nós", denotando que se trata de um grupo limitado, do qual ele mesmo faz parte, caso contrário usaria o pronome "vós" ou ainda "eles", o que não deixava de ser um tanto vago.

41. Igualmente diz no *Comentário aos salmos*: "[...] não desprezemos, pois, os cidadãos do Reino celeste quando os vermos comprometidos nos assuntos da Babilônia, fazendo algo terreno em uma República terrena; nem tampouco nos gratulemos, sem mais,

181

Mas este é um assunto muito amplo e polêmico para discutirmos aqui, cabendo mais um trabalho específico sobre ele em outra oportunidade.

4.2.1.2 "Predestinação condicionada"

Uma segunda linha de interpretação ficaria conhecida na atualidade pelo nome de "predestinação condicionada", defendida pelos chamados "predestinacionistas moderados" ou "compatibilistas"[42]. Remanescentes do antigo semipelagianismo, estabelecem uma estreita relação entre a predestinação e a presciência divina ao defender que Deus predestinou à salvação todos aqueles a quem previu de antemão que se fariam dignos ou merecedores de sua eleição, de forma que quem salva é Deus, mas a partir de um prévio conhecimento (da presciência) de um merecimento futuro, *post*

---

por todos os homens que vemos comprometidos em assuntos celestiais, pois *os filhos da pestilência se sentam às vezes entre os filhos de Moisés* [...]. Porém, virá um tempo em que serão separados uns dos outros com o maior cuidado (*Enarr. in Ps.*, 51, 6. Itálico nosso). Bernard Sesboüé, fazendo uma analogia entre a concepção de Igreja em Agostinho e a arca de Noé, diz que "a arca é evidentemente a figura da Igreja, de bom grado oposta ao naufrágio do mundo. Mas, a arca contém todos os animais, os puros e os impuros, os mansos e os ferozes. O lobo abita junto ao cordeiro, em uma espécie de novo paraíso terrestre (Cirilo de Jerusalém, João Crisóstomo). Contra os rigoristas de todos os tipos (Hipólito, Novaciano, Donato) é preciso reconhecer que a Igreja recupera aos justos e pecadores e que somente Deus sabe quem é fiel e quem não o é (Agostinho)" (SESBOÜÉ, B., *Fuori dalla chiesa nessuna salvezza. Storia di una formula e problemi di interpretazione*, Cinisello Balsamo, San Paolo, 2009, 40).

42. Termo associado geralmente aos ramos do protestantismo histórico menos ortodoxos, ou dissidentes dos "Reformados", daí serem chamados de "Não-reformados", dentre eles o arminianismo, principalmente sua ala mais moderada, visto que os mais radicais chegam a ser chamados de "libertaristas". O arminianismo, por sua vez, como o termo indica, está ligado ao nome de Jacob Armínio – versão latinizada do nome de Jacob Hermanszoon (1560-1609) –, que foi Ministro de Estado em Amsterdã, Holanda. Segundo Arthur Monteiro e Luiz de Barros, "é lembrado como um controverso teólogo holandês que fundamentou sua obra no 'sinergismo', que é um entendimento evangélico em que há cooperação humana para a salvação e se contrapõe ao 'monergismo', crença adotada por Calvino, entre outros, e defende o entendimento de que Deus é soberano para a salvação e que a ação humana não pode interferir neste projeto" (MONTEIRO, A.; BARROS, L. M. de, *As diferenças doutrinárias entre o calvinismo e arminianismo e seus reflexos na atualidade*, Trabalho de Conclusão de Curso em Teologia, Pindamonhangaba, FUNVIC, 2016, p. 15). Já Hercílio Santos nos acrescenta a informação de que, apesar de ter dado nome ao grupo dissidente, Armínio, por sua vez, havia recebido influência de Coornhert (1522-1590), considerado o precursor do arminianismo (cf. 2019, 44-45).

praevisa merita. Mais do que isto: a eleição se dá em função dos méritos ou deméritos, ocorridos a partir da queda de Adão. Posição esta que ficaria conhecida na modernidade/contemporaneidade pelo nome de "eleição pós-adâmica" ou "infralapsária", conforme esclarece José Aracelio Cardona:

> A predestinação condicionada descansa na presciência de Deus. A saber: Deus sabe e conhece todas as causas antes que o mundo fosse [...]. Como Deus sabe de antemão que um grupo dos perdidos haverão de se converter, a estes predestina para a salvação. Mas também sabe que há outros, que exercendo suas capacidades livremente não se converterão, estes são condenados pela eternidade (1963, 9).

4.3 Santo Agostinho frente as predestinações "incondicionadas" e "condicionadas" dos modernos

Ao nosso ver, nenhuma das duas referidas linhas de interpretações modernas – "predestinação condicionada" e "predestinação incondicionada" –, quando tratadas isoladamente, conseguem dar conta da totalidade do pensamento agostiniano, ora restringindo-o, ora o centrando, e às vezes mesmo o radicalizando, cada uma a seu modo, suas respostas em apenas um dos aspectos da questão: ou na graça, ou nos méritos. Acreditamos que uma resposta mais adequada deva contemplar ao mesmo tempo as duas propostas de interpretações. Para isso, devemos começar por diferenciar duas realidades ou dois tipos de homens, aos quais se aplicam de forma diferenciadas os conceitos de graça/predestinação: o homem antes e depois da queda de Adão.

No primeiro caso, segundo defende Agostinho em sua interpretação da criação *ex nihilo*, quando Deus fez o homem (humanidade) na pessoa de Adão, ele o fez bom, pois como relata Gênesis 2,25, Adão foi feito em total estado de inocência, não havendo nenhuma malícia na sua natureza; mais do que isto, sendo Deus perfeito, não poderia fazer senão o bem, daí se concluir, com o referido livro, que, no final da criação, "Deus viu que tudo que criou era muito bom" (Gn 1,31)[43]. Mais do

---

[43]. Vimos nos capítulos anteriores que Agostinho insiste em dizer que "nenhuma natureza, absolutamente falando, é um mal" (*De civ. Dei*, XI, 22).

que isto, Deus criou o homem à sua imagem e semelhança, ou seja, com liberdade. Logo, pelo princípio da natureza humana *criada* por Deus, à *sua imagem e semelhença*, não há espaço para se falar de determinismo algum no homem, seja o de sentido maniqueísta, o qual, no tocante ao problema do mal, dizia que todos trazem o mal incrustado na natureza, seja o que pregam os defensores da chamada "dupla predestinação incondicionada", principalmente em relação à chamada "eleição negativa", de que Deus fez alguns predestinados desde a eternidade à perdição[44].

Pelo contrário, ontologicamente falando, o homem é um ser para Deus, de forma que, a princípio, todos foram chamados, todos receberam a "graça criadora", ou "genérica", ou "natural", ou "inicial"[45], a qual, inclu-

---

44. Aliás, alguns comentadores chegam a estabelecer uma relação entre o "dualismo ontológico" maniqueu e a "teoria da dupla predestinação" dos defensores da "predestinação incondicionada supralapsária", dado que em ambas as teorias temos puro determinismo, daí "Lutero, Calvino e Melanchthon terem sido considerados pelos adversários da Reforma como ´maniqueus redivivos´" (ASMUSSEN, J. P., Maniqueísmo, in: BLEEKER, C. J.; WIDENGREN, G. (org.), *Historia religionum. Manual de historia de las religiones*. v. 1, *Religiones del pasado*, Madrid, Cristiandad, 1973, 560-589, aqui 586). Fernando W. da Cunha, por sua vez, diz que os protestantes foram taxados de maniqueísmo por terem acolhido os valdenses em seu seio: "Os valdenses retiraram seu nome de Pedro Valdo, comerciante de Lyon, que tendo se tornado muito rico, abandonou o mundo, vendeu seus bens, dando o dinheiro aos pobres [...]. Esmagados militarmente em Cabrières e Mérindol, os valdenses que restaram se refugiaram na Suíça e na Itália, onde sobreviveram, bem como no Uruguai e Argentina. Alguns foram reintegrados na Igreja, por Inocêncio III, outros se tornaram discípulos de Huss e, posteriormente, de Calvino. Observa-se que, alguns posicionamentos dos valdenses encontrariam eco em São Francisco e, depois, em Lutero" (CUNHA, F. W. da, Heréticos e cismáticos, Teologia e política, *Revista da Academia Brasileira de Letras Jurídicas*, São Paulo, v. 17, n. 19-20 (2001) 187-202, aqui 191). Igualmente, Williston Walker, diz: "Gradualmente foram sendo reprimidos, até ficarem reduzidos à sua sede principal – os vales Alpinos, a sudoeste de Turim, onde ainda são encontrados. Vindo a Reforma, aceitaram seus princípios e se tornaram protestantes" (WALKER, W., Seitas antieclesiásticas. Cátaros e valdenses. A inquisição, in: ID., *História da Igreja cristã*, v.1, São Paulo, Aste, 1987, 322-327, aqui 326).

45. Nesse sentido, Gracielle Coutinho diz que "a própria existência humana (a criação) já é efeito da graça, posto que Deus confere ao homem a vida, o movimento e o ser (cf. At 17,28), e todos os seres *são* sem merecimento, pois não é possível merecer existir o que sequer existia, não tem merecimento o que não é ainda" (COUTINHO, G. N., *Conversio ad Deum. Fé, vontade humana e graça divina na formação do sujeito ético-moral em Santo Agostinho*, Tese de Doutorado em Filosofia, Recife: UFPE, 2018, 77). Ideia anteriormente apresentada por Étienne Gilson, que diz: "Sendo o soberano bem, Deus se basta; assim, é livremente e gratuitamente que ele dá tudo o que dá e, nesse sentido, não

sive, era a única que Pelágio admitia[46]. Daí a célebre passagem que abre as *Confissões* de Agostinho: "[...] fizeste-nos para ti e o nosso coração vive inquieto, enquanto não repousar em ti" (*Conf.*, I, 1)[47]. Ademais, enquanto natureza criada por Deus à sua imagem e semelhança, o homem foi criado bom e com livre vontade, mediante a qual veio a cair, não sendo deterministicamente programado para o mal desde a eternidade, como defendem a chamada "teoria da dupla predestinação". Pelo contrário, só houve a queda porque o homem era bom, pois a mudança só pode acontece para o seu contrário, conforme já argumentamos

há qualquer uma de suas obras que não seja uma graça. Para ser, o homem não deveu merecê-lo, pois, para merecer, primeiramente teria sido necessário que fosse. Ora, não sendo, não obstante, ele foi feito; e não apenas feito como uma pedra ou um animal, mas feito à imagem de seu criador. Nesse sentido impróprio, a natureza seria, então, uma graça, mas uma graça universal e comum a todos, por assim dizer" (GILSON, É., *Introdução ao estudo de Santo Agostinho*, 280).

46. Entretanto, vale salientar, não devemos confundir esta primeira posição agostiniana com o que mais tarde veio a se chamar de "predestinação universalista", segundo o qual Deus predestinou desde a eternidade todos à salvação, e assim, de uma forma ou de outra, todos, sem exceção, haverão de se salvar, inclusive satanás. Em Agostinho significa que ontologicamente, ou por natureza, todos foram "chamados" ou "vocacionados", mas, em meio à "massa de perdição" decorrente do pecado original, "poucos foram os escolhidos" ou "predestinados", antecipadamente, à salvação.

47. Até mesmo Calvino, que defende explicitamente uma eleição ou expiação para poucos, na obra *Breve instrução cristã*, entrando em contradição consigo mesmo, diz: "Nem sequer entre os bárbaros e completamente selvagens é possível encontrar um homem que careça de certo sentido religioso; e isso é devido a todos nós termos sido criados para este fim: conhecer a majestade de nosso criador. Uma vez conhecida, tê-la em grande estima, acima de tudo, e honrá-la com todo temor, amor e reverência" (CALVINO, J., *Breve instrução cristã*, 1). Igualmente no terceiro capítulo do livro I das *Institutas*, intitulado *O conhecimento de Deus foi por natureza incutido na mente humana*, diz: "Que existe na mente humana, e na verdade por disposição natural, certo senso da divindade, consideramos como além de qualquer dúvida. Ora, para que ninguém se refugiasse no pretexto de ignorância, Deus mesmo infundiu em todos certa noção de sua divina realidade, da qual, renovando constantemente a lembrança, de quando em quando instila novas gotas, de sorte que, como todos uma reconhecem que Deus existe e é seu criador, são por seu próprio testemunho condenados, já que não só não lhe rendem o culto *devido*, mas ainda não consagram a vida a sua vontade" (CALVINO, *Institutas*, I, 3, 1). E mais adiante, diz: "Por essa razão, Paulo, onde advertiu [At 17,27] que Deus pode ser conhecido até dos cegos que tateiam, em seguida acrescenta que *ele* não deve ser buscado como se estivesse longe, pois na verdade, dentro *de* cada um, *todos* sentem, indubitavelmente, a celeste graça, da qual obtêm alento" (Ibid., I, 5, 3). Muito embora a partir Livro III, mude o rumo da conversa e passe a defender a eleição/expiação apenas para alguns.

em outras ocasiões, daí mesmo aqueles que acreditam na "predestinação de alguns à perdição", ao falar da queda de Adão, para daí deduzirem como consequências uma "depravação total" e um "expiação limitada", acabam por se contradizerem e aceitar uma natureza boa que a antecede, ou seja, fazem da "massa de perdição" um situação puramente infralapsária e não supralapsária.

Neste tocante, Calvino parece concordar num primeiro momento com Agostinho, ao falar da natureza originária de Adão, enquanto protótipo da humanidade, no Livro I das *Institutas*:

> Convém-*nos* falar agora da criação do homem, não apenas porque dentre todas as obras de Deus é *ele* a expressão mais nobre e sumamente admirável de sua justiça, sabedoria e bondade, mas ainda porque, como dissemos de início, Deus não nos pode ser clara e plenamente conhecido, a não ser que se acresça conhecimento correlato de nós mesmos. E visto ser duplo esse *conhecimento de nós próprios*, isto é, que saibamos como fomos criados em *nosso* estado original e como começou a ser nossa condição após a queda de Adão (aliás, nem seria de muito proveito conhecer nossa criação, a não ser que reconhecêssemos qual é a corrupção e deformidade de nossa natureza nesta desoladora ruína *em que nos achamos*); agora, contudo, nos haveremos de contentar com a descrição de *nossa* natureza íntegra, *como era originalmente*. E, realmente, antes que desçamos a esta mísera condição do homem a que ora está sujeito, é de relevância conhecer como foi inicialmente criado. Ora, importa guardar-*nos*, para que, destacando incisivamente apenas os *aspectos* maus da natureza humana, não pareçamos atribui-los ao autor dessa natureza, uma vez que, neste pretexto, julga que a impiedade é bastante defensável, se consegue pleitear, de algum modo, haver procedido de Deus tudo quanto de mau tem *ela*, nem vacila, se é reprovada, em litigar com o próprio Deus e imputar-lhe a culpa de que é merecidamente incriminada. E *mesmo aqueles* que querem parecer falar mais reverentemente acerca da divina majestade, ainda assim procuram deliberadamente achar na *própria* natureza escusa de sua depravação, não refletindo que também eles, embora mais simuladamente, ultrajam a Deus, visto que lhe recairia ignomínia, se fosse provado ser qualquer mácula inerente à natureza *original* (CALVINO, *Institutas*, I, 15, 1. Itálicos nossos)[48].

---

48. E mais adiante, no Livro II, diz: "Portanto, afirmamos que o homem *está* corrompido por depravação natural, contudo ela não se originou da *própria* natureza. Negamos que *essa depravação* tenha se originado da *própria* natureza *como tal*, para que deixemos

O problema é que, mais adiante, a partir do Livro II das *Institutas*, Calvino mudou o rumo do discurso, passando a defender uma "dupla predestinação incondicionada supralapsariana", na qual apregoa uma "corrupção inata" dos não-eleitos, ou seja, desde a eternidade, se distanciando de Agostinho, como já vimos em momentos anteriores deste trabalho. Já quanto ao homem depois da queda de Adão, temos uma realidade totalmente diferenciada. Com o pecado original e sua transmissão a toda humanidade, todos os homens perdem sua condição primeira de vocacionados para Deus e passam a formar a chamada "massa de perdição"[49], inclusive os predestinados à salvação, que mesmo eleitos previamente caíram em Adão e precisam da "graça eficaz", ou "irresistível" para se preservarem na fé e aí cumprirem inexoravelmente o destino ao qual estão submetidos, conforme falaremos mais adiante[50]. O que significa

---

claro que *ela* é antes uma qualidade adventícia que sobreveio ao homem, e não uma propriedade substancial que tenha sido congênita desde o princípio" (CALVINO, *Institutas*, II, 1, 11). Igualmente na obra *Breve instrução cristã*, afirma que "o homem foi, no princípio, formado à imagem e semelhança de Deus para que, pela dignidade que tão nobremente tinha-lhe Deus investido, admirasse a seu autor e o honrasse com o agradecimento que se devia" (CALVINO, J., *Breve instrução cristã*, 3). Logo, é sem sentido a ideia de uma "predestinação à perdição" supralapsária, que, associada a uma teoria da "depravação total", transforma os "eleitos" e os "não-eleitos", respectivamente, em robôs predeterminados ao bem e ao mal.

49. Pelágio não aceitava a ideia agostiniana de que o pecado original, transmitido por Adão a seus descendentes, danificou a natureza humana, mas essa mesma ideia foi aceita pelo defensores da "dupla predestinação incondicionada": um contrassenso lógico para estes últimos, pois se defendem que há um grupo de eleitos à perdição desde a eternidade, logo a natureza destes já estava danificada desde a eternidade e aí não teria mais o que ser danificado em Adão, pois o mal não pode danificar/diminuir senão o bem, como diz Agostinho no tratado *Sobre os costumes da Igreja Católica e os costumes dos maniqueus*: "Naquela nação, que supões ser o sumo mal, nada pode ser danificado, porque nada é bom" (*De mor. Eccl. cath. et mor. man.*, II, 3, 5). E mais adiante completa: "Logo, essa substância tocada pela corrupção não é a corrupção, não é o mal, porque [...] se não tivesse pureza alguma de que pudesse ser privada, não poderia, evidentemente, ser corrompida" (Ibid., II, 5, 7).

50. A esse respeito está escrito no Cânones de Dort: "Os eleitos não são melhores ou mais dignos que os outros, porém envolvidos na mesma miséria dos demais. São escolhidos em Cristo, que Deus constituiu, desde a eternidade, como mediador e cabeça de todos os eleitos e fundamento da salvação" (apud TOURINHO, F., *O calvinismo explicado*, v. 1., 191). Posição reforça pela Confissão de Fé de Westminster, que, na sua seção 3.6,

dizer que o homem (a humanidade), depois de Adão, passou a ter uma inclinação natural para o mal, não no sentido de que tenha sido criado como tal, ou predestinado para tal, mas encontra-se em estado de "ignorância/deficiência" por culpa da vontade perversa do primeiro homem. Daí a necessidade de uma segunda "graça sanante", ou "libertadora", ou "redentora", capaz de restaurar ou trazer de volta o homem à sua condição primeira. Coisa que os primeiros palegianos não admitiam, ou melhor, não viam necessidade, daí defenderem uma salvação pautada ou condicionada unicamente no mérito individual, que por sua vez está alicerçada na ideia da permanência de uma natureza humana boa, negando por completo o pecado original, e consequentemente sua transmissão hereditária, da qual decorre a existência de um pecado coletivo, "massa de perdição", conforme observa Noeli Rossatto:

> Na escolha *post praevisa merita* não é necessário supor uma condição inicial que antecede a toda e qualquer ação humana individual. Apenas são avaliados os méritos das ações com base numa previsão futura, já que Deus escolhe com base na presciência dos méritos ou dos deméritos. O princípio da justiça distributiva por mérito, neste caso, pode ser usado como medida de avaliação de uma situação particular; e, de acordo com este critério, poder-se-ia dar a cada um segundo o merecimento de suas obras (2016, 10).

Claro que, como vimos nos capítulos anteriores, Agostinho admite, a exemplo dos últimos pelagianos, e ou semipelagianos, que o homem, embora gravemente ferido pelo pecado de Adão, não perdeu por completo a sua condição primeira, ou que sua "natureza primeira" não está totalmente destruída (depravação total), mas apenas danificada ("natureza segunda"), preservando aí "alguns vestígios embora débeis" (*De spirit. et litt.*, 28, 48) de sua vocação primeira de ser um ser para Deus, ou como dirá, mais tarde, Blaise Pascal, que mesmo com a queda, o ho-

---

endossa o infralapsarianismo, quando diz que os eleitos se achavam caídos em Adão: "os que, portanto, são eleitos, achando-se caídos em Adão" (apud Ibid., 192). Daí Francisco Tourinho, refutando a eleição incondicional supralapsariana, dizer que "eleger e reprovar só faz sentido se for depois da queda, pois, somos eleitos para sermos salvos, e seremos salvos de que se ainda não há queda? E seremos reprovados pelo que se ainda não há pecado?" (Ibid., 194).

mem continua com um "instinto secreto que restou de nossa natureza primeira" (apud MARTINS, 2017, 163)[51].

Mas não só Agostinho, e mais tarde Pascal, mas o próprio Calvino admite que no homem restou algo da liberdade perdida, a saber, o livre-arbítrio, que, ajudado pela graça divina, torna o homem capaz de escolher entre o bem e o mal. É o que vemos, por exemplo, na obra *Breve instrução cristã*, quando, entrando em contradição consigo mesmo, diz:

> As escrituras atestam que o homem é escravo do pecado; o que significa que o seu espírito é tão estranho à justiça de Deus que não concebe, deseja, nem apreende coisa alguma que não seja má, perversa, iníqua e impura; pois o seu coração, completamente cheio do veneno do pecado, não pode produzir senão os frutos do pecado. *Não pensemos, entretanto, que o homem peca como que impelido por uma necessidade incontrolável; pois peca com o consentimento de sua própria vontade continuamente* [...]" (CALVINO, 2008, 13. Itálico nosso)[52].

---

51. Igualmente José Carlos Miranda, destacando que o homem é antes de tudo "imagem e semelhança de Deus", diz que, "se o homem é imagem de Deus é porque é *capax Dei* e nessa capacidade está implicada uma certa conaturalidade essencial que a existência factual post-lapsária não chega a destruir" (MIRANDA, J. C. de, A memória em S. Agostinho. Memoria rerum, memoria sui, memoria Dei, *Humanitas*, v. 53 (2001) 225-247, aqui 238) E para justificar sua posição cita o seguinte trecho do tratado *Sobre a Trindade*, de Agostinho: "Já dissemos que ela [a alma], manchada e deformada no poder de participação em Deus, permanece ainda assim imagem de Deus" (*De Trin.*, XIV, 8, 11). Igualmente diz o teólogo protestante Alister McGrath: "A doutrina cristã da redenção afirma que a natureza humana, como a vemos e entendemos hoje, não é a natureza humana que Deus planejou. Isso nos obriga a demarcar uma linha divisória muito clara entre a natureza humana original e a decaída, entre o ideal e o real, o protótipo e o que hoje existe. A imagem de Deus em nós acha-se desfigurada, mas não destruída. Continuamos a ser criaturas de Deus, mesmo em nossa condição decaída" (MCGRATH, A. E., *Apologética cristã no século XXI*, 22).

52. De igual forma, na *Segunda confissão helvética*, de âmbito calvinista, encontramos as seguintes palavras: "Por pecado, entendemos a corrupção inata do homem que se comunicou ou se propagou de nossos primeiros pais todos nós – mergulhados em más concupiscências, avessos a todo o bem, inclinados a todo o mal, cheios de toda a impunidade, de descrenças, de desprezo e de ódio a Deus – nada de bom podemos fazer... Importa saber qual se tornou o homem depois da queda. Se dúvida, seu entendimento não lhe foi retirado, nem foi ele privado da vontade, nem foi transformado inteiramente numa pedra ou árvore; mas seu entendimento e sua vontade foram de tal sorte alterados e enfraquecidos que não pode fazer o que podia fazer antes da queda. O entendimento se obscureceu,

Ora, se o homem não peca por uma "necessidade incontrolável", que seria puro determinismo, mas por "consentimento", significa que na vontade ainda resta, a despeito da ideia de "depravação total", algum grau de liberdade, senão não haveria "consentimento".

Ao responder a hipotética pergunta a Calvino: "Existe algum aspecto sob o qual o homem decaído ainda é à imagem de Deus?", o teólogo calvinista Anthony Hoekema, em seu expressivo livro *Criados à imagem de Deus*, mostra uma série de outras passagens em que "o homem decaído ainda reflete, sob determinado aspecto, realmente a imagem de Deus" (1999, 57). E conclui dizendo que "segundo Calvino, a imagem de Deus não é totalmente aniquilada pela queda, mas é terrivelmente deformada"[53] (Ibid). Por isso, afirma:

O que eu prefiro chamar de *depravação generalizada* tem sido tradicionalmente conhecida na tradição Reformada como "depravação total" – um termo que tem sido frequentemente mal-entendido. Negativamente, o conceito não significa: (1) que cada ser humano seja tão completamente depravado quanto eventualmente poderia vir a ser; (2) que pessoas não-regeneradas não tenham uma consciência por meio da

---

e a vontade, que era livre, tornou-se uma vontade escrava. Agora, ela serve ao pecado, não involuntariamente, mas voluntariamente" (apud ANGLADA, P. R. B., *Calvinismo*, 33).

53. O problema é que, a partir da página seguinte, quando vai responder a uma segunda hipótese, pergunta a Calvino: "O que, então, a queda do homem em pecado fez à imagem de Deus?", entrando em contradição com o que havia dito na resposta anterior, transformando esse "terrivelmente deformada" em algo próximo à tese da "depravação total", ao citar uma outra passagem das *Institutas* que diz: "Agora [nos eleitos] a imagem de Deus é a perfeita excelência da natureza humana que brilhou em Adão antes de seu erro mas *que* foi subsequentemente tão corrompida e quase extinta que nada permanece após a ruína exceto o que é confuso, mutilado e enfermo" (apud HOEKEMA, A. A., *Criados à imagem de Deus*, 59). E reforça citando outra passagem de Calvino, desta feita de seu *Comentário ao Gênesis*, em que diz: "Mas, agora, embora alguns traços vagos daquela imagem [de Deus] subsistam em nós, todavia eles encontram-se tão corrompidos e mutilados que pode se dizer estarem destruídos. Pois, além da deformação que em todo lugar surge horrenda, acrescenta-se também este mal, que parte nenhuma está livre da infecção do pecado" (apud Ibid., 59). E continua com outros textos de Calvino em defesa de "depravação total". Mas ele mesmo reconhece a contradição, quando mais adiante, à guisa de crítica, dizer que "Calvino é inconsistente quando fala da imagem de Deus no homem decaído: algumas vezes diz que a imagem foi destruída, obliterada e apagada pelo pecado, enquanto, outras vezes, afirma que a imagem não foi totalmente destruída, mas que devemos ainda ver a imagem de Deus em todas as pessoas" (Ibid., 62).

qual possam distinguir entre o bem e o mal; (3) que as pessoas não-regeneradas se entregarão inevitavelmente a todo tipo concebível de pecado; ou (4) que as pessoas não-regeneradas sejam incapazes de realizar certas ações boas e úteis na opinião de outros. Visto que para muitas pessoas a "depravação total" sugere esses entendimentos errôneos, eu prefiro usar o termo "depravação generalizada" (1999, 168-169).

Assim sendo, considerando que a "natureza humana" foi danificada com o pecado original, mas não destruída totalmente, Agostinho defende que o homem ainda pode se reconciliar, visto que ainda possui livre vontade. Deus continua investindo em seu projeto inicial, o de criar o homem para si. Para tal, Deus se faz presente na história, de diversas formas e através de diversos sinais, como, por exemplo, nos mandamentos, nos profetas, na Igreja, e, inclusive, na pessoa de Cristo. Tudo isto para manter o princípio anterior de que o homem (humanidade) é um ser para Deus. É a chamada "mão de Deus", ou "graça operante", ou providência divina, agindo na história, auxiliando os homens para que recuperem a liberdade perdida em Adão.

5
Considerações finais:
possibilidades de salvação/reprovação em Santo Agostinho

A partir das premissas apresentadas no tópico anterior, Agostinho apresenta três situações/soluções para o homem imerso na chamada "massa de perdição" (condição infralapsária), ou seja, para o homem pós-Adão, condição *sine qua non* para compreensão de seu conceito de predestinação[1]:

Primeiro, sabendo de antemão (presciência) que todos os homens haveriam de se tornar pecadores em Adão, Deus, por razões ocultas, resolveu escolher antecipadamente alguns dentre os que cairiam na "massa de perdição", dando-lhes gratuitamente uma graça especial, tão atraente ou irresistível[2] (daí receber o nome na modernidade/contemporaneidade

---

1. Posição já defendida por François Turrettini (1623-1687), o qual, segundo Alister E. McGrath, "afirma que a eleição pressupõe a queda da humanidade. Dessa forma, os decretos da eleição voltam-se para toda a humanidade como uma 'massa de pecados' (*massa perditionis*). Em outras palavras, a decisão de Deus de predestinar alguns para a eleição e outros para a condenação é uma reação à queda. Os seres humanos caídos são o objeto dessa decisão" (MCGRATH, A. E., *Teologia sistemática, histórica e filosófica*, 535).

2. No tratado *Sobre a correção e a graça* diz que dada a debilidade do homem depois do pecado original, em relação ao querer e o poder, "a divina bondade o socorre com a graça, dando-lhe a faculdade e a vontade de perseverar. Sua vontade se torna tão infla-

de "graça irresistível", ou "eficaz") que estes não poderão não resistir, tornando-os capazes de se (re)iniciarem[3] e preservarem na fé, e assim alcançarem "infalivelmente" a salvação[4]. Estes são, para Agostinho, os únicos ou verdadeiramente predestinados, é a predestinação propriamente dita, pela qual Deus *escolhe* e *conduz* infalivelmente à salvação os eleitos dentre a "massa de perdição".

Neste caso, trata-se de uma predestinação incondicionada, pois não está centrada na presciência de nenhum mérito futuro por parte dos homens, antes pelo contrário, estes terão méritos porque receberam uma "graça especial" para tal. Ou seja, mesmo estabelecendo uma relação entre predestinação e presciência, na realidade, "o termo *presciência* não expressa a previsão divina dos méritos dos eleitos, mas a preparação dos benefícios, *beneficiorum*, pelos quais os eleitos serão salvos de fato, na ordem da execução" (GARRIGOU-LAGRANGE, 1946, 59), conforme vemos nas palavras do próprio Agostinho, no tratado *Sobre a predestinação dos santos*, que, pela predestinação, Deus previu o que teria de fazer para conduzir infalivelmente os seus eleitos à vida eterna (cf. *De praed. sanct.*, 10, 19; 3, 7). Daí, derivar a única e genuína definição agostiniana de predestinação, expressa na última de suas obras, o tratado *Sobre o dom da perseverança*: "Esta é a predestinação dos santos e não outra coisa, ou seja,

---

mada pelo fogo do Espírito Santo que pode porque quer e quer porque influi eficazmente Deus em sua vontade" (*De corrept. et grat.*, 12, 38).

3. Dizemos (re)iniciar, pois não podemos esquecer que uma primeira graça (genérica, ou natural) fora dada ao homem no momento da criação, que o torna ontologicamente um ser vocacionado para Deus, que o iniciou na fé. Agora o que detemos é uma (re)iniciação, frente ao estado de deficiência/ignorância provocado pela queda de Adão.

4. Temos aqui a aplicação do preceito evangélico de que "muitos foram os chamados e poucos os escolhidos" (Mt 22,14), ou seja, pela "graça natural", ou "genérica", todos os homens foram chamados ou vocacionados para Deus, mas prevendo de antemão que nem todos responderiam a este primeiro chamado, Deus, por livre vontade, escolheu alguns, dando-lhes uma "graça especial, eficaz ou irresistível" para preservarem na fé e assim alcançarem a salvação, conforme diz Agostinho tratado *Sobre a correção e a graça*, falando dos não-eleitos: "Estes não foram segregados da massa de perdição pela presciência e predestinação de Deus e, portanto, não foram chamados segundo seu desígnio nem eleitos. Serão incluídos entre os *muitos chamados*, e não entre os *poucos escolhidos*" (*De corrept. et grat.*, 7, 16). E no tratado *Sobre diversas questões, a Simpliciano*: "Escolhidos, aqueles que chamados de modo adequado; não escolhidos, aqueles que não se ajustaram nem se ligaram ao chamado porque, apesar de chamados, não seguiram" (*De diver. quaest. ad Simplicianum*, I, 2, 13). Estes são os únicos e verdadeiros predestinados para Agostinho, conforme veremos logo mais.

a presciência de Deus e a preparação dos seus favores, com os quais alcançam a libertação todos os que são libertados" (*De dono persev.*, 14, 35).

E aqui temos o fecho da posição de Agostinho contra os semipelagianos, quando, em relação aos eleitos, defender que Deus dá não só o poder, mas também o querer, ou o início da fé, partilhando das palavras do apóstolo Paulo que diz: "Os que predestinou, também os chamou, justificando-os; e os que justificou, também os glorificou" (Rm 8,30). De forma que não há problema algum em aceitarmos as palavras conclusivas de Francisco de Oliveira, de que "a predestinação é um plano criado, desenvolvido, aplicado e finalizado por Deus, a fim de salvar os seus eleitos" (2016, 132).

Claro que, defendemos, mesmo no caso da "graça especial" (ou eficaz, ou irresistível, ou invencível), ainda resta uma parcela de participação do homem no processo de salvação, por pequena que seja, uma vez que, tendo livre-arbítrio, o homem ainda poderá não aceitar, conforme diz John S. Feinberg e outros, comentado o 4º ponto da TULIP calvinista:

4. Graça irresistível, ou infalível. Embora os homens possam resistir à graça de Deus, ela é, todavia, infalível: acaba convencendo o pecador de seu estado depravado, convertendo-o, dando-lhe nova vida, e santificando-o. O Espírito Santo realiza isto sem coação. É como o rapaz apaixonado que ganha o amor de sua eleita, e ela acaba casando-se com ele, livremente. Deus age e o crente reage, livremente. Quem se perde tem consciência de que está livremente rejeitando a salvação. Alguns escarnecem de Deus, outros se enfurecem, outros adiam a decisão, outros demonstram total indiferença para com as coisas sagradas. Todos, porém, agem livremente (2000a, 8)[5].

---

5. Aqui relembramos mais uma vez o que mostramos no capítulo anterior, quando das discussões acerca da suposta incompatibilidade entre a presciência divina e o livre-arbítrio da vontade, em que Agostinho se utiliza do exemplo da felicidade para mostrar que podemos obrigar alguém a fazer o que não quer, mas a querer só ele querendo: "Ainda que Deus preveja as nossas vontades futuras, não se segue que não queiramos algo sem vontade livre. Pois, [...] quando chegares a ser feliz, tu não o serás contra a tua vontade, mas sim querendo-o livremente. Pois, se Deus prevê tua felicidade futura, nada te pode acontecer senão o que Ele previu, visto que, caso contrário, não haveria presciência. Todavia, não estamos obrigados a admitir a opinião, totalmente absurda e muito afastada da verdade, que tu poderás ser feliz sem o querer" (*De lib. arb.*, III, 3, 7). E isso vale também para o caso da "graça eficaz ou irresistível", que não constrange ninguém a ser feliz/salvo sem que queira. Ao que ressalta Ignacio L. Bernasconi: "Vale dizer então que o homem sempre

Em segundo lugar, sabendo de antemão que os demais homens, não escolhidos previamente à salvação, ainda que imersos na "massa de perdição" pelo pecado de Adão, trazem em si a marca ontológica do primeiro chamado, a de serem criados para Deus. Embora danificada, mas não apagada totalmente, bastaria uma ajuda ou auxílio para recuperar a condição primeira: a estas Deus dá uma segunda chance, fazendo-se presente na história, de diversas formas e através de diversos sinais, conforme vimos no tópico anterior, para as trazer de volta ao seu plano maior, o de que o homem (humanidade) é um ser para Deus. Aqueles que forem auxiliados a recuperar a liberdade perdida em Adão poderão responder positivamente ao segundo chamado, convertendo-se, e assim alcançarão a salvação. Trata-se de uma salvação condicionada aos méritos, não por méritos totalmente próprios, como queriam os pelagianos, mas mediante a graça divina.

Contudo, em terceiro lugar, sabendo de antemão que muitos não responderiam positivamente ao seu segundo chamado (incluindo aí o de Cristo), preferindo continuar na "massa de perdição", Deus ainda per-

---

é dono de sua vontade, mas, em alguns casos, sobretudo se se trata de um predestinado, Deus pode oferecer sua graça de modo tal que aquele se veja irresistivelmente seduzido a aderir a ela" (BERNASCONI, I. L., *Libertad y gracia en San Agustín,* 113). E Norman Geisler: "Diante da onibenevolência de Deus, concluímos que a graça não pode ser irresistível contra a vontade das pessoas, pois um Deus que é todo amor não pode forçar ninguém a agir contra a sua própria vontade. Um 'amor forçado' é intrinsecamente impossível; um Deus de amor pode agir com base na persuasão, mas nunca com base na coação" (GEISLER, N., *Teologia sistemática,* v. 2, 166). Ademais, defende uma posição sinergista o famoso teólogo protestante Anthony Hoekema, ao dizer que, "após ter caído em pecado por sua própria vontade, o homem, pelo fato de ser uma criatura, só pode ser redimido do pecado e resgatado do seu estado caído mediante a intervenção de Deus em seu favor [...]. Mas o fato de que o homem é também uma pessoa faz com ele tenha uma parte importante a cumprir no processo de sua redenção. O homem não é salvo como um robô, cujas atividades foram programadas por algum computador celestial, mas como uma pessoa. Portanto os homens têm uma responsabilidade no processo de sua salvação. Eles precisam decidir-se livremente, na força do Espírito Santo, a arrependerem-se de seus pecados e a crerem em Jesus Cristo. Eles não podem ser salvos à parte de tais escolhas pessoais [...]" (HOEKEMA, A. A., *Criados à imagem de Deus,* 19). E mais adiante, buscando um meio termo entre os calvinismos, defensores de monergismo radical, e os arminianos, adeptos de um sinergismo radical, diz: "Aqueles de nós que se encontram na tradição reformada não devem negligenciar ou negar a responsabilidade do homem; aqueles que se encontram na tradição arminiana não deveriam esquecer ou negar a total soberania de Deus" (Ibid., 22).

mite que assim seja⁶. Mas, adverte Agostinho, não se trata de um decreto para perdição, mas de uma condição infralapsária, ou melhor, de uma situação de condenação seguindo a Adão, que manchou todos os seus descendentes. Ou como chama a atenção Alister E. McGrath,

> É importante observar que Agostinho destacou que isso não significa que alguns eram predestinados à condenação. Significa que Deus havia escolhido alguns dentre a massa da humanidade caída. Os poucos escolhidos foram certamente predestinados à salvação. O restante não foi, de acordo com Agostinho, efetivamente condenado à perdição; eles meramente não foram eleitos para a salvação (2010, 531).

Não se trata aqui de uma defesa de uma "expiação limitada", em que Cristo veio apenas para os eleitos à salvação, como querem os defensores da "dupla predestinação incondicionada supralapsariana"⁷. Afinal, os

---

6. A esta posição, em que Deus, a partir de um prévio conhecimento de que todos cairiam em Adão, não pelos méritos futuros, mas pela misericórdia, elege alguns à salvação e relega ou deixa outros em meio à massa de perdição, Francisco Tourinho chamará, em sua obra recente, de "dupla predestinação assimétrica", contrapondo-a à "dupla predestinação simétrica", que é o posicionamento segundo o qual Deus elege ativamente alguns à salvação e reprova os demais à perdição (cf. TOURINHO, F., *O calvinismo explicado*, v. 1., 189). O que para nós não resolve o problema, ou não combina com o pensamento de Agostinho, para quem só existe uma predestinação, a dos eleitos. A outra, a que fala o supracitado comentador, dos condenados, não é a rigor predestinação segundo o pensamento de Agostinho.

7. Alister McGrath diz que, a exemplo da "doutrina da dupla predestinação", a "doutrina da expiação limitada" é fruto da radicalização, ou má interpretação, do pensamento de Agostinho por de Godescalco de Orbais, como uma consequência daquela. Para ele, o citado monge beneditino "elaborou uma doutrina da dupla predestinação semelhante àquela que veio a ser posteriormente associada a Calvino e seus seguidores. Perseguindo, com lógica inflexível, as implicações de sua afirmação de que Deus havia predestinado alguns à condenação eterna, Godescalco destacou, portanto, que era bastante impróprio falar que Cristo havia morrido por esses indivíduos, pois, se assim fosse, ele teria *morrido em vão*, uma vez que o destino daqueles predestinados à condenação não seria mudado. Hesitante sobre as consequências dessa afirmação, Godescalco propôs que Cristo morreu somente por aqueles que foram eleitos" (McGRATH, A. E., *Teologia sistemática, histórica e filosófica*, 532. Itálico nosso). Vemos nas palavras destacadas uma contradição. Ora, se Cristo não veio para os condenados à perdição, uma vez que já estavam predestinados para tal e nada poderia mudar tal destino, o mesmo podemos dizer em relação aos eleitos à salvação: pois já estavam predestinados para tal, iriam se salvar de qualquer maneira, com Cristo ou sem, senão não seria predestinação, logo a vinda de Cristo seria

condenados em Adão, tanto quanto os "predestinados à salvação", foram criados por Deus com a "graça criadora", ou "genérica", ou "natural", ou "inicial", e fazem parte do projeto redentor de Deus, caso contrário não teriam sentido as palavras de Cristo: "Eu vim para que todos tenham vida, e vida em abundância" (Jo 10,10)[8]. Logo, para Agostinho, a rigor não há predestinados para o inferno, pois como diz no *Manual sobre a fé, a esperança e a caridade, a Laurêncio*, "ninguém é liberto a não ser por uma misericórdia gratuita e ninguém é condenado a não ser por um julgamento devido" (*Enchir. ad Laurentium*, 20, 94). Existe sim uma "massa de perdição" lançada em direção a ele, de forma que quem para ele for será condenada, ou por participar coletivamente do pecado original (mal de pena) e/ou por livre vontade individual (mal de culpa)[9], conforme já vimos em passagem anteriormente citada (cf. *De nat. et grat.*, 3, 3)[10] e não pela vontade de Deus, como defende Calvino, na modernidade:

---

em vão, pois veio salvar o que já estava salvo, o que na linguagem popular chamamos de "chover no molhado".

8. No *Manual sobre a fé, a esperança e a caridade, a Laurêncio*, comentado as palavras de 1Tm 2,4 em que se diz que "Deus quer que todos os homens se salvem", Agostinho afirma que o "todos" aqui significa "todo o gênero humano" (*Enchir. ad Laurentium*, 27, 103).

9. Nesse sentido, contrariando o que se diz do calvinismo, Robert Charles Sproul afirma: "A visão calvinista de predestinação ensina que Deus ativamente intervém nas vidas dos eleitos para ter certeza absoluta de que eles sejam salvos. É claro que o restante é *convidado* a Cristo e é dada a eles uma oportunidade para serem salvos, *se* eles quiserem" (SPROUL, R. C., *Eleitos de Deus*, 24. Itálico nosso).

10. Daí Gerald Bonner dizer que "o conceito de *massa de perdição* explica como a raça humana pôde ser condenada com justiça por um Deus justo" (in: OROZ RETA, J.; GALINDO RODRIGO, J. (org.), *El pensamiento de San Agustín para el hombre de hoy*, 332), ou seja, por deméritos (condicionada infralapsária). Igualmente comenta Mathijs Lamberigts: "É importante acrescentar quer a interpretação agostiniana da predestinação se situa regularmente depois da queda, de tal maneira que, a partir da massa caída da humanidade, alguns são escolhidos para ser salvos, outros não o são (*Enchir. ad Laurentium*, 100; *De civ. Dei*, XV, 1; *De an. et eius orig.* 4, 16; *In evan. Joan.*, XLVIII, 4). Contudo, Agostinho não falará jamais da predestinação ao pecado, pois pecar pertence à responsabilidade moral dos seres humanos" (LAMBERIGTS, M., Predestinação, in: FITZGERALD, A. D. (org.), *Agostinho através dos tempos*, 803). Na realidade, a ideia de uma segunda predestinação, além daquela para o bem, é coisa dos "predestinacionistas", dentre os quais Calvino, conforme destaca Antônio Flávio Pierucci: "A predestinação eterna só dos salvos (dos "happy few", diria Shakespeare) é uma antiga tese cristã, já presente em Agostinho e aceita expressamente por Lutero. O que surpreendeu em Calvino foi ele ter aberto o jogo

Chamamos predestinação o eterno decreto de Deus pelo qual houve por bem determinar o que acerca de cada homem quis que acontecesse. Pois *ele não quis criar a todos em igual condição; ao contrário, preordenou a uns a vida eterna; a outros, a condenação eterna*. Portanto, como cada um foi criado para um ou outro *desses dois* destinos, assim dizemos que um foi predestinado ou para a vida, ou para a morte [...]. Este desígnio, no que respeita aos eleitos, afirmamos haver-se fundado em sua graciosa misericórdia, sem qualquer consideração da dignidade humana; *aqueles*, porém, aos quais destina à condenação, a estes de fato por seu justo e irrepreensível juízo, ainda que incompreensível, lhes embarga o acesso à vida. [...]. Portanto, não podemos atribuir nenhuma explicação pela qual ele concede misericórdia ao seu povo, senão que o faz como lhe agrada; *também não temos nenhuma explicação pela qual ele reprova os outros, senão que o faz pela sua vontade* [...]. Portanto, aqueles a quem Deus salta por cima [não escolhendo], ele condena; e isso não faz por outra razão senão porque quer excluí-los da herança que predestina para seus próprios filhos. [...] *portanto, se alguém pergunta por que Deus assim fez, devemos responder: porque o quis* (CALVINO, *Institutas*, III, 21, 5; 22, 11; 23, 1. Itálicos nossos)[11].

no que tange à predestinação dos réprobos, ter exposto que a causa do seu malfadado destino pós-morte não está nos pecados deles, como normalmente se crê, mas no outro braço que completa o decreto salvífico do Senhor. Está no *decretum horribile*" (PIERUCCI, F., Calvino, 500 anos, *Jornal Folha de S. Paulo*, 12 jul. 2009). E mais adiante completa dizendo que, com um discurso "quase dantesco, soando às vezes satírico, Calvino deixou de lado todo prurido 'bela alma' e saiu rasgando o véu da compaixão católica e luterana pelo 'pobre pecador', dando espaço em suas obras à crueza catastrofista do monoteísmo vingador dos profetas bíblicos. Só nos profetas de Israel podem-se ler peças declaratórias de um monoteísmo predestinacionista cabal e incondicional como o dele, isto é, para o bem e para o mal, para o céu e para o inferno. Calvino foi a eles. Mas foi também a Paulo, aos 'Salmos', ao 'Livro de Jó', para dali glosar as frases que deixariam em sobressalto seus seguidores e indignados seus opositores" (Ibid).

11. Mas esta não é uma posição unânime nem mesmo no protestantismo, pois entre eles há aqueles que acreditam numa predestinação supralapsariana unicamente para salvação; daqueles que são eleitos pela misericórdia de Deus, gratuitamente, ou seja, independentemente dos méritos. Quanto aos demais, Deus os deixa permanecer na massa de danação, e serão julgados pelos seus méritos (ou deméritos), segundo a justiça divina, defendendo-se, portanto, uma condição infralapsariana. É o que vemos, por exemplo, a *Confissão da França*, artigo 12, que diz: "Deus livra e preserva alguns homens, que, pelo seu eterno e imutável conselho, de sua bondade e misericórdia, sem nenhuma atenção para nossas obras, Ele escolheu em Jesus Cristo; e outros ele deixou em sua corrupção e condenação, nos quais ele assim manifesta sua justiça, condenando-os justamente" [...]. E a *Confissão da Bélgica*, artigo 16, que diz: "Nós acreditamos que Deus [...] é misericordioso e justo: misericordioso, porque livrando o homem e salvando da condenação e da morte

E ainda mais claro na *Epístola* de Agostinho, citada por Calvino:

Sabemos que a graça especial de Deus não é dada a todos os homens; e *àqueles* a quem é dada, não é feito segundo os méritos das obras, nem segundo os méritos da vontade, mas por graciosa benevolência; *àqueles* a quem não é dada, sabemos que não é dada pelo justo juízo de Deus (AGOSTINHO, *Ep.* 186, 4 apud CALVINO, *Institutas*, II, 3, 14).

E como se não bastasse, um pouco mais adiante Calvino apresenta um Deus não só perverso, ou maquiavélico, como diz Ebenezer Oliveira (cf. 2016, 88), mas sádico, que tem prazer em ver a destruição daqueles que condenou, ao dizer que "[...] em seu conselho e arbítrio assim ordena que entre os homens nasçam indivíduos que estão condenados desde o ventre à morte certa, para que, por meio da condenação, lhe glorifiquem o nome" (CALVINO, *Institutas*, III, 18, 6). Mais do que isto, Deus atua para que os não eleitos jamais alcancem a santificação, "fechando aos réprobos o acesso ao conhecimento do seu nome, ou negando-lhes a santificação do seu Espírito" (CALVINO apud KLOOSTER, 1992, 81). Ao que comenta Ebenezer Oliveira: "Se pecamos pelo propósito divino, então se infere, necessariamente, que Deus seria pecador, porque o soberano teria a intenção voluntária e objetiva que a transgressão ocorresse de fato" (2016, 35).

No caso de Agostinho, ao contrário, admite-se uma seleção por méritos, ou melhor, por deméritos (condicionada), "pois", diz Réginald Garrigou-Lagrange, "Deus não pode querer infligir a pena da condenação senão por uma falta" (1946, 249). Isto vemos no próprio Agostinho, ao chamar a atenção do bispo pelagiano Juliano de que o desígnio divino pode ser imperscrutável, mas não injusto: "Deus é bom, Deus é justo. Porque é bom, pode salvar qualquer um sem méritos; porque é justo, não pode condenar alguém sem deméritos" (*Contra Jul. pel.*, III, 18, 35), logo, nem a graça de Deus pode ser injusta, nem sua justiça cruel. Ou seja, como bem diz Ebenezer Oliveira,

aqueles que em seu eterno conselho, de sua livre bondade, ele escolheu em Cristo Jesus nosso Senhor, sem nenhuma consideração de todas nossas obras, mas justo, deixando o restante em sua queda e perdição, onde eles mesmos se precipitaram".

a tese de predestinação incondicional para a perdição quebra a perfeição do amor divino, porque pressupõe, também, que Deus daria sofrimento eterno àqueles que ele mesmo determinou que nascessem e seguissem o caminho da perdição, sem direito a poderem abraçar a oferta da graça redentora (2016, 83).

Daí Marcone Lima enfatizar que "dizer que Deus determinou uns para salvação e outros para condenação contraria o princípio de justiça divina" (2019, 103). Mais do que isto, a tese de uma "predestinação incondicionada supralapsariana" põe em xeque o princípio bíblico do julgamento final, quando Cristo voltará para julgar os vivos e os mortos, pois, se assim for, diz Anthony Hoekema, "na ocasião do juízo final o destino final de todos os que tiverem vivido e os que ainda estiveram vivendo na terra já terá sido determinado. Deus não precisa proceder a uma investigação nas vidas das pessoas para determinar quem será salvo e quem não o será [...]" (2001, 299).

E aqui temos o principal ponto de divergência entre Agostinho e o "predestinacionismo incondicional supralapsariano" de Calvino, por exemplo, o qual, a partir do livro III das *Institutas*, intensifica suas investidas em favor desta tese, principalmente no capítulo 21, em que, de cara, começa dizendo que

> é notório que pelo arbítrio de Deus sucede que a salvação é oferecida gratuitamente a uns, enquanto que outros são impedidos de seu acesso, aqui prontamente emergem grandes e árduas questões, as quais não podem ser explicadas de outra forma, se as mentes pias têm por definido o que se impõe manter a respeito de eleição e predestinação. Questão assaz intrincada, como parece a muitos, porquanto pensam não ser de modo algum coerente que da multidão comum dos homens uns sejam predestinados à salvação, outros à perdição (CALVINO, *Institutas*, III, 21, 1).

E depois de mostrar vários exemplos extraídos da Sagrada Escritura que confirmam suas teses, conclui:

> Portanto, estamos afirmando o que a Escritura mostra claramente: que Deus designou de uma vez para sempre, em seu eterno e imutável desígnio, aqueles que ele quer que se salvem, e também aqueles que quer que se percam (Ibid., III, 21, 7).

Portanto, contrariamente a Agostinho, e suas próprias posições iniciais de que Deus havia criado o homem bom, Calvino agora admite uma "dupla predestinação", ambas de natureza "incondicionadas supralapsária"[12], ou seja, ambas determinadas desde a eternidade, ou antes da criação, ou independentemente da queda de Adão, bem como pautadas unicamente na vontade divina, enquadrando-se no chamado "monergismo moderno", visto que, como também passou a defender, se o pecado de Adão danificou totalmente o livre-arbítrio humano (depravação total) este não pode participar (com méritos) do seu processo de salvação. Daí o comentador Francis Schaeffer dizer que

> os reformadores declararam que não há nada que o homem possa fazer; nenhum esforço humano moral ou religioso, humanista ou autônomo, pode ajudar. Somos salvos unicamente com base na obra consumada de Cristo, quando morreu no espaço e no tempo na história, e o único meio de obter a salvação é elevar as mãos vazias da fé e, pela graça de Deus, aceitar o dom gratuito de Deus – a fé somente (2014, 26).

---

12. Na obra *A doutrina da eleição*, escrita especialmente para refutar aqueles que defendem a salvação pelos méritos, falando acerca do comentário do apóstolo Paulo quanto a escolha, por parte de Deus, de Jacó e rejeição de Esaú, Calvino diz que "Deus não retribuiu nenhuma recompensa às nossas obras quando nos escolheu, porque ele fez isso antes que o mundo viesse a existir" (CALVINO, J., *A doutrina da eleição*, 5). Não só aí mas em diversos outros momentos desta obra Calvino reitera sua posição supralapsariana, como, por exemplo, na página seguinte, quando depois comentar as palavras de Paulo em 1 Coríntios 4,7 diz: "Então, se nós confessamos que Deus nos escolheu antes dos tempos eternos, segue-se necessariamente que Deus nos preparou para receber a sua graça" (Ibid., 6). Bem como, na mesma página, ao defender a "predestinação incondicionada": "Retenhamos o que nos é aqui ensinado: Deus nos escolheu antes que o mundo iniciasse seu curso, devemos atribuir a causa da nossa salvação à sua bondade gratuita; devemos confessar que ele não nos toma para sermos seus filhos por quaisquer de nossos méritos; pois não tínhamos nada para nos recomendar ao seu favor. Por isso, devemos colocar a causa e a fonte da nossa salvação em Deus somente" (Ibid.). E muitas outras passagens que não iremos citar aqui para não nos alongarmos nos exemplos. Daí o comentador Lyle Bierma, em longo artigo em defesa do calvinismo, reconhecer o caráter incondicional da eleição em Calvino, ao dizer: "A doutrina da eleição, diz ele, em primeiro lugar acentua para nós que a salvação é *sola gratia*: é total e inteiramente pela graça de Deus. Portanto, a doutrina da eleição deve nos humilhar, porque ela nos defronta com o fato de que não temos nenhuma contribuição a dar para nossa salvação; ela é unicamente uma obra de Deus. Deus nos escolheu antes que nós o escolhêssemos" (BIERMA, L. D., A relevância da teologia der Calvino para o século XXI, *Fides Reformata*, v. 8, n. 2 (2003) 9-20, aqui 14).

O que no nosso entendimentos contraria a genuína concepção agostiniana, pois, como vimos no primeiro capítulo, quando tratamos da diferença/igualdade entre os conceitos de liberdade e livre-arbítrio, contrariamente ao que defendem os calvinistas, Agostinho não defende que com o pecado original o homem tenha perdido por completo o livre-arbítrio, ficando-o "totalmente depravado", mas tão somente que, com a queda de Adão, perdeu a plena liberdade humana, que é a capacidade que querer e poder não fazer o mal, ficando apenas com o livre-arbítrio (o querer), não podendo realizar o querer, ou seja, continua nele a imagem de Deus, embora danificada. É o que vemos no tratado Sobre o espírito e a letra, Agostinho mostra que o pecado original não destruiu totalmente a imagem de Deus no homem, e cita como prova desta permanência o fato de até os maus amarem e cumprirem alguns mandamentos:

> A imagem de Deus não foi destruída na alma humana pela mancha dos afetos terrenos a ponto de não terem permanecidos nela alguns vestígios, ainda que frágeis. Pode-se dizer que os maus, mesmo em sua vida ímpia, cumprem e amam alguns preceitos da Lei (De spirit. et litt., 28, 48)[13].

Voltando-se a Agostinho, por este admitir que alguns poderão ir para o inferno, ainda que voluntariamente, fica ainda a interrogação: se Deus, em sua divina presciência, sabendo de antemão que dentre a "massa de perdição" alguns não haveriam de responder positivamente aos seus dois primeiros chamados, a "graça natural" e a "graça sanativa", ou "redentora", por que não usou de sua misericórdia e estendeu a todos a seu terceiro chamado, a "graça eficaz", ou "irresistível", para que todos se salvassem necessariamente, já que no projeto inicial todos foram feitos para santidade? Não estaria Deus sendo injusto ao conceder tão sublime dom apenas a um grupo restrito, ou, se não, sendo pelo menos omisso para com os demais?[14]

---

13. Daí dizer María del Carmen Dolby Múgica: "É preciso deixar claro que o homem perdeu a primitiva perfeição, sem que com isto signifique que a imagem de Deus impressa em sua alma tenha desaparecido totalmente" (DOLBY MÚGICA, M. del C., El hombre es imagen de Dios. Visión antropológica de San Agustín, 96).
14. A esse respeito, diz Agostinho no tratado Sobre o espírito e a letra: "[...] a questão é a seguinte: [a vontade de fé] de onde vem? [...] Se ela vem como um dom de Deus, por

Esta foi exatamente a questão levantada cerca de vinte anos antes por Simpliciano, bispo que substituiu Ambrósio na cátedra de Milão por volta de 397[15]. Simpliciano questionava a interpretação do apóstolo Paulo em Romanos 9,13, acerca da escolha de destinos diferentes para os dois filhos gêmeos de Rebeca: Jacó e Esaú no livro do Gênesis, tendo o primeiro sido escolhido e o segundo, rejeitado por Deus, o que levaria Agostinho a escrever o tratado *Sobre diversas questões, a Simpliciano*, principalmente pelo fato de que ambos "ainda não tinham nascido, nem tinham feito nada de bem nem de mal" (*De diver. quaest. ad Simplicianum*, I, 2, 5), o que nos leva nos perguntarmos

> como esta escolha ou qualquer outra pode ser justa se não há diferença alguma? Pois escolhido sem nenhum merecimento, antes de nascer e de fazer qualquer coisa, Jacó não poderia ter sido escolhido, já que não tinha diferença pela qual devesse ser escolhido. Além disso, se, sem culpa alguma – pois ele nem tinha ainda nascido, nem feito coisa alguma –, Esaú foi rejeitado, como é referido: "o maior servirá ao menor", como se pode dizer que a sua rejeição foi justa? Portanto, com que critério, e com que peso da igualdade, entender o que segue: "Amei a Jacó, mas odiei a Esaú" (Rm 9,13)? (Ibid., I, 2, 4).

E o problema agrava-se ainda mais se considerarmos especificamente o caso de Esaú, pois em relação a Jacó, basta dizer que o critério fora a misericórdia divina, mas no caso de Esaú: primeiro, "que mal fez ele para merecer servir ao menor? E por que está escrito: 'Odiei a Esaú' se ele nem ainda tinha nascido, nem tinha feito nada de bem nem de mal [...]. O que foi dito de nenhum merecimento de boas obras de Jacó não se aplica também a Esaú por ter sido odiado sem culpa de nenhuma má ação?" (Ibid., I, 2, 8). Mais do que isto, mesmo que Esaú fosse culpado, "se Deus tem compaixão de quem se compadece, e é misericordioso com quem quer, porque faltou esta mesma misericórdia no caso de Esaú, para que ele também fosse bom por ela, como, por ela, Jacó se tornou bom?" (Ibid., I, 2, 9).

---

que não vem para todos, pois Deus quer que todos os homens se salvem e cheguem ao conhecimento da verdade?" (*De spirit. et litt.*, 33, 57).

15. Segundo TRAPÈ, 2017, 53, "Simpliciano havia viajado muito, era um teólogo culto, conhecia bem a filosofia neoplatônica, e havia tomado parte da conversão de Mario Victorino, de quem tinha sido amigo íntimo".

Na supracitada obra, a resposta de Agostinho se dá em dois níveis: Primeiro, ressalta que aquilo que aparentemente sugere injustiça da parte de Deus, não passa de uma limitação humana, que na sua pequenez não consegue alcançar os inacessíveis desígnios divinos, pois que a justiça divina foge aos padrões ou conceitos humanos, conforme diz no referido tratado:

> Logo, é necessário crer, tenaz e firmemente, que quando Deus se compadece de quem quer, e endurece com quem quer, isto é, quando Deus se compadece com quem quer e não é misericordioso com que não quer, há aí uma misteriosa justiça, inacessível ao sentido humano (Ibid., I, 2, 16).

Ainda assim, em segundo lugar, diz que é possível se falar ou demonstrar com argumentos humanos (racionais) a favor de uma justiça divina, visto que, por mais ofuscada que esteja a alma humana, por conta do pecado original, esta, ainda guarda dentro de si reflexos da justiça divina (*Imago Dei*), de forma que "quem não vê que não se pode acusar de injusto ao que exige o que lhe é devido, nem ao que perdoa à dívida; e que isso não depende do devedor, senão do credor?" (Ibid.), logo, não se pode acusar a Deus por ter perdoado incondicionalmente a dívida de alguns, condicionando a salvação dos outros aos méritos, ou, no caso da reprovação, aos seus deméritos, ou seja, o não perdão dos pecados.

Tudo isto baseado no princípio de que, com a queda de Adão (pecado original), e sua transmissão a todos os seus descendentes, todos nós temos uma dívida para com Deus, ou seja, uma condição infralapsária, conforme comenta Étienne Gilson:

> Nos contratos que os homens fazem entre si, não se acusa de injustiça aquele que reivindica seu débito, e menos ainda aquele que quer fazer remissão do que lhe é devido. Mas quem é juiz para saber se convém redimir uma dívida: aquele que deve, ou aquele a quem se deve? Este último, e apenas ele, sem nenhuma dúvida. Ora, desde a queda, todos os homens formam uma massa pecadora e devedora de penas que devem sofrer com relação a justiça divina. Se Deus redime esse suplício justificando o culpado, ou se o exige abandonando-o, nenhuma injustiça é cometida. Quanto a saber que deve sofrer sua pena e quem dele deve ficar isento, não é a nós, devedores, que cabe decidir. Deus não obriga alguns homens a pecar porque ele justifica outros,

e ele não justifica alguns a não ser em nome de uma inescrutável equidade cujas razões escapam ao nosso julgamento (2006, 297).

Em todos os casos Deus é justo; ao perdoar a dívida, ao se compadecer de quem quer, e ao cobrar ao pé da letra a dívida, ao se endurecer contra quem quer, conforme diz no tratado *Sobre o dom da perseverança*:

Não sejamos ingratos perante o fato de Deus misericordioso, segundo o beneplácito de sua vontade, para louvor da glória de sua graça, libertar tantos da perdição tão merecida, considerando que, se a ninguém libertasse, não se deveria dizer que é injusto. Devido ao pecado de um só, todos foram julgados dignos de uma não injusta condenação, mas totalmente justa. Portanto, quem é liberto ame a graça; quem não é liberto reconheça a dívida. Se no perdoar a dívida, manifesta-se a bondade e na exigência se revela a equidade, nunca se pode atribuir a Deus a iniquidade (*De dono persev.*, 8, 16)[16].

Aliás, isto é o que defendem até mesmo alguns dos defensores da chamada "teoria da dupla predestinação", como é o caso do calvinista Paulo Anglada, o qual, ao responder aqueles que dizem que tal doutrina fere o princípio da Justiça divina, entrando em contradição consigo mesmo, diz que não, pelas seguintes razões:

(a) Deus não escolhe dentre inocentes, mas dentre pecadores culpados e indesculpáveis. Portanto, que injustiça há em ser misericordioso para com alguns? E que injustiça há em deixar que pereçam os que justamente merecem perecer? Não se pode esquecer que os que perecem escolheram livremente este estado quando se decidiram, em Adão, pela desobediência.
(b) O homem em estado de pecado nada pode fazer para mudar a sua situação. Logo, se Deus não escolhesse alguns para a salvação, todos pereceriam. Sendo assim, o atributo de Deus que se destaca na obra da eleição incondicional é exatamente a misericórdia. Se a eleição fosse condicional, todos pereceriam. Se Adão, em estado de inocência, fra-

---

16. E mais adiante: "Ao dá-la a alguns que não a merecem, portanto gratuitamente, quis por isso que fosse verdadeira graça, mas não concedendo a todos, revela o que todos merecem. Ele é bom nos favores concedido e é justo no castigo aos demais; é bom para com todos, porque é sinal de bondade retribuir o devido; é justo para com todos, porque ele é justiça quando concede o indevido sem prejuízo para ninguém" (*De dono persev.*, 12, 28).

cassou no pacto das obras, quanto mais fracassamos nós, em estado de pecado! O que nos espanta não é que Deus tenha aborrecido a Esaú, e sim que tenha amado a Jacó.
(c) Não somos juízes de Deus. A melhor resposta para insinuação de que Deus é injusto é a resposta de Paulo: "Quem és tu, ó homem, para discutir com Deus?" (Rm 9,20) (2015, 61).

Portanto, a resposta dos supracitados comentadores reforça nossa tese de que ambas as situações, salvação e perdição, se dão em função de uma condição infralapsariana, de uma "massa de perdição", de culpados (deméritos) pelo pecado de Adão, de forma que os "eleitos à salvação" resulta de uma escolha incondicional, pela misericórdia divina, visto não terem méritos para tal, conforme afirma o autor na alínea (b): "o atributo de Deus que se destaca na obra da eleição incondicional é exatamente a misericórdia", mas os "não-eleitos", ou "condenados", são reprovados ou relegados em função da culpa (deméritos), mediante a justiça divina (condenação condicionada), pois, como diz o autor no final da alínea (a), "não se pode esquecer que os que perecem escolheram livremente este estado quando se decidiram, em Adão, pela desobediência". Logo temos aqui uma situação condicionada infralapsariana, negando por completo a ideia de uma "dupla predestinação incondicionada supralapsariana".

A primeira é incondicionada, que é a única e verdadeira predestinação para Agostinho, que pesar de ser supralapsária, mesmo assim é feita a partir de um *conhecimento prévio* de que, com a queda, nem todos atenderiam positivamente ao chamado de Cristo, ou seja, em vista de situação infralapsária, conforme diz Agostinho no tratado *Sobre diversas questões, a Simpliciano*: "Portanto, não vejo como se pode dizer que 'Deus nos escolheu antes da criação do mundo' (Ef 1,4) a não ser pela sua presciência" (*De diver. quaest. ad Simplicianum*, I, 2, 6).

A segunda, dos condenados, não é fruto de um eterno decreto divino, portanto não é propriamente predestinação, mas consequência de um estado de pecado cometido coletivamente em Adão e ou individualmente por cada homem e justamente aplicada por Deus.

Em síntese, a argumentação de Agostinho em favor da eleição de alguns baseia-se na misericórdia divina (Rm 9,14-18), enquanto que a reprovação de outros é baseada na presciência dos deméritos, ou justiça divina, conforme diz no tratado *Sobre a predestinação dos santos*, em capítulo intitulado "Os insondáveis desígnios de Deus":

Como naqueles [predestinados] a vontade é preparada pelo Senhor, o que não acontece com os segundos, é preciso distinguir o que vem da sua misericórdia e o que vem da sua justiça. Diz o Apóstolo: *Aquilo a que tanto aspira, Israel não conseguiu: conseguiram-no, porém, os escolhidos. E os demais foram endurecidos* (Rm 11,7) [...]. Eis a misericórdia e o juízo; misericórdia para com a eleição que alcançou a justiça de Deus; juízo para os demais que ficaram cegos [...]. Portanto, gratuitamente alcançaram a eleição os que a conseguiram: deles não precedeu nenhum mérito, antes lhes foi dado algo a que retribuíssem. Salvou-os à custa de nada. Os outros, porém, que ficaram cegos, ficaram-no em retribuição (*De praed. sanct.*, 6, 11)[17].

E quando questionado acerca dos motivos que levaram Deus a ser complacente com uns e endurecer com outros, diz que, "são, pois, imperscrutáveis a misericórdia pela qual liberta [alguns] gratuitamente e a verdade pela qual julga com justiça [aos demais]" (Ibid.)[18]. O contrário

---

17. Igualmente diz na *Epístola* 207, a Bonifácio: "Sabemos que a graça de Deus não é dada a todos os homens; e *àqueles* a quem é dada, não é concedida segundo os méritos das obras, nem segundo os méritos da vontade, mas por graciosa benevolência; àqueles a quem não é dada, sabemos que não é concedida pelo justo juízo de Deus" (*Ep.*, 207, 5, 16).
18. Igualmente, mais adiante, diz: "Assim, pois, tanto a fé inicial como a perfeita são dons de Deus. E quem não quiser contradizer aos evidentes testemunhos das Letras Sagradas, não duvide que este dom seja concedido a uns e não concedidos a outros. O motivo pelo qual não é concedido a todos, não deve inquietar aquele que crê que todos incorremos na condenação por um só homem, uma condenação muito justa, de sorte que nenhuma condenação contra Deus seria justa, mesmo que ninguém alcançasse a libertação. Assim, fica evidente que é uma grande graça no fato de muitos se libertarem. Eles percebem nos que não são libertados o que lhes era devido. Consequentemente, aquele que se glorie, *glorie-se no Senhor, e não em seus merecimentos*, que bem sabe serem iguais aos dos condenados. A razão pela qual este é libertado de preferência àquele, tenha-se em conta que insondáveis são seus juízos e impenetráveis seus caminhos (Rm 11,33). Melhor será ouvir dizer a este respeito: 'Quem és tu, ó homem, para discutires com Deus?' (Rm 9,20), do que ousar dizer, como se soubéssemos, porque quis que ficasse oculto aquele que não pode querer nenhuma injustiça" (*De praed. sanct.*, 8, 16. Itálico nosso). Igualmente, no tratado *Sobre o dom da perseverança*, diante da pergunta: "Por que na mesma causa me castigará mais que a outro ou a outro libertará de preferência a mim?", responde: "Não respondo, se perguntar o 'porquê', pois confesso que não sei o que dizer. E se insistes em perguntar o 'porquê', dar-te-ei a razão: porque assim como a ira de Deus é justa, assim como a misericórdia é grande, assim também são impenetráveis seus juízos" (*De dono*

do que acontece com os defensores da "dupla predestinação incondicionada supralapsariana", a que Francisco Tourinho chama de "simétrica", para quem a reprovação de alguns não tem nada a ver com méritos ou deméritos futuros[19], mas é fruto exclusivamente da vontade divina, tanto quanto a escolha dos eleitos. Motivo pelo qual Blaise Pascal censura Calvino, ao dizer que

> ele [Calvino] afirma que Deus, tendo criado Adão e todos os homens nele, não teve, ao criá-los, uma vontade condicional para os salvar. Que o fim ao qual ele se propôs ao criar a mais nobre de suas criaturas não foi ambíguo, mas que ele criou umas na vontade absoluta de as condenar e outras na vontade absoluta de as salvar [...] (apud GARCIA, C. F. L., *O sentido da fé em Pascal*, Porto Alegre, PUCRS, 2012, 14).

Mais do que isto,

que, todavia, Deus, não podendo, por sua justiça, condená-las sem pecado, não só permitiu, mas decretou e ordenou o pecado de Adão. Que Adão, tendo pecado necessariamente pelo decreto de Deus, foi digno da morte eterna. Que ele perdeu seu livre-arbítrio. Que ele deixou de ter qualquer flexibilidade para o bem, mesmo com a graça eficacíssima (apud Ibid., 14).

Ou seja, Calvino faz retroceder a suposta predestinação dos reprovados para antes da queda de Adão, que Adão não teria nascido sequer com a "graça genérica criadora ou natural". Esta posição ficaria conhecida pelo nome de "teoria supralapsariana", que é o contrário da "teoria

---

persev., 8, 18). O mesmo tipo de pergunta/resposta continua mais adiante na mesma obra (Ibid., 9, 21; 11, 25).

19. A esse respeito, Ebenezer Oliveira, fazendo uso do texto paulino da Epístola aos Efésios que menciona o sentido de "eleitos", diz: "Em Efésios 1,4, Paulo disse que somos eleitos em (gr. *en*) Cristo, ou seja, dentro de Cristo, e não fora Dele. Se somos eleitos por termos entrado em Cristo, somos dignos não pelos nossos próprios méritos, mas pelos méritos de Cristo. Mas nos concentraremos no que Calvino falou sobre a reprovação. Ele assegurou ser falso e contrário à Palavra o ensino que Deus reprova com base em sua previsão. A afirmativa de Calvino é de que é certo e bíblico que Deus reprova as pessoas sem ter a previsão de sua rejeição de Cristo e sua graça por livre-arbítrio, tornando-se, por isso, indignas. *Calvino insinua que Deus rejeita as pessoas para a salvação por pura tirania, e não pela justiça do Cristo revelada na Bíblia* (Lc 7,30; Jo 3,16-17; Rm 8,29)" (OLIVEIRA, E., *A doutrina da predestinação em Calvino e o caráter moral de Deus*, 33. Itálico nosso).

infralapsariana", que coloca o problema da eleição/reprovação para o pós-queda de Adão, conforme esclarece Felix Cobbinah:

Na teoria infralapsariana, parte-se do conceito de que o decreto da eleição (electio) e da reprovação (reprobatio) vem depois do decreto da queda. Esse focaliza a ideia de que Deus permite a queda e providencia a salvação; enquanto a supralapsariana, partindo da concepção de soberania absoluta de Deus, exprime a visão de que o decreto de eleição e de reprovação precede logicamente o decreto da queda de Adão (2015, 42).

Em síntese, podemos dizer que, no que concerne aos conceitos de eleição/reprovação, as posições agostinianas podem ser resumidas em quatro pontos:

1. a princípio, todos, sem exceção, são chamados à salvação, já que tudo que Deus criou é bom, em especial o homem que o fez para Si, criando-o à sua imagem e semelhança. Todos receberam, ao nascer, a "graça criadora", ou "natural", não havendo, ontologicamente, espaço para uma chamada "predestinação à perdição incondicionada supralapsariana"[20] como querem alguns. Ou, a rigor, não existe uma "predestinação à perdição" em Agostinho[21];

---

20. Aqui Agostinho concorda com os pelagianos de que todos nasceram bons, e como tais receberam uma graça natural que os tornam filhos de Deus, de forma que para Agostinho o homem é um ser ontologicamente vocacionado para Deus. No tratado *Sobre diversas questões, a Simpliciano*, por exemplo, Agostinho diz que "é absurdo, porém, afirmar que Deus fez coisas que odiaria, pois outra Escritura e diz: 'Não criastes nada por ódio, nem odiastes nada do que fizestes' (Sb 11,25) [...]. Mas amou todas essas coisas, mesmo que ordenadas em diversos graus de importância, pois Deus viu que eram boas, porque criadas pela sua palavra [...]. É injusto, porém, odiar a Esaú sem a culpa" (*De diver. quaest. ad Simplicianum*, I, 2, 8). "Portanto – concluir ele mais adiante – Deus não odiou Esaú enquanto homem, mas odiou Esaú enquanto pecador" (Ibid., I, 2, 18). E como Esaú sequer havia nascido, portanto, ainda não tinha cometido nenhum mal, só pode ser em função de pecados futuros, o que presume a presciência divina dos fatos futuros.
21. A esse respeito diz Ignacio L. Bernasconi: "[...] dado que a predestinação supõe a participação ativa de Deus, e posto que ele só pode querer e praticar o bem, é lógico pensar que Deus unicamente predestine ao bem e não ao mal [...]. No sentido contrário, a ideia de uma predestinação ao pecado suporia imaginar a Deus como capaz de aderir ao mal, e isto, sem sombra de dúvida, é completamente inaceitável não só segundo a posição agostiniana, mas, em geral, segundo a própria mentalidade cristã" (BERNASCONI, I.

2. Contudo, sabendo de antemão que "todos" os homens, pelo pecado de Adão, haveriam de ser imersos na "massa de perdição", trazem em si por natureza a marca ontológica do primeiro chamado (de serem criados para Deus) danificada, mas não totalmente apagada[22]. Portanto, bastaria uma ajuda, ou auxílio, para recuperar esta condição primeira, é a chamada "mão de Deus", ou "graça operante", ou providência divina agindo na história e auxiliando os homens

L., *Libertad y gracia en San Agustín*, 115). Daí concluir mais adiante: "Por isso, quando Agostinho defende a predestinação dos pecadores à morte eterna, a rigor não faz referência a uma predestinação em sentido estrito, senão ao conhecimento e aceitação, desde toda a eternidade, do destino daqueles homens que, por própria vontade, serão justamente condenados" (Ibid.). Igualmente diz John Hick: "A doutrina de Calvino é quase tão extrema e intransigente quanto uma doutrina da predestinação pode ser. Ele vai além dos ensinamentos de Agostinho ao atribuir explicitamente a condenação como também a salvação ao decreto positivo de Deus. Agostinho sustentava que a parte de Deus na danação dos réprobos era um ato negativo (se um ato pode ser assim descrito) de ignorá-los e deixar que 'eles fervam no seu próprio caldo'. Deus não predestinou positivamente os homens à perdição, embora ele se omita de escolhê-los para a vida eterna" (HICK, J., *O mal e o Deus do amor*, Brasília, Editora da Universidade de Brasília, 2018, 181-182). E José Jacinto Farias: "Santo Agostinho, que formulou o problema, como já vimos, não conseguiu encontrar uma solução satisfatória e confessou, no final, a sua ignorância, no que diz respeito à questão de se saber porque é que, querendo embora Deus a salvação de todos os homens, da *massa de perdição* só retira um relativamente pequeno número. No entanto, perante as fáceis soluções ou monistas ou dualistas, Santo Agostinho mantém-se firme na afirmação de que só existe *predestinação* para a salvação, pois esta, a predestinação, diz respeito aos bens que Deus prepara para os eleitos, para aqueles que efetivamente se salvam. O concílio de Orange (529), que assume e consagra a doutrina de Santo Agostinho, declara formalmente que *predestinação* se entende para a glória, não para a condenação, porque não há uma predestinação para o mal, o que repugna ao sentir da Igreja" (FARIAS, J. J. F. de, Predestinação. Entre a incerteza e a esperança, *Lusitania Sacra*, v. 37 (2018) 63-75, aqui 69). Esta é, inclusive, a posição da Igreja Católica na atualidade, a qual, segundo o mesmo comentador, pelo "Concílio Vaticano II (1962-1965) proclama que todos os homens, por caminhos que só Deus conhece, estão orientados para Cristo, confirmando este sentir da Igreja de que a vontade de Deus é que todos se salvem, facultando a todos, sem exceção, os meios para alcançar a salvação, salvação da qual a Igreja é um sinal visível e eficaz e lugar onde esta salvação pode alcançar-se" (cf. CONCÍLIO VATICANO II, Constituição Dogmática *Lumen Gentium*, n. 1, apud Ibid., 70).
22. Contra a tese da "depravação total", Antônio Pativa de Sales, nos chama a atenção de que, "mesmo na condição de caído, permanecem no homem os *vestigia Trinitatis*. O homem é, antes de tudo, imagem de Deus, imagem imperfeita, no entanto, imagem" (SALES, A. P. de, *A antropologia filosófica de Santo Agostinho no De Trinitate*, Dissertação de Mestrado em Filosofia, João Pessoa, UFPB, 2004, 60).

na recuperação da liberdade perdida em Adão. Estes, sim, poderão responder positivamente ao segundo chamado, converter-se e alcançar a salvação[23];
3. Mas, sabendo de antemão que com a queda nem todos responderiam positivamente a esse segundo chamado, Deus, desde a eternidade, por um *puro ato de amor*, gratuitamente escolheu alguns para salvação, dando-lhes uma terceira graça, ainda mais potente, a "graça eficaz", ou "irresistível", capaz de iniciar e preservar o homem na fé até o fim. Esta é a única e "verdadeira predestinação" para Agostinho, que, reiteramos, trata-se de uma eleição incondicional supralapsariana, pois aconteceu desde a eternidade em função da presciência de uma situação de queda futura, ou seja, de uma situação infralapsariana[24];
4. sabendo também de antemão que alguns não responderiam positivamente ao seu chamado, Deus, por uma questão de justiça, permite que estes continuem na "massa de perdição"[25] e, consequen-

---

23. Temos aqui uma posição de Agostinho que o aproxima mais do arminianismo, que também negava a tese da "depravação total" do calvinismo.
24. Isso já aparecia no tratado *Sobre diversas questões, a Simpliciano*, quando diz: "Em alguns, a graça da fé [natural] não é bastante grande para conseguir o reino dos céus. É o caso dos catecúmenos, como do próprio Cornélio, antes de sua incorporação à Igreja pela participação nos sacramentos. Em outros, porém, a graça da fé é tão grande [irresistível] que já são destinados para o corpo de Cristo e santo templo de Deus" (*De diver. quaest. ad Simplicianum*, 1, 2, 2). E mais tarde confirmada no *Sermão* 158, em que diz: "A predestinação é prévia a existência. Que disse Deus quando nem sequer existias para poder dizê-lo? Que fez Deus quando predestinou o que não existia? Que significa o que disse o Apóstolo: 'Chama as coisas que não são do mesmo modo que as que são?' (Rm 4,17). Se já existissem, não serias objeto de predestinação [...]. Demos graças a Deus e não sejamos ingratos, porque quando não existíamos nos predestinou, porque estando afastados nos chamou e porque sendo pecadores nos justificou" (*Serm*. 158, 3, 3).
25. Paul Rigby, fazendo uma distinção entre "condenar" e "permitir" que alguns alcancem a perdição, diz: "A maioria de estudiosos concebem que Agostinho não pregou explicitamente a dupla predestinação. Todos concordam que Agostinho se fixa no número dos santos levados à glória, não dos pecadores que se condenam. M. J. Chéné, por exemplo, insiste que, quando a Escritura diz que Deu 'inclina' para o mal os malvados, depois de seu abandono, Agostinho interpreta 'inclina' como 'permite', empregando assim a distinção entre causar e permitir, que se fez tão popular na teologia medieval" (RIGBY, P., Uso agustiniano de universales narrativas en el debate sobre la predestinación, *Augustinus*, v. 48 (2003) 215-228, aqui 222-223).

temente, possam não vir a alcançar a salvação. Mas, não se trata de predestinação para a perdição, pois, como ressalta Leomar Antônio Brustolin, a salvação é oferecida a toda humanidade, e "somente quem rejeitar a salvação, oferecida por Deus com misericórdia sem limites, se encontrará autocondenado" (2001, 135).

Temos aqui a única situação centrada na questão do mérito, ou melhor, do demérito, portanto baseada numa situação infralapsariana[26], conforme diz Agostinho ao explicar em que sentido devemos entender as palavras do Apóstolo Paulo "'nós também éramos por natureza filhos da ira' (Ef 2,3). Se éramos 'filhos da ira', éramos então filhos da retribuição, filhos da punição, filhos do inferno. E de que modo isso é 'por natureza', senão que pelo *primeiro pecado do homem*, o mal moral se enraizou em nossa própria natureza humana? Se o mal tem se instalado desta forma em nós, todos nascemos espiritualmente cegos. Afinal, aquele que enxerga não precisa de um guia. Mas se necessita de um guia para o iluminar é porque é cego de nascença" (*In evan. Joan.*, XLIV, 1. Itálico nosso).

Como vimos, podemos concluir que destas quatro situações/soluções ao problema da aplicação dos conceitos de graça/predestinação, apenas a primeira é totalmente supralapsariana, uma vez que o homem ontologicamente foi feito como um ser para Deus, que o criou para si à sua imagem e semelhança. Quanto às demais situações/soluções, o que definirá as posições agostinianas é a situação de pecado em que se encontram "todos os homens" após queda de Adão (situação infralapsariana). Assim sendo, mesmo a terceira posição (predestinação de alguns à salvação), embora centrada unicamente na vontade de Deus (na misericórdia divina), se dá em função de uma presciência de uma situação de queda futura, ou seja, de uma situação infralapsariana. Já a quarta situação baseia-se na questão dos méritos, ou melhor, dos deméritos, quando Deus, por questão de justiça, permite que continuem na "massa de perdição" aqueles que por livre vontade rejeitaram a "graça sanante", ou "graça redentora de Cristo". Decorrer daí, ao nosso ver, que

---

26. Esta situação está baseada nos seguintes textos do Evangelho de João 1,15-16; 3,19; 5,25.29; da Epístola aos Romanos 13,2 e da Epístola de Tiago 5,12.

há em Agostinho uma possibilidade de interpretação que oscile entre as chamadas "situação incondicionada supralapsariana" e a "situação condicionada infralapsariana", ficando a verdadeira predestinação no nível da incondicionada, não havendo em hipótese alguma a chamada "predestinação dos condenados", ou, a rigor, a "dupla predestinação" em Agostinho, como prenunciam os defensores do "predestinacionismo incondicionado supralapsário", especialmente Calvino[27].

Assim sendo, desconfiamos não serem verdadeiras as palavras de Robert Charles Sproul de que "não há nada na visão de Calvino sobre a predestinação que não tinha sido proposto anteriormente por Lutero, e por Agostinho antes dele" (2002, 10). Talvez seja mais coerente dizer que Calvino tenha se inspirado em Lúcido, no século V, seguido por Isidoro de Sevilha (560-636), Godescalco [Gottschalk] de Orbais (808-867)[28], Thomas Bradwardine (1290-1349) e Gregório de Rimini (1300-1358), os primeiros defensores de uma "doutrina da dupla predestinação", conforme demonstramos anteriormente.

Por isso, embora um grande número de interpretes do calvinismo estabeleçam uma estreita relação entre Calvino e Agostinho, a ponto de "muitos teólogos consideram o calvinismo como uma forma mais bem

---

27. A esse respeito diz Felix Cobbinah: "Agostinho não reconhece nada em relação ao duplo decreto da eleição e da reprovação, mas simplesmente a eleição à salvação" (COBBINAH, F., *La controversia pelagiana*, 43). Igualmente diz Roger Olson: "Agostinho nunca chegou a afirmar especificamente que Deus predestina alguém ao pecado e ao inferno" (OLSON, R. E., *História da teologia cristã*, 289). E Ebenezer Oliveira que assim estabelece a diferença entre Agostinho e Calvino acerca da predestinação: "O sistema da teoria da predestinação de Calvino difere redondamente do sistema de Agostinho. Primeiramente, Agostinho não defendeu a tese da predestinação incondicional para perdição, que Calvino advoga nas suas postulações. Agostinho defendia a necessidade do livre-arbítrio para condenação no julgamento final; Calvino não" (OLIVEIRA, E., *A doutrina da predestinação em Calvino e o caráter moral de Deus*, 21).
28. Foi a pedido do imperador Carlos II, o Calvo (823-877), neto de Carlos Magno, que o filósofo João Scoto Erígena (815-877) escreveu a obra *De praedestinatione* (em 850) contra as ideias de Godescalco de Orbais. Carlos II preocupava-se em combater o avanço da "doutrina da dupla predestinação" em seu reino. Cândido dos Santos assim resume as principais teses de Godescalco ao dizer que este "escreveu uma profissão de fé na qual reafirmava a dupla predestinação e suas consequências: ruína do livre-arbítrio; negação da vontade salvífica universal; restrição do valor da morte redentora de Cristo apenas aos predestinados" (SANTOS, C. do, *Jansenismo e antijansenismo nos finais do Antigo Regime*, Porto, CITCEM-Afrontamento, 2011, 132).

desenvolvida do agostinianismo" (SINGER apud VANCE, 2017, 48)[29], e o próprio Calvino declarar que "Agostinho está tão ligado a mim, que se eu quisesse escrever uma confissão de minha fé, eu poderia assim fazer com toda a plenitude e satisfação com os extratos de seus escritos por mim citados" (CALVINO, *De aeterna Dei praedestinatione,* apud VANCE, 2017, 48)[30], defendemos e demonstramos que, não obstante a proximidade entre ambos, há uma enorme divergência entre os dois pensadores, especialmente no que diz respeito à suposta teoria da "dupla predestinação", pois como ressalta Laurence M. Vance, falando acerca da influência de Agostinho sobre a Reforma,

conquanto a Reforma foi a culminação de várias ideias e eventos, em sua maioria direcionados contra a corrupção da Igreja Católica, *atribuir a Agostinho um papel principal nela é torcer os fatos da história,* pois como logo veremos, não somente ele diferia de Martinho Lutero (1483-1546) e o celebrado princípio paulino da Reforma, mas a própria Igreja Católica Romana tem uma melhor reivindicação sobre Agostinho do que os calvinistas (Ibid., 50-51)[31].

---

29. Segundo Laurence M. Vance (ID., *O outro lado do calvinismo*), além de Gregg Singer, defendem que Calvino vai buscar em Agostinho os fundamentos de sua "teoria predestinacionista" os seguintes interpretes: Richard A. Muller, Alvin L. Baker, Charles H. Spurgeon, Will Durant, Kenneth H. Good, Roy Mason, Abraham Kuyper, Loraine Boettner, William G. T. Shedd, Arthur Custance, dentre outros.

30. Para mostrar a dimensão da presença de Agostinho nas obras de Calvino, David J. Marshall diz que "os editores da *Opera Calvino* no *CR* levantaram, no conjunto dos escritos de Calvino, um total de cerca de 1.400 referências às obras de Santo Agostinho (Cadier 1954, 1039). Mas estudos sucessivos (Smiths 1956-1957, 6) mostraram que essa cifra é muito inferior à real: Smiths conta cerca de 1.700 referências explícitas a Agostinho e outras 2.400 citações ou paráfrases desprovidas de referências" (MARSHALL, D. J., Calvino, João (1509-1564), in: FITZGERALD, A. D. (org.), *Agostinho através dos tempos,* 201). E José Roberto Cristofani enfatiza que "Agostinho é invocado por mais de 30 vezes nos capítulos XXI a XXIV do livro III das *Institutas,* em que Calvino trata especificamente da predestinação" (CRISTOFANI, J. R., *Predestinação,* 34).

31. Igualmente ressalta Renan Pires Maia: "Que houve influências agostinianas não só sobre Lutero, mas sobre todo o movimento da Reforma Protestante é-nos patente não apenas pelo fato de Santo Agostinho ser citado diversas vezes pelos Reformadores – por exemplo, no *Livro de concórdia* o Santo Doutor é mencionado trinta e seis vezes, enquanto que nas *Institutas da religião cristã,* de Calvino, temos bem mais do que cem citações – mas também pelas afinidades doutrinárias, sobretudo naquilo que diz respeito à doutrina da graça e da justificação pela fé. Todavia, isso não indica necessariamente que

Com o supracitado comentador, lembramos que "Agostinho foi antes de tudo um católico", e "dificilmente há um único dogma católico romano que seja historicamente compreensível sem referência a seu ensino" (Ibid., 52), de forma que "mesmo que os calvinistas se alegrem em reivindicar Agostinho como um dos seus, nem todos os católicos estão dispostos a cedê-lo com tanta facilidade" (Ibid.). Enfim, defendemos que qualquer grupo ou denominação religiosa tenha o direito de defender ideias predestinacionistas fatalistas, e que neles acredite quem quiser, desde que não fundamentem suas ideias em Agostinho, ou façam de Agostinho o seu patrono. Agostinho não era nem reformado, nem não-reformado, nem luterano, nem calvinista, nem arminiano, nem jansenista etc. Agostinho era Agostinho. E embora vários escritores do mundo protestante, dentre eles Tiago J. Santos Filho, se utilizem das palavras do teólogo luterano Richard D. Balge para afirmar que "se Agostinho de Hipona tivesse vivido no tempo da Reforma, ele teria se juntado a Martinho Lutero" (BALGE apud SANTOS FILHO, 2013, 5)[32], desconfiamos do contrário: que se estivesse vivo, condenaria a todos eles por deturparem suas ideias, e os acusaria de terem criado um novo "agostinismo", uma espécie de "semiagostinismo", um tanto diferenciado do famoso "agostinismo medieval", e que concordaria ainda menos com o movimento radical reinante entre os reformadores posteriores a Lutero e Calvino, que ficou conhecido por "escolasticismo protestante aristotélico", do qual falamos anteriormente.

---

o movimento da Reforma seja um movimento essencialmente agostiniano, posto que entre Santo Agostinho e os Reformadores há distanciamentos quanto a pontos doutrinários fundamentais – tais como aqueles relativos à doutrina de *Sola Scriptura*, os concernentes ao papel da filosofia na fundamentação das verdades da fé, a conduta ascética etc." (MAIA, R. P., Lutero, um discípulo de Santo Agostinho?, *Aufklärung*, João Pessoa, v. 5, n. 3 (2018) 193-206, aqui 194).

32. Tais palavras encontram-se no artigo Editorial no número especial da *Revista fé para hoje*, cujos artigos são todos referentes a Santo Agostinho.

Referências

a) Obras de Santo Agostinho

AGOSTINHO, Santo. *A Trindade*. Tradução e notas de Agustinho Belmonte. São Paulo: Paulus, 1994. (Coleção Patrística, n. 7).

———. *O livre-arbítrio*. Tradução, introdução e notas de Nair de Assis Oliveira. São Paulo: Paulus, 1997. (Coleção Patrística, n. 8).

———. *Comentário aos salmos (Salmos 100-150)*. Tradução das Monjas Beneditinas. São Paulo: Paulus, 1998. (Coleção Patrística, n. 9/3).

———. *A graça (I)*. *O espírito e a letra, A natureza e a graça, A graça de Cristo e o pecado original*. Tradução, introdução e notas de Agustinho Belmonte. São Paulo: Paulus, 1998. (Coleção Patrística, n. 12).

———. *A graça (II)*. *A graça e a liberdade, A correção e a graça, A predestinação dos santos, O dom da perseverança*. Tradução de Agustinho Belmonte. São Paulo: Paulus, 1999. (Coleção Patrística, n. 13).

———. *Diálogo sobre o livre-arbítrio*. ed. bilíngue. Tradução, introdução e notas de Paula de Oliveira e Silva. Lisboa: Imprensa Nacional – Casa da Moeda, 2001.

———. *A doutrina cristã. Manual de exegese e formação cristã*. Tradução de Nair de Assis Oliveira. São Paulo: Paulus, 2002. (Coleção Patrística, n. 17).

———. *A verdadeira religião*. Tradução de Nair de Assis Oliveira. São Paulo: Paulus, 2002. (Coleção Patrística, n. 19).

———. *Comentário literal ao Gênesis, Sobre o Gênesis, contra os maniqueus, Comentário literal ao Gênesis, inacabado*. Tradução de Agustinho Belmonte. São Paulo: Paulus, 2005. (Coleção Patrística, n. 21).

―――. *A natureza do bem*. ed. bilíngue. Tradução de Carlos Ancêde Nougué. Rio de Janeiro: Sétimo Selo, 2005.

―――. *Confissões*. Tradução de J. Oliveira Santos e A. Ambrósio de Pina. Petrópolis: Vozes, ⁹1988.

―――. *A cidade de Deus. Contra os pagãos*. Tradução de Oscar Paes Leme. Petrópolis: Vozes; São Paulo: Federação Agostiniana Brasileira, ³1991. 2 v.

―――. *A cidade de Deus*. Tradução, prefácio, notas biográficas e transcrições de J. Dias Pereira. Lisboa: Fundação Calouste Gulbenkian, ²1996. 3 v.

―――. *Comentário à 1ª epístola de são João*. Tradução, introdução e notas de Nair de Assis Oliveira. São Paulo: Paulinas, 1989.

―――. *O sermão da montanha, A fé e as obras, A fé nas coisas invisíveis, Enquirídio sobre a fé, a esperança e a caridade, O símbolo aos catecúmenos*. Tradução de Nair de Assis Oliveira, Fabrício Gerardi e D. Paulo Evaristo Arns. São Paulo: Paulus, 2017. (Coleção Patrística, n. 36).

―――. *A Simpliciano, Réplica à carta de Parmeniano*. Tradução e notas de Paulo A. Mascarenhas Roxo e Agustinho Belmonte. São Paulo: Paulus, 2019. (Coleção Patrística n. 41).

AGUSTIN, San. Introducción general, Vida de san Agustin escrita por Posidio, Soliloquios, De la vida feliz, Del orden, Bibliografia agustiniana. In: ―――. *Obras completas de San Agustín*. ed. bilíngue. Traducción y organización de Victorino Capánaga. Madrid: La Editorial Catolica/BAC, 1994. Tomo I.

―――. Las confesiones. In: ―――. *Obras completas de San Agustín*. ed. bilíngue. Traducción de Angel Custodio Vega. Madrid: La Editorial Católica /BAC, ⁹1998. Tomo II.

―――. Obras filosóficas. Contra los acadêmicos, Del libre albedrío, De la cuantidad del alma, Del maestro, Del alma y su origen, De la naturaleza del bien, contra los maniqueos. In: ―――. *Obras completas de San Agustín*. Traducción, introducción e notas de Victorino Capánaga, Evaristo Seijas, Eusebio Cuevas, Manuel Martínez e Mateo Lansero. ed. bilíngue. Madrid: La Editorial Catolica/BAC, ³1963. Tomo III.

―――. Obras apologéticas. De la verdadera religión, De los costumbres de la Iglesia, Enquiridión, De la unidad de la Iglesia, De la fe en lo que no se vê, De la utilidad de creer. In: ―――. *Obras completas de San Agustín*. Traducción, introducción e notas de Victorino Capánaga, Teófilo Prieto, Andrés Centeno, Santos Santamarta e Erminio Rodríguez. ed. bilíngue. Madrid: La Editorial Catolica/BAC, ³1956. Tomo IV.

―――. Tratado de la Santíssima Trindad. In: ―――. *Obras completas de San Agustín*. ed. bilíngue. Traducción, introducción y notas de Luis Arias. Madrid: La Editorial Catolica/BAC, 1985. Tomo V.

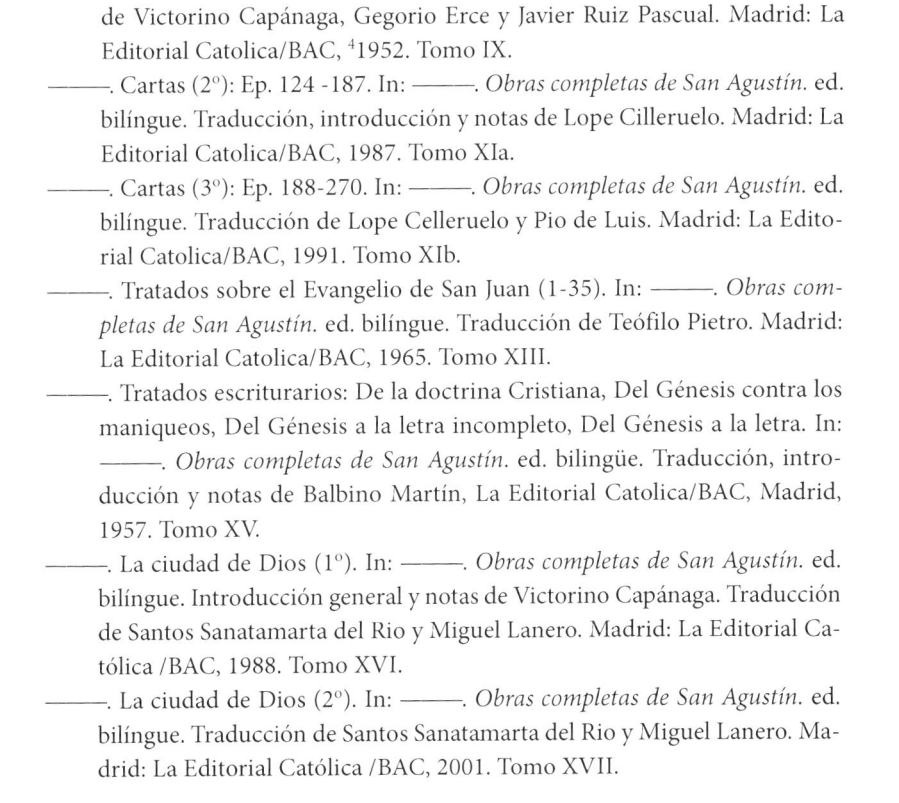

―――. Tratados sobre la gracia (1º). Del espíritu y de la letra, De la naturaleza y de la gracia, De la gracia de Jesucristo y del pecado Original, De la gracia y del libre albedrío, De la corrección y de la gracia, De la predestinación de los santos, Del don de perseverancia. In: ―――. Obras completas de San Agustín. ed. bilíngue. Traducción, introducción y notas de Victorino Capánaga, Emiliano López, Andrés Centeno, Enrique de Vega y Toribio de Castro. Madrid: La Editorial Católica/BAC, 1956, Tomo VI.

―――. Cartas (1º): 1-123. In: ―――. Obras completas de San Agustín. ed. bilíngue. Traducción, introducción y notas de Lope Cilleruelo. Madrid: La Editorial Catolica/BAC, 1986. Tomo VIII.

―――. Tratados sobre la gracia (2º). Los dos libros sobre diversas cuestiones a Simpliciano, De los meritos y del perdón de los pecados, Contra las dos cartas de los pelagianos, Actas del proceso cantra Pelagio. In: ―――. Obras completas de San Agustín. ed. bilíngue. Traducción, introducción y notas de Victorino Capánaga, Gegorio Erce y Javier Ruiz Pascual. Madrid: La Editorial Catolica/BAC, [4]1952. Tomo IX.

―――. Cartas (2º): Ep. 124 -187. In: ―――. Obras completas de San Agustín. ed. bilíngue. Traducción, introducción y notas de Lope Cilleruelo. Madrid: La Editorial Catolica/BAC, 1987. Tomo XIa.

―――. Cartas (3º): Ep. 188-270. In: ―――. Obras completas de San Agustín. ed. bilíngue. Traducción de Lope Celleruelo y Pio de Luis. Madrid: La Editorial Catolica/BAC, 1991. Tomo XIb.

―――. Tratados sobre el Evangelio de San Juan (1-35). In: ―――. Obras completas de San Agustín. ed. bilíngue. Traducción de Teófilo Pietro. Madrid: La Editorial Catolica/BAC, 1965. Tomo XIII.

―――. Tratados escriturarios: De la doctrina Cristiana, Del Génesis contra los maniqueos, Del Génesis a la letra incompleto, Del Génesis a la letra. In: ―――. Obras completas de San Agustín. ed. bilingüe. Traducción, introducción y notas de Balbino Martín, La Editorial Catolica/BAC, Madrid, 1957. Tomo XV.

―――. La ciudad de Dios (1º). In: ―――. Obras completas de San Agustín. ed. bilíngue. Introducción general y notas de Victorino Capánaga. Traducción de Santos Sanatamarta del Rio y Miguel Lanero. Madrid: La Editorial Católica /BAC, 1988. Tomo XVI.

―――. La ciudad de Dios (2º). In: ―――. Obras completas de San Agustín. ed. bilíngue. Traducción de Santos Sanatamarta del Rio y Miguel Lanero. Madrid: La Editorial Católica /BAC, 2001. Tomo XVII.

———. Enarraciones sobre los Salmos (4º). 118-150. In: ———. *Obras completas de San Agustín*. ed. bilíngue. Traducción de Balbino Martin Perez. Madrid: La Editorial Catolica/BAC, 1967. Tomo XXII.

———. Escritos antimaniqueos (1º). Las dos almas, Actas del debete com Fortunato, Réplica a Adimanto, Réplica a la carta chamada "del fundamento", Actas del debate com Felix y Respuesta a Secundino. In: ———. *Obras completas de San Agustín*. ed. bilíngue. Traducción, introducción y notas de Pio de Luis. Madrid: La Editorial Catolica/BAC, 1986. Tomo XXX.

———. Escritos antimaniqueos (2º). Contra Fausto. In: ———. *Obras completas de San Agustín*. ed. bilíngue. Traducción, introducción y notas de Pio de Luis. Madrid: La Editorial Catolica/BAC, 1993. Tomo XXXIa.

———. Escritos antipelagianos (3º). La perfeición de la justicia del hombre, El matrimonio y la concupiscência, Réplica a Juliano. In: ———. *Obras completas de San Agustín*. ed. bilíngue. Introducción general de Argemiro Turrado. Traducción, introducción y notas de Luis Arias Alvarez y Teodoro C. Madrid. Madrid: La Editorial Catolica/BAC, 1984. Tomo XXXV.

———. Escritos antipelagianos (4º). Réplica a Juliano, obra inacabada (livros I-III). In: ———. *Obras completas de San Agustín*. ed. bilíngue. Traducción, introducción y notas de Luis Arias. Madrid: La Editorial Catolica/BAC, 1985. Tomo XXXVI.

———. Escritos antipelagianos (5º). Réplica a Juliano, obra inacabada (livros IV-VI). In: ———. *Obras completas de San Agustín*. ed. bilíngue. Traducción y notas de Luis Arias. Madrid: La Editorial Catolica/BAC, 1985. Tomo XXXVII.

———. Escritos vários (2º). Ochenta y tres cuestiones diversas, La advinación diabólica, Respuesta a ocho preguntas de Dulcicio, La piedad com los defuntos, La utilidad del ayuno, La devastación de Roma, Regla a los siervos de Dios, Las retrataciones, Catálogo de los libros, tratados y cartas de San Agustín editado por san Possidio. In: ———. *Obras completas de San Agustín*. ed. bilíngue. Traducción, introducción y notas de Teodoro C. Madrid. Madrid: La Editorial Catolica/BAC, 1995. Tomo XL.

b) Obras de apoio

ABBAGNANO, Nicola. *Dicionário de filosofia*. Tradução de Alfredo Bosi. São Paulo: Mestre Jou, 1970.

ALLEN, David. *Por quem Cristo morreu? Uma análise crítica sobre a extensão da expiação*. Tradução de Angelino do Carmo, Rômulo Monteiro e Luis Henrique. Natal: Carisma, 2019.

ALMEIDA, Rogério Miranda de. Vontade e liberdade no cristianismo. De São Paulo a Santo Agostinho. *Controvérsia*, São Leopoldo, v. 13, n. 1 (2017) 31-40.

ALVAREZ TURIENZO, Saturnino. Entre los maniqueus y los pelagianos. Iniciación al problema del mal en San Agustín. *Revista La Ciudad de Dios,* Madrid, v. 166 (1954) 87-125.

ANÉAS, André. Providência divina. Até as últimas consequências. *Reflexão*, v. 44 (2019) 1-18.

――――. A racionalização da experiência de Deus no calvinismo da reta doutrina. Dissertação de Mestrado em Teologia. São Paulo: PUC-SP, 2018.

ANGLADA, Paulo Roberto Batista. *Calvinismo. As antigas doutrinas da graça.* Ananindeua: Knox, 2015.

ANSELMO, Santo. *Por que Deus se fez homem?* Tradução de Daniel Costa. São Paulo: Novo Século, 2003.

――――. *Sobre a concordância da presciência, da predestinação e da graça divina com o livre-arbítrio.* ed. bilíngue. Tradução de Daniel da Costa. São Paulo: Fonte, 2006.

――――. A verdade, A liberdade de escolha, A queda do diabo. In: ――――. *Diálogos filosóficos.* ed. bilíngue. Tradução introdução e notas de Paula de Oliveira e Silva. Porto: Afrontamento, 2012.

AQUINO, Jefferson Alves de. Leibniz e a teodiceia. O problema do mal e da liberdade humana. *Revista Philosophica,* Lisboa, v. 28 (2006) 49-66.

ARISTÓTELES. *Metafísica.* Traducción, introducción y notas de Tomás Calvo Martinez. Madrid: Gredos, 2003.

――――. *Da interpretação.* ed. bilíngue. Tradução e comentários de José Veríssimo Teixeira da Mata. São Paulo: Unesp, 2013.

ARMAS, Gregorio. *La moral de San Agustín.* Madrid: Asilo de Huérfanos del Sagrado Corazón de Jesús, 1955.

ASMUSSEN, Jes P. Maniqueísmo. In: BLEEKER, C. Jouco; WIDENGREN, Geo (org.). *Historia religionum. Manual de historia de las religiones,* v. 1. *Religiones del pasado.* Madrid: Cristiandad, 1973, 560-589.

AZCONE, José Luis. A importância da natureza como lugar da ação de Deus. Noção de criação em Santo Agostinho. In: *Ecoteologia Agostiniana. Simpósio de reflexão sobre a ecoteologia agostiniana a partir da América Latina.* São Paulo: Paulus, 1996.

AZEVEDO, Flávia Formaggio de Lara. Liberdade e graça em Agostinho. In: CARVALHO, Marcelo et al. (org.). *Filosofia medieval.* São Paulo: ANPOF, 2015, 85-96.

AZEVEDO, Marcos Antônio de Farias. *A liberdade cristã em Calvino. Uma resposta ao mundo contemporâneo.* Tese de Doutorado em Filosofia, Rio de Janeiro: PUC-Rio, 2007.
BERKHOF, Louis. Las doctrinas del pecado y de la gracia según Pelagio y Agustin. In: ———. *História de las doctrinas cristianas.* Traducción de Alonzo Ramírez Alvarado. Barcelona: El Estandart de la Verdad, 1995, 165-177.
BERKHOF, Louis. *Teologia sistemática.* Campinas: Luz para o Caminho, ⁴1996.
BELMONTE, Agustinho. Introdução. In: AGOSTINHO, Santo. *A graça (I). A natureza e a graça.* Tradução, introdução e notas de Agustinho Belmonte. São Paulo: Paulus, 1998a, 103-110.
———. Introdução. In: AGOSTINHO, Santo. *A graça (I). A graça de Cristo e o pecado original.* Tradução, introdução e notas de Agustinho Belmonte. São Paulo: Paulus, 1998b, 201-212.
———. Introdução. In: AGOSTINHO, Santo. *A graça (II). A graça e a liberdade.* Tradução de Agustinho Belmonte. São Paulo: Paulus, 1999a, 7-9.
———. Introdução. In: AGOSTINHO, Santo. *A graça (II). A correção e a graça.* Tradução de Agustinho Belmonte. São Paulo: Paulus, 1999b, 81-83.
———. Introdução. In: AGOSTINHO, Santo. *A graça (II). A predestinação dos santos.* Tradução de Agustinho Belmonte. São Paulo: Paulus, 1999c, 141-148.
———. Introdução. In: AGOSTINHO, Santo. *A graça (II). O dom da perseverança.* Tradução de Agustinho Belmonte. São Paulo: Paulus, 1999d, 209-212.
BERNASCONI, Ignacio L. *Libertad y gracia en San Agustín. ¿Conciliación problemática o colaboración misteriosa?* Trabalho de Conclusão de Curso em Filosofia, Rosario: Universidad Nacional de Rosario, 2013.
BIERMA, Lyle D. A relevância da teologia der Calvino para o século 21. *Fides Reformata,* v. 8, n. 2 (2003) 9-20.
BIGNOTTO, Newton. O conflito das liberdades. Santo Agostinho. *Revista Síntese Nova Fase,* Belo Horizonte, v. 19, n. 58 (1992) 237-359.
BOEHNER, Philotheus; GILSON, Étienne. *História da filosofia cristã. Desde as origens até Nicolau de Cusa.* Tradução de Raimundo Vier. Petrópolis: Vozes, ²1982.
BOFF, Lina. A fé na ressurreição e a crença na reencarnação. In: MIRANDA, Mario de França (org.). *A pessoa e a mensagem de Jesus.* São Paulo: Loyola, 2002, 125-142.
BONNER, Gerald. El pecado original. In: OROZ RETA, José; GALINDO RODRIGO, José Antônio. *El pensamiento de San Agustín para el hombre de hoy.* v. II. *Teología dogmática.* Valencia: EDICEP, 2005, 322-384.

BOYER, Charles. *L'idée de vérité dans la philosophie de saint Augustin.* Paris: Beauchesne et ses fils, 1941.

———. *Essais anciens et nouveaux sur la doctrine de saint Augustin.* Milano: Marzorati Editore, 1970. 359 p.

BROWN, Peter. *Santo Agostinho, uma biografia.* Tradução de Vera Ribeiro. Rio de Janeiro: Record, 2005.

BRUSTOLIN, Leomar Antônio. *Quando Cristo vem... A parusia na escatologia cristã.* São Paulo: Paulus, 2001.

CADIZ, Luis M de. *San Agustin. La vida y la doctrina.* Buenos Aires: Atlantida, 1944.

CALVINO, João. *As institutas ou Tratados de religião cristã.* Tradução de Odayr Olivetti. São Paulo: Cultura Cristã, 2006. 4 v.

———. *Breve instrução cristã, publicada em 1537.* Tradução de Daliela Raffo. SoliDeoGloria – Biblioteca Evangélica Virtual, 2008. Disponível em: <https://onlinecursosgratuitos.com/20-livros-de-joao-calvino-para-baixar-em pdf/>. Acesso em: 27 set. 2018.

———. *A doutrina da eleição.* Tradução William Teixeira. São Paulo: O Estandarte de Cristo, 2018. Disponível em: <https://livros.gospelmais.com.br/livro-doutrina-da-eleicao-joao-calvino.html>. Acesso em: 17 jun. 2018.

CAPÁNAGA, Victorino. *Agustin de Hipona. Maestro de la conversión cristiana.* Madrid: La Editorial Católica/BAC, 1974.

CARDONA, José Aracelio. La doctrina de salvación de San Agustín. *Revista El Boletin,* v. 28, n. 2 (1963) 3-11.

CARVALHO, Maria Manuela da Conceição Dias de. Relação entre natureza e graça em Santo Agostinho. In: *Actas do Congresso "Santo Agostinho: O Homem, Deus e a Cidade",* 11 a 13 de novembro de 2004. Leiria-Fátima: Centro de Formação e Cultura, 2005, 57-66.

CERIANI, Grazioso. *S. Anselmo.* Brescia: La Scuola, 1946.

CHADWICK, Henry. *Agostino.* Traduzzione di Gaspare Bona. Torino: Giulio Einaudi, 1989.

CHÉNÉ, J. *La théologie de saint Augustin. Grace et prédestination.* Lyon: Xavier Mappus, 1961.

CILLERUELO, Lope. La "memorie Dei" según San Agustín. In: *Congrès International Augustinien - "Augustinus Magister".* Communications. Paris: Études Augustiniennes, 1954, 499-509.

CIPRIANI, Nello. Lo stupore della Grazia non si può imporre. In: *Il potere e la grazia. Attualità di Sant'Agostino.* Roma: Nuova Òmicron, 1998, 115-123.

COBBINAH, Felix. *La controversia pelagiana. Un'eresia teologica del V secolo*. Tese de Doutorado em Teologia, [S.l.]: Istituto Avventista di Cultura Biblica, 2015.

COELHO, Lázara Divina. *Os caminhos do método histórico-gramatical. Uma perspectiva descritiva*. Dissertação de Mestrado em Ciências da Religião, Goiânia: UFGO, 2014.

COLEMAN, Janet. Santo Agostinho. O pensamento político cristão no fim do Império romano. In: SALOMÃO, Jayme (org.). *O pensamento político de Platão à OTAN*. Tradução de Talita Macedo Rodrigues. Rio de Janeiro: Imago, 1989, 45-61.

Confissão de Fé de Westminster. São Paulo: Cultura Cristã, 1991.

COPLESTON, Frederick. San Agustín. In: ———. *Historia de la filosofia*. v. II. *De San Agustín a Escoto*. Traducción de Eugenio Trías. Barcelona: Ariel, 1983, 50-95.

COSTA, Hermisten Maia Pereira da. A relevância da ortodoxia protestante na elaboração das confissões protestantes nos séculos XVI e XVII. In: *XI Simpósio Nacional da Associação Brasileira de História das Religiões*, 25 a 27 de maio de 2009. Goiânia: UFG, 2009, 02-16.

COURCELLE, Pierre. *Recherches sur les Confessions de Saint Augustin*. Paris: E. de Boccard, 1950.

COUTINHO, Gracielle Nascimento. *Conversio ad Deum. Fé, vontade humana e graça divina na formação do sujeito ético-moral em Santo Agostinho*. Tese de Doutorado em Filosofia, Recife: UFPE, 2018.

COUTINHO, Maria da Graça Pereira. A graça e o tempo em Santo Agostinho. *Revista Didaskalia*, Lisboa, v. 31 (2001) 27-70.

CRAIG, William Lane. *O único Deus sábio. A compatibilidade entre a presciência divina e a liberdade humana*. Tradução de Walson Sales. Maceió: Sal Cultural, 2016.

CRISTOFANI, José Roberto. *Predestinação. Predestinação para sermos à imagem de Cristo*. Campinas: Boa Nova Educacional, 1986.

CRUBELLATE, João Marcelo. O intinerário da vontade na antropologia de Agostinho. *Revista Acta Scientarium - Human and Social Sciences*, Maringá, v. 33, n. 2 (2011) 173-179.

CUNHA, Fernando Whitaker da. Heréticos e cismáticos. Teologia e política. *Revista da Academia Brasileira de Letras Jurídicas*, São Paulo, v. 17, n. 19-20 (2001) 187-202.

CUNHA, Mariana Palozzi Sérvulo da. *Perspectivas da vontade em Santo Agostinho*. Tese de Doutorado em Filosofia, Campinas: UNICAMP, 2000.

———. *O movimento da alma. A invenção por Agostinho do conceito de vontade*. Porto Alegre: Edipucrs, 2001.

DALBOM, Lucas Rodrigues. *As consequências antropológicas do pecado original segundo Santo Agostinho. Um estudo baseado na obra A cidade de Deus*. São Paulo: Paulus, 2017.

DANIEL-ROPS, Henri. O santo dos novos tempos. In: ———. *A Igreja dos tempos bárbaros*. Tradução de Emérico da Gama. São Paulo: Quadrante, 1991, 9-62.

DE CAPITANI, Franco. *Il "De libero arbitrio" di S. Agostino. Studio introdutivo, texto, traduzione e commento*. Milano: Vita e Pensiero (Università cattolica del sacro Cuore), 1987.

DE FRANCESCHI, Sylvio Hermann. Agustinismo y molinismo. Del uso que los Salmanticenses (1631) hicieron de las enseñanzas de San Agustín contra las tesis de Luis de Molina. *Criticón*, v. 118 (2013) 81-97.

DI STEFANO, Anna Escher. *Il manicheismo in S. Agostino*. Padova: Dott. Antonio Milani, 1960.

D'OCA, Fernando Rodrigues Montes. *O pensamento ético de Santo Anselmo de Cantuária. Uma defesa do deontologismo mitigado*. Tese de Doutorado em Filosofia, Porto Alegre: PUCRS, 2014.

DOLBY MÚGICA, María del Carmen. *El hombre es imagen de Dios. Visión antropológica de San Agustín*. Madrid: EUNSA, 1993.

DUPONT, Anthony. *La gratia en los Sermones ad Populum de San Agustín durante la controversia pelagiana. ¿Acaso los diversos contextos proporcionan um punto de vista diferente?* Traducción de Carlos Villabona Vargas y Enrique A. Eguiarte Bendímez. Bogotá: Uniagustiniana, 2016.

ERICKSON, Millard J. *Introdução à teologia sistemática*. Tradução de Lucy Yamakami. São Paulo: Vida Nova, 1992.

EVANS, Gillian R. *Agostinho sobre o mal*. Tradução de João Rezende. São Paulo: Paulus, 1995.

FARIAS, José Jacinto Ferreira de. Predestinação. Entre a incerteza e a esperança. *Lusitania Sacra*, v. 37 (2018) 63-75.

FEBVRE, Lucien. *O problema da incredulidade no século XVI. A religião de Rebelais*. Tradução de Maria Lúcia Machado. Tradução dos trechos em latim de José Eduardo dos Santos Lohner. São Paulo: Companhia das Letras, 2009.

FEINBERG, John et al. Prefácio à edição brasileira. In: FEINBERG, John et al. *Predestinação e livre-arbítrio*. Tradução de Oswaldo Ramos. São Paulo: Mundo Cristão, ³2000a, 5-18.

FERNÁNDEZ-GARCÍA, María Socorro. Probabilismo, providencia y libertad en el De fato de Cicerón y su recepción en Lorenzo Valla. *Revista Mediaevalia – Textos e Estudos*, Porto, v. 23 (2004) 163-174.

FONTES, Marcelo. *A IPB e sua teologia – calvinista, puritana, fundamentalista? reflexões a partir da tradição reformada sobre eclesiologia e cultura no contexto brasileiro.* São Leopoldo: Escola Superior de teologia, 2004, 143 f. Dissertação (Mestrado em Teologia).

FRETE, Serafino. *Pelágio y el pelagianismo.* Traducción de Fausto Martínez Goñi. Barcelona: Editorial Litúrgica Española, 1962.

GALINDO RODRIGO, José Antônio. La liberdad como autodeterminación en San Agustin. *Augustinus*, v. 35 (1990) 299-320.

――――. La gracia de Cristo. In: OROZ RETA, José; GALINDO RODRIGO, José Anyônio (org.). *El pensamiento de San Agustín para el hombre de hoy.* v. II. *Teologia dogmática.* Valencia: EDICEP, 2005, 558-690.

GARCIA, Carlos Frederico Lauer. *O sentido da fé em Pascal.* Dissertação de Mestrado em Filosofia, Porto Alegre: PUCRS, 2012.

GARDEAZÁBAL, Carlos. Libre arbítrio y libertas en San Agustin. *Saga*, n. 1 (1999) 21-31.

GARILLI, Gionanni. *Aspectti della filosofia giuridica, politica e sociale di S. Agostino.* Milano: Dott. A. Giuffrè, 1957.

GARRIGOU-LAGRANGE, Réginald Marie. *La providencia y la confianza en Dios. Fidelidad y abandono.* Traducción de Jorge de Ariezo. Buenos Aires: Desclée de Brouwer, 1942.

――――. *La predestinación de los santos y la gracia. Doctrina de Santo Tomás comparada con los otros sistemas teológicos.* Traducción de Benjamín Aguero y Mariano Arguello. Buenos Aires: Desclée de Brouwer, 1946, 444 p.

GEISLER, Norman. *Teologia sistemática.* v. 2. *Pecado – salvação.* Tradução de Marcelo Gonçalves e Degmar Ribas. Rio de Janeiro: Casa Publicadora da Assembleia de Deus, 2010b.

GILBERT, Paul. Santo Agostinho. In: ――――. *Introdução à teologia medieval.* Tradução de Dion Davi Macedo. São Paulo: Loyola, 1999, 43-58.

GILSON, Étienne. *A filosofia na Idade Média.* Tradução de Eduardo Brandão. São Paulo: Martins Fontes, 2001.

――――. *Introdução ao estudo de Santo Agostinho.* Tradução de Cristiane Negreiros Abbud Ayoub. São Paulo: Discurso/Paulus, 2006.

GIRALDO, Martín Eugenio. *La metanoia. Una conversion de las pasiones en San Agustín.* Dissertação de Mestrado em Filosofia, Santiago de Cali: Universiad del Valle, 2011.

GRABOWSKI, Stanislaus J. *La Iglesia. Introducción a la teología de San Agustín*. Traducción de Manuel García Aparisi. Madrid: RIALP, 1965.

GRABMANN, Martin. *Filosofia medieval*. Barcelona: Labor, 1949.

GUEVIN, Benedict M. San Agustín y la cuestión de la doble predestinación. ¿Un protocalvinista? *Augustinus*, v. 52 (2007) 89-94.

GUIMARÃES, Elias de Medeiros. *O conceito de vontade em Agostinho*. Dissertação de Mestrado em Filosofia. Brasília: UnB, 2008.

GUITTON, Jean. *Le temps et l'éternité chez Plotin et Saint Augustin*. Paris: J. Vrin, 1971.

HALL, Christopher Alan. *Lendo as Escrituras com os pais da Igreja*. Tradução de Rubens Castilho. Viçosa: Ultimato, 2003.

HANKO, Herman. *Retratos de santos fiéis*. Tradução, design e produção de Thiago McHertt e Equipe Fireland Missions, s.l.: Fireland Missions, 2013. Disponível em: <www.firelandmissions.com>.

HICK, John. *O mal e o Deus do amor*. Tradução de Sérgio Miranda. Brasília: Universidade de Brasília, 2018.

HILL, Joseph Murray. *A doutrina do pecado original à luz da teoria da evolução em Teilhard de Chardin e Karl Rahner*. Dissertação de Mestrado em Teologia, Belo Horizonte: FAJE, 2014.

HOEKEMA, Anthony A. *Criados à imagem de Deus*. Tradução de Heber Carlos dos Santos. São Paulo: Cultura Cristã, 1999.

———. *A Bíblia e o futuro*. Tradução de Karl H. Kepler. São Paulo: Cultura Cristã, ²2001.

———. *Salvos pela graça. A doutrina bíblica da salvação*. Tradução de Wadislau Gomes. São Paulo: Cultura Cristã, ³2011.

INSUELAS, João Baptista. *Curso de patrologia. História da literatura antiga da Igreja*. Braga: Seminário de Braga, 1943.

JOLIVET, Régis. *San Agustín y el neoplationismo cristiano*. Traducción de G. Blanco; O. Iozzia; M. Guirao; J. Otero; E. Pironio y J. Ogar. Buenos Aires: C.E.P.A, 1932.

———. *El problema del mal en San Agustín*. Traducción de Carlos Jose Romero. Bogotá: Librería Nueva, 1941.

KENDALL, R. T. A modificação puritana da teologia de Calvino. In: REID, W. Stanford (org.). *Calvino e sua influência no mundo ocidental*. Tradução de Vera Lúcia L. Kepler. São Paulo: Casa Editora Presbiteriana, 1990, p. 245-265.

KLOOSTER, Fred H. *A doutrina da predestinação em Calvino*. Tradução de Sabatini Lalli. Santa Bárbara d'Oeste: SOCEP, 1992.

LADARIA, Luis F. *Antropología teológica*. Madrid: UPCM, 1987.
LAMELAS, Isidro Pereira. A "invenção" do pecado original segundo Agostinho. *Revista Didaskalia*, Lisboa, v. 42, n. 1 (2012) 55-134.
LAMBERIGTS, Mathijs. Predestinação. In: FITZGERALD, Allan D. (org.). *Agostinho através dos tempos. Uma enciclopédia*. Tradução de Christiane Negreiros Abbub Ayoub. São Paulo: Paulus, 2018, 802-803.
LE BLOND, Jean-Marie. *Les conversions de saint Augustin*. Paris: Montaigne, 1950.
LETTIERI, Gaetano. *Il senso della storia in Agostino d'Ippona*. Roma: Borla, 1988.
——. *L'altro Agostino. Ermeneutica e retorica della grazia dalla crisi alla metamorfosi del De doctrina cristiana*. Brescia: Morcelliana, 2001.
——. *Il método della grazia. Pascal e l'ermeneutica giansenista di Agostino*. Roma: Edizioni Dehoniani, 1999.
LIMA, Leandro Antônio de. Calvino ensinou a expiação limitada? *Fides Refomata*, v. 9, n. 1 (2004) 77-99.
LIMA, Marcone Felipe Bezerra de. *A doutrina da graça e a responsabilidade humana. Uma análise crítico-documental da soteriologia em Agostinho*. Trabalho de Conclusão de Curso em Teologia. Jaboatão: ESTEADEB, 2019.
LUIS de Molina. *La concordia del libre arbítrio com los dones de la gracia y com la presciência, providência, predestinación y reprobación divinas*. Traducción, introducción y notas de Juan Antonio Havia Echevarria. Oviedo: Pentalfa, 2007.
LUCIANO, Diego Ramirez. *A miséria como condição humana anterior ao socorro da graça divina em Santo Agostinho e Blaise Pascal*. Dissertação de Mestrado em Filosofia, Guarulhos: UNIFESP, 2015.
LUTERO, Martinho. Da vontade cativa [*De servo arbitrio*]. In: ——. *Obras selecionadas. Debates e contoversias II*. Organicação de Ilson Kaiser. Tradução de Luís H. Dreher, Luís M. Sander e Ilson Kaiser. São Leopoldo: Sinodal; Porto Alegre: Concordia, 1993, v. 4, 11-216.
MADEC, Goulven. Unde malum? Le Livre I du De Libero Arbitrio. In: MADEC, Goulven et al (Commenti). "De Libero Arbitrio" di Santo Agostino. Atti della Settimana Agostiniana Pavese, Palermo: Augustinus, 1990, 13-34.
MAGRIS, Aldo. *Destino, providência, predestinação. Do mundo antigo ao cristianismo*. Tradução de Luisa Rabolini. São Leopoldo: UNISINOS, 2014.
MAIA, Renan Pires. Lutero, um discípulo de Santo Agostinho? *Aufklärung*, João Pessoa, v. 5, n. 3 (2018) 193-206.
MARAFIOTI, Domenico. *L'uomo tra legge e grazia. Analisi teologica del De spiritu et littera di S. Agostino*. Brescia: Morcelliana, 1983.

MARSHALL, David J. Calvino, João (1509-1564). In: FITZGERALD, Allan D. (org.). *Agostinho através dos tempos. Uma enciclopédia*. Traduçao de Christiane Negreiros Abbub Ayoub. São Paulo: Paulus, 2018, 200-204.

MARTINES, Paulo Ricardo. A noção de liberdade em Anselmo de Cantuária. In: DE BONI, Luis Alberto (org.). *Idade Média. Ética e política*. Porto Alegre: Edipucrs, ²1996, 105-116.

———. *A liberdade em Anselmo de Cantuária*. Tese de Doutorado em Filosofia, Campinas: UNICAMP, 2000.

MARTÍNEZ, Agustín. *San Agustín, ideario. Selección y estudio*. Buenos Aires: ESPASA/CALPE, ²1946.

MARTINS, Andrei Venturini. *Do reino nefasto do amor-próprio. A origem do mal em Blaise Pascal*. São Paulo: Filocalia, 2017.

MASUTTI, Egidio. *Il problema del corpo in S. Agostino*. Roma: Borba, 1989.

MATTOS, José Roberto de Abreu. *O problema da moral no Livre-Arbítrio de Santo Agostinho*. Dissertação de Mestrado em Teologia, São Paulo: PUC-SP, 2013.

McGRATH, Alister E. *Apologética cristã no século XXI. Ciência e arte com integridade*. Tradução de Emerson Justino e Antivan Guimarães. São Paulo: Vida, 2008.

———. *Teologia sistemática, histórica e filosófica. Uma introdução à teologia cristã*. Tradução de Marisa K. A de Siqueira Lopes. São Paulo: Shedd, 2010.

MENDONÇA, Marta; BARBOSA, Diogo Morais. É possível conciliar presciência divina e liberdade humana? A resposta de Agostinho no De libero arbitrio. *Revista Civitas Augustiniana*, Porto, v. 1, n. 1 (2012) 59-78.

MICHEL, Eva. Eleição e predestinação. Um diálogo com João Calvino. *Revista Lusófona de Ciência das Religiões*, série monográfica, v. 8, n. 13 (2013) 61-69. Disponível em: <https://recil.ensinolusofona.pt/handle/10437/7923>. Acesso em: 17 jun. 2017.

MIRANDA, José Carlos de. A memória em S. Agostinho. Memoria rerum, memoria sui, memoria Dei. *Humanitas*, v. 53 (2001) 225-247.

MONDIN, Battista. Libero arbitrio e libertà secondo sant'Agostino. In: *Congresso Internazionale su S. Agostino nel XVI Centenario della Conversione*, Roma, 1986, Atti. Sezioni di studio II-IV. Roma: Institutum Patristicum Agustinianum, 1987, 553-562.

MONDONI, Danilo. *História da Igreja na antiguidade*. São Paulo: Loyola, 2001.

MONTEIRO, Arthur; BARROS, Luis Monteiro de. *As diferenças doutrinárias entre o calvinismo e arminianismo e seus reflexos na atualidade*. Trabalho de Conclusão de Curso em Teologia, Pindamonhangaba: FUNVIC, 2016.

MORELAND, J.; CRAIG, William Lane. *Filosofia e cosmovisão cristã*. São Paulo: Vida Nova, 2005.

MUÑOZ VEGA, Pablo. *Introducción a la sintesis de San Agustín*. Quito: Universidad Católica, ²1981.

NETO, José Teixeira. *O "De libero arbítrio" de S. Agostinho e o problema do mal*. Dissertação de Mestrado em Filosofia, Roma: Pontifícia Universidade Gregoriana, 2001.

NOVAES FILHO, Moacyr Ayres. *O livre-arbítrio da vontade e a presciência divina segundo Santo Agostinho*. Tese de Doutorado em Filosofia, São Paulo: USP, 1997.

NUNES, Mariciane Moraes. *Livre-arbítrio e ação moral em Agostinho. Um estudo a partir do De Libero Arbitrio*. Dissertação de Mestrado em Filosofia, Porto Alegre: PUC-RS, 2009.

O'GRANDY, Joan. *Heresia. O jogo de poder das seitas cristãs nos primeiros séculos depois de Cristo*. Tradução José Antônio Ceschin. São Paulo: Mercuryo, 1994.

OLIVA, Luís César Guimarães. Antecedentes filosóficos e teológicos do conceito pascaliano de natureza humana. *Revista Kriterion*, Belo Horizonte, n. 114 (2006) 367-408.

OLIVEIRA E SILVA, Paula. Introdução. In: AGOSTINHO, Santo. *Diálogo sobre o livre-arbítrio*. ed. bilíngue. Tradução, introdução e notas de Paula de Oliveira e Silva. Lisboa: Imprensa Nacional – Casa da Moeda, 2001.

──────. Introdução. In: VALLA, Lorenzo. *Diálogo sobre o livre-arbítrio*. Tradução, introdução e notas de Paula Oliveira e Silva. Lisboa: Colibri, 2010.

──────. Introdução. In: ANSELMO, Santo. *A verdade, A liberdade de escolha, A queda do diabo. Diálogos filosóficos*. ed. bilíngue. Tradução, introdução e notas de Paula de Oliveira e Silva. Porto: Afrontamento, 2012, 7-59.

OLIVEIRA, Carlos Eduardo de. *Entre a filosofia e a teologia. Os futuros contingentes e a predestinação divina segundo Guilherme de Ockham*. São Paulo: Paulus, 2014.

OLIVEIRA, Ebenezer. *A doutrina da predestinação em Calvino e o caráter moral de Deus*. Recife: Bereia, 2016.

OLIVEIRA, Fabiano de Almeida. *João Calvino e Santo Agostinho sobre o conhecimento de Deus e o conhecimento de si. Um caso de disjunção teológico-filosófica*. Dissertação de Mestrado em Filosofia, São Paulo: USP, 2010.

OLIVEIRA, Francisco Eduardo de. *O conceito de predestinação na filosofia de Agostinho de Hipona*. Dissertação de Mestrado em Filosofia, Natal: UFRN, 2016.

OLSON, Roger E. *História da teologia cristã. 2000 anos de tradição e reforma*. Tradução de Gordon Chown. São Paulo: Vida, 2001.

OROZ RETA, José. *San Agustín. Cultura clásica y cristianismo*. Salamanca: Universidad Pontificia de Salamanca, 1988.

———. El misterio del mal y las exigencias de la libertad en las Confesiones. *Augustinus*, v. 50 (2005) 193-212.

Os Cânones de Dort. São Paulo: Cultura Cristã, [s.d.].

Os Cânones do Concílio de Orange (529). In: ARAÚJO NETO, F. S (trad.). *O Concílio de Orange*. Disponível em: <http://www.monergismo.com/textos/credos/orange.htm>. Acesso em: 23 jul. 2019

OZEATA, José María. Introducción. In: *A Osorio, contra los priscilianistas y originistas. Obras completas de San Agustín*. ed. bilíngue. Traducción, introducción y notas de Teodoro Calvo Madrid y José Maris Ozaeta. Madrid: La Editorial Catolica/BAC, 1990. Tomo XXXVIII, 601-629.

PAREDI, Angelo. *Vita di sant'Agostino*. Milano: OR, 1989.

PEGUEROLES, Juan. *El pensamiento filosófico de San Agustín*. Barcelona: Labor, 1972.

PEGUEROLES, Juan. La libertad para el Bien en San Agustín. *Espiritu*, v. 23 (1974) 101-106.

PEGUEROLES, Juan. Ambiguedad del "Liberum Arbitrium" en San Agustín. In: *Actas de las Jornadas de la Sociedad Internacional Tomás de Aquino*. Barcelona: Balmes, 1993, v. II, 759-762.

———. Libertas, fin del liberum arbitrium en San Agustín. *Augustinus*, v. 39 (1994) 365-371.

PENA, Eustáquio de Souza. *S. Anselmo. Honra divina e moralidade no Cur Deus Homo*. Pelotas: NEPFIL online, 2014. (Série Dissertatio-Studia).

PIAUÍ, Willian de Siqueira. Aristóteles e Boécio. Natureza das coisas e eternidade de Deus. *Ágora Filosófica*, Recife, ano 1, n. 1 (2007) 1-19.

———. Boécio e o problema dos futuros contingentes. *Revista Princípios*, Natal, v. 15, n. 23 (2008) 205-232.

PICCOLOMINI, Remo. *Sant'Agostino, la pace. Il libro XIX de la Città di Dio*. Roma: Città Nuova, 2000.

PIERUCCI, Antônio Flávio. Calvino, 500 anos. *Jornal Folha de S. Paulo*. Disponível em: <https://www1.folha.uol.com.br/fsp/mais/fs1207200904.htm>. Acesso em: 10 jun. 2017.

PORTALIÉ, Eugène. Saint Augustin. In: VACANT, A. (org.). *Dictionnaire théologie catholique*. Paris: Letouzey et Ané, 1906, 2268-2561.

RAMOS, Francisco Manfredo Thomaz. *Bens temporais e vida cristã nas epístolas de S. Agostinho*. São Paulo: Pontifícia Universitas Gregoriana, 1966. 151 p. (Dissertatio ad Lauream).

REBALDE, João. *Liberdade humana e perfeição divina na Concordia de Luis de Molina*. Vila Nova de Famalicão: Humus, 2015.

RÊGO, Marlesson Castelo Branco do. *Liberdade e graça. A resposta agostiniana ao problema da relação entre liberdade humana e graça divina e sua interpretação no protestantismo histórico e no neopentecostalismo atual*. Dissertação de Mestrado em Ciências da Religião, Recife: UNICAP, 2007a.

RÊGO, Marlesson Castelo Branco do. *O conceito de natureza em Santo Agostinho*. Tese de Doutorado Interdisciplinar em Ciências Humanas, Florianópolis: UFSC, 2015.

RIGBY, Paul. Pecado original. In: FITZGERALD, Allan D. (org.). *Agostinho através dos tempos. Uma enciclopédia*. Tradução de Christiane Negreiros Abbub Ayoub. São Paulo: Paulus, 2018, 757-764.

RIGBY, Paul. Uso agustiniano de universales narrativos en el debate sobre la predestinación. *Augustinus*, v. 48 (2003) 215-228.

RICOEUR, Paul. *O pecado original. Estudo de significação*. Tradução de José M. S. Rosa. Covilhã: Universidade da Beira Interior, 2008.

RIST, John M. *Agostino: il battesimo del pensiero antico*. Traduzzione di Elisabetta Alberti. Milano: Vita e Pensiero (Universita Cattolica del Sacro Cuere), 1997. 457 p.

RODRIGUES, Afonso. *Psicologia da graça*. São Paulo: Loyola, 1983.

ROSA, Merval. Agostinho e a controvérsia pelagiana. In: ———. *Antropologia filosófica. Uma perspectiva cristã*. ed. rev. Rio de Janeiro: JUERP, [2]2004, 253-261.

ROSSATTO, Noeli Dutra. Escolha e justiça – a alternativa de Agostinho. *Ethica* (UGF), v. 16 (2009) 185-199.

SALES, Antônio Patativa de. *A antropologia filosófica de Santo Agostinho no De Trinitate*. Dissertação de Mestrado em Filosofia, João Pessoa: UFPB, 2004.

SANTOS, Ângelo Fernando Gregório Ramos. *O purgatório na escatologia católica. Uma identidade em construção*. Dissertação de Mestrado Integrado em Teologia, Braga: Universidade Católica Portuguesa, 2015.

SANTOS, Cândido dos. *O jansenismo em Portugal*. Porto: Faculdade de Letras da Universidade do Porto, 2007.

———. *Jansenismo e antijansenismo nos finais do Antigo Regime*. Porto: CITCEM/Afrontamento, 2011.

SANTOS, Hercílio da Silva. *O debate entre Agostinho e Pelágio sobre a questão do mal e suas contribuições para a sistematização da doutrina do livre-arbítrio, entre os campos da teologia e da filosofia*. São Paulo: Universidade Presbiteriana Machenzie, 2019, 85 f. Dissertação (Mestrado em Ciências da Religião).

SANTOS, João Alves dos. Calvino e o lapsarianismo. Uma avaliação de como Calvino pode ser lido à luz da discussão supra e infralapsariana. *Fides Reformata*, v. 22, n. 2 (2017) 117-138.

SANTOS FILHO, Tiago J. Santo Agostinho. *Revista Fé para Hoje – Ministério Fiel*, Editorial, n. 40 (2013) 5-12.

SARANYANA, Josep-Ignasi. San Agustín (354-430). In: ———. *Historia de la filosofía medieval*. Pamplona: EUNSA, ³1999, 56-77.

SCHAEFFER, Francis. *A morte da razão*. Tradução de João Bentes. Viçosa: Ultimato, ²2014.

SCHMIDT, Ana Rieger. *Contradição e determinismo. Um estudo sobre o problema dos futuros contingentes em Tomás de Aquino*. Dissertação de Mestrado em Filosofia, Porto Alegre: UFRS, 2009.

SCHWARZ, Gerhard. *Che cosa ha veramente detto s. Agostino*. Roma: Ubaldini, 1971.

SCIACCA, Michele Federico. *San Agustín*. Traducción de Ulpiano Álvarez Díez. Barcelona: Luis Miracle, 1955. v. 1.

SCIUTO, Ítalo. Se Dio. Perché il male? In: PERISSINOTTO, Luigi (org.). *Agostino e il destino dell'Occidente*. Roma: Carocci, 2000, 61-78.

SESBOÜÉ, Bernad. *Fuori dalla chiesa nessuna salvezza. Storia di una formula e problemi di interpretazione*. Cinisello Balsamo: San Paolo, 2009.

SILVA, Roberto Barboza da. *A voluntas em Santo Agostinho. Análise de Confessiones VIII*. Dissertação de Mestrado em Filosofia, Pelotas: UFPel, 2018.

SILVA, Roberto José. Santo Agostinho. Interioridade e memória. *Colloquium Humanarum*, Presidente Prudente, v. 5, n. 2 (2008) 46-58.

SILVA, Severino Pedro da. *A doutrina da predestinação*. Rio de Janeiro: CPAD, ⁶2005.

SILVA, Vanderlei Bueno da. *A ascese nas conferências de João Cassiano. Fundamento para um discipulado florescente*. Dissertação de Mestrado em Teologia, Belo Horizonte: FAJE, 2014.

SPROUL, Robert Charles. *Eleitos de Deus. O retrato de um Deus amoroso que providencia salvação para seres humanos caídos*. Tradução de Gilberto Carvalho Cury. São Paulo: Cultura Cristã, ²2002.

SPROUL, Robert Charles. Pelágio. Somos capazes de obedecer. In: ——. *Sola gratia*. A controvérsia sobre o livre-arbítrio na história. Tradução de Mauro Meister. São Paulo: Cultura Cristã, 2001, 29-46.

——. Agostinho. Somos incapazes de obedecer. In: ——. *Sola gratia*. A controvérsia sobre o livre-arbítrio na história. Tradução de Mauro Meister. São Paulo: Cultura Cristã, 2001, 47-70.

——. Semipelagiano. Somos capazes de cooperar. In: ——. *Sola gratia*. A controvérsia sobre o livre-arbítrio na história. Tradução de Mauro Meister. São Paulo: Cultura Cristã, 2001, 71-90.

STRONG, Augustus H. *Teologia sistemática*. São Paulo: Hagnos, 2003, v. 2.

STUMP, Eleonore. Agostinho sobre o livre-arbítrio. In: MECONI, David Vicent; STUMP, Eleonore (org.). *Agostinho*. Tradução de Jaime Clesen. São Paulo: Ideias & Letras, 2016, 209-234.

SVENSSON, Manfred. Un caso de antiaristotelismo agustiniano. Lutero y la recepción de Aristóteles en la Reforma Protestante. *Tópicos - Revista de Filosofía*, v. 50 (2016) 41-59.

TAURISANO, Ricardo Reali. *O De libero arbitrio de Santo Agostinho*. Dissertação de Mestrado em Língua e Literatura Latinas, São Paulo: USP, 2007.

TEIXEIRA, Joaquim de Souza. Será o agostinismo um pessimismo? A questão do peccatum originale. In: *Atas do Congresso "Santo Agostinho: O Homem, Deus e a Cidade", 11 a 13 de novembro de 2004*. Leiria-Fátima: Centro de Formação e Cultura, 2005, 81-123.

TEIXEIRA NETO, José. *O «De libero arbítrio» de S. Agostinho e o problema do mal*. Dissertação de Mestrado em Filosofia. Roma: Pontifícia Universidade Gregoriana, 2001.

TERZI, Carlo. *Il problema del male nella polemica antimanichea di S. Agostino*. Udine: Instituto delle Edizioni Accademiche, 1937.

TITILLO, Thiago Velozo. *A gênese da predestinação na história da teologia cristã. Uma análise do pensamento de Agostinho sobre o pecado e a graça*. São Paulo: Fonte, 2013.

TOURINHO, Francisco. *O calvinismo explicado*. v. 1. *Teontologia, providência, decretos*. Rio de Janeiro: Dort, 2019.

TRAPÈ, Agostino. Liberta e grazia nella storia della salvezza. In: *Providenza e storia*. Pavia: Atti della Setimana Pavese, 1972, 43-58.

——. Santo Agostino. In: BERARDINO, Angelo di (org.). *Patrologia*. v. 3. *Dal Concilio di Nicea (325) al Concilio di Calcedonia (451)*. Roma: Marietti, 1983, 325-434.

———. S. Agostino. *Introduzione alla doctrina della grazia (I): natura e grazia*, Roma: Città Nuova, 1987.
———. S. Agostino. *Introduzione alla doctrina della grazia (II): grazia e libertà*. Roma: Città Nuova, 1990.
———. Introduzzione generale. In: AGOSTINO, Santo. *Dialoghi*. v. 2. *La grandezza dell'anima, Il libero arbitrio, La musica, Il maestro*. Roma: Città Nuova, 1992, VII-XXV.
———. *Agostinho. O homem, o pastor, o místico*. Tradução de Francisco Evaristo Marcos e Marcos Roberto Nunes Costa. São Paulo: Cultor de Livros, 2017.
TURRADO, Argimiro. El problema del mal y la responsabilidad moral de las personas especialmente en la "Ciudad de Dios" de S. Agustín. *Revista Agustiniana*, v. 36 (1995) 733-789.
VAHL, Matheus Jeske. O paradoxo da liberdade em santo Agostinho e o estatuto ontológico da vontade frente à presciência divina. *Revista Intuitio*, Porto Alegre, v. 8, n. 1 (2015) 32-45.
VELARDE, Catalina. Liberdad humana y presciência divina. Algunos textos de Boécio y San Agustin como semillas de la teoria de l'acto voluntario em Tomás de Aquino. *Intus-Legere Filosofia*, v. 9, n. 2 (2015) 41-60.
VALLA, Lorenzo. *Diálogo sobre o livre-arbítrio*. Tradução, introdução e notas de Paula Oliveira e Silva. Lisboa: Colibri, 2010.
VANCE, Laurence M. *O outro lado do calvinismo*. São Paulo: Reflexão, 2017.
WEISSMANN, Francisco J. La problemática de la libertad en la controversia pelagiana. *Revista Teologia*, Buenos Aires, v. 31, n. 63 (1994) 85-98.
WALKER, Williston. Seitas antieclesiásticas Cátaros e valdenses. A inquisição. In:
———. *História da Igreja cristã*. Tradução de D. Glênio Vergara dos Santos e N. Duval da Silva. São Paulo: Aste, 1987. v. I, 322- 327.

Edições Loyola

editoração impressão acabamento

Rua 1822 n° 341 – Ipiranga
04216-000 São Paulo, SP
T 55 11 3385 8500/8501, 2063 4275
www.loyola.com.br